PACTE
AVEC LE DIABLE

Fabrizio Calvi

PACTE AVEC LE DIABLE

Les États-Unis, la Shoah et les nazis

Albin Michel

Pour μ.

Pacte avec le diable : mode d'emploi

Dans une verte banlieue de Washington, à College Park, au second étage d'un bâtiment moderne gardé par des hommes en armes, siègent les archives nationales (National Archive Research Administration, Nara). Chercheurs, historiens, avocats, chasseurs de nazis fouillent inlassablement dans de grosses boîtes grises que leur amènent par chariots entiers des archivistes. Ils n'en finissent pas de scruter les zones d'ombre, d'interroger les secrets d'un des événements les plus tragiques du siècle dernier. Soixante ans après la fin de la Seconde Guerre mondiale, ils tentent de répondre à des questions toujours sans réponse. Qui a su quoi et quand à propos de l'Holocauste ? Les Alliés auraient-ils pu sauver les juifs d'Europe ? Pourquoi les criminels de guerre comme Alois Brunner ou Josef Mengele ont-ils échappé à une juste punition ? Qu'est-il advenu des dignitaires du IIIe Reich disparus après la guerre ? Martin Bormann, le « dauphin » de Hitler, est-il mort à Berlin en 1945 ou bien vivait-il encore en Amérique latine dix ans plus tard ? Quel danger représentait l'organisation clandestine dormante qu'il a implantée en Europe et en Amérique latine avant de disparaître ? Où est passé Heinrich Müller, le chef de la Gestapo, après sa disparition de Berlin le 1er mai 1945 ? Quels rapports entretenait-il avec les Soviétiques ? Tout a-t-il été fait à la fin de la guerre pour le mettre hors d'état de nuire et le déférer devant la justice ? Combien d'autres criminels de guerre ont-ils été discrètement relâchés ? En échange de quels services inavouables ? Des questions plus que jamais d'actualité au moment où l'on parle encore de génocide, de nettoyage ethnique, de guerre totale contre « l'axe du mal » – des questions auxquelles on ne peut fournir des éléments de réponse que soixante ans plus tard.

Des millions de documents concernant l'Holocauste sont toujours classifiés, inaccessibles au public, ou tout simplement portés disparus. Pourquoi ? La faute à qui ? Aux gardiens des secrets, les services spéciaux ? Longtemps la CIA a jalousement gardé certains des secrets dont elle a hérité de son prédécesseur, l'OSS. La première grande vague de déclassification de la CIA a lieu dans les années quatre-vingt, à l'instigation de son directeur, Bill Casey, qui écrivait ses Mémoires.

Profitant de cette ouverture, en 1988 j'étudie les archives des réseaux de l'OSS en France [1]. Ébloui par la masse des informations à disposition, fort du témoignage des survivants (à l'époque, il y en avait encore beaucoup et dans les deux camps), j'ai demandé à consulter l'équivalent français des documents que j'avais à ma disposition. Les services historiques de l'armée française ont répondu que le sujet était encore trop sensible et dépendait du mauvais vouloir de la DGSE. Une dizaine d'années plus tard, en France le même état d'esprit ou presque prévaut. Au Royaume-Uni, les archives commencent à peine à s'entrouvrir. En Russie, après une courte embellie au début des années quatre-vingt-dix, les dossiers secrets sont rentrés dans les coffres et les rares témoins survivants sont de nouveau frappés d'amnésie.

1. Fabrizio Calvi, *OSS, la guerre secrète en France*, Paris, Hachette, 1990.

Pourquoi, en 1990, la CIA n'a-t-elle pas rendu publique la totalité des archives de l'OSS concernant les nazis ? Des raisons de deux ordres étaient invoquées.

La première, d'ordre méthodologique. L'Agence préserve des secrets de fabrication. Tout ce qui concerne sa manière d'agir (modalités pratiques, déroulement des opérations) est tabou. Pas question par exemple de révéler comment l'OSS se procurait des devises des pays de l'Axe ou des pays occupés par les nazis : la méthode était toujours employée par la CIA dans les années quatre-vingt pour financer des organisations amies comme le syndicat polonais Solidarnosc.

La seconde raison invoquée par la CIA pour maintenir enfouie une partie des archives de l'OSS concerne la protection des sources d'information des services secrets alliés. Pendant la Seconde Guerre mondiale, l'OSS, encore balbutiante, dépendait de sources étrangères, principalement britanniques. La CIA refusait dans les années quatre-vingt de rendre publics les rapports ou les informations provenant de ses alliés.

On peut voir derrière ces raisons techniques des motifs moins avouables : la protection des derniers secrets de la Seconde Guerre mondiale et surtout de la guerre froide. Au début des années quatre-vingt-dix, il était impossible de trouver aux Archives nationales américaines des documents significatifs concernant la récupération des criminels de guerre nazis à la fin de la guerre. Il ne fallait pas compter obtenir des Archives des informations exhaustives sur les affaires sulfureuses liant industriels américains et nazis. Surtout, il était impossible d'avoir accès à la totalité des archives de l'administration américaine sur l'Holocauste.

En 1998, le président Clinton signe le *Nazi War Disclosure Act*, qui ordonne à toutes les agences gouvernementales de recenser les documents concernant les nazis et les anciens nazis encore dans leurs archives secrètes, en vue de leur déclassification. Un travail de fourmis placé sous l'égide d'une commission, le Nazi War Criminal Record Interagency Group (IWG). Cette agence rassemble hauts fonctionnaires des principaux services secrets américains (CIA, NSA), du contre-espionnage (FBI) et du Pentagone. L'IWG décide du programme de déclassification et en fixe les limites. Tout ne peut pas être rendu public. Explorer les archives déclassifiées par l'IWG, c'est parcourir les derniers secrets de l'Holocauste et revenir sur un certain nombre d'idées reçues. En quelques mois, l'IWG identifie et recense plus de huit millions de pages de rapports, notes, fiches, synthèses et télégrammes. Après délibération, les documents sont déclassifiés et remis aux archivistes du Nara. Une procédure de sécurité a été mise en place. Dans une zone interdite des archives, réservée aux seules personnes autorisées par les services secrets, des employés de la CIA, du FBI, de la NSA et du Pentagone passent une nouvelle fois en revue les dossiers afin de retirer les documents les plus sensibles. Pour des questions budgétaires, les censeurs sont généralement des retraités payés à la page reclassifiée. Un exemple : le ministère de la Défense a rendu publics des documents top secret concernant les recherches biologiques et biochimiques effectuées par les Japonais sur des prisonniers de guerre alliés. Ils contiennent des éléments d'information embarrassants sur l'utilisation de ces recherches par les Américains. Les dossiers sont reclassifiés. Trop tard. Une équipe de chercheurs japonais a eu le temps de copier les archives qui sont vendues par une société privée japonaise.

Les archives concernent aussi bien les opérations que les hommes. Les dossiers déclassifiés ne sont pas exactement ceux qui figurent aux archives centrales des Agences. Ce sont des extraits composés d'éléments disparates mais significatifs. Pour incomplets qu'ils soient, certains sont passionnants. Les rapports des agents sont présentés dans leur intégralité, les synthèses sont accompagnées des documents originaux. De mémoire de chercheur, on a rarement vu des dossiers aussi fournis.

L'IWG a mandaté cinq historiens chargés de passer en revue l'ensemble des archives. Ils n'ont pas eu le temps de tout lire en détail, mais ils ont eu celui d'examiner sérieusement des centaines de milliers de pages extraites de collections inédites de documents. Leurs travaux permettent d'éclairer la face obscure des relations entre les nazis et les Alliés (principalement les Américains).

La commission d'historiens de l'IWG affirme que les nouveaux documents, croisés avec les archives déjà disponibles, « permettent de compléter ou de réviser notre compréhension de certains aspects de l'Holocauste, du pillage des biens par l'Allemagne nazie et des criminels de guerre ». *Pacte avec le diable* se fonde sur les travaux de ces historiens : les documents consultés sont ceux répertoriés par les historiens. Dans certains cas, comme dans les dossiers Martin Bormann ou Heinrich Müller, je suis allé plus loin en croisant les archives avec celles d'autres opérations et en ajoutant des témoignages qui n'avaient pas été pris en compte. Dans d'autres dossiers, mes conclusions ou mon appréciation s'éloignent du point de vue des historiens américains.

Les relations entre les Alliés et les nazis tiennent-elles d'un pacte avec le diable ? Oui, si l'on se réfère à l'emploi des criminels de guerre après 1945 et aux jeux troubles de la guerre froide dont les révélations constituent l'ossature des deuxième et troisième parties de l'ouvrage. Si le silence et l'inaction valent complicité, on peut alors aussi parler d'un pacte inconscient, tacite, pour ce qui est de la réaction des Alliés face à l'Holocauste en cours qui est le sujet de notre première partie.

Pour raconter ce *Pacte avec le diable,* j'ai choisi deux partis pris. Le premier d'ordre chronologique et le second d'ordre thématique. Les trois parties de l'ouvrage balaient une période qui va du début de la destruction des juifs d'Europe, en juin 1941, à la guerre froide. Je me suis concentré sur ce qui est la spécificité de ce conflit, la Shoah.

Pacte avec le diable est le fruit d'un long voyage au cœur des archives secrètes américaines. Il a fallu repérer les documents les plus « nouveaux », l'information inédite significative au milieu d'une montagne de papiers, se plonger dans les fichiers anthropométriques établis par les nazis, exhumer au passage des objets personnels des dignitaires du IIIe Reich (les capsules de paracodéine de Hermann Göring !), de la fausse monnaie fabriquée dans des camps de prisonniers... Au final émergent trois dossiers dérangeants : les Alliés et l'Holocauste (1941-1945), la récupération des criminels de guerre (1945-1960) et l'infiltration soviétique des réseaux nazis pendant la guerre froide (1945-1970).

L'objet de cet ouvrage n'est pas de fournir des révélations majeures sur cette page de l'Histoire, mais de montrer en quoi l'exploration d'archives inédites permet des avancées historiques parfois substantielles.

Shoah (1941-1945)

Que savaient les Alliés du processus de destruction des juifs d'Europe ? Et quand l'ont-ils su ? On sait désormais à peu près tout de la Shoah côté nazi. Les historiens ont décortiqué les modalités des prises de décision et de leur exécution. Les rouages de la machine de mort, le fonctionnement des centres de destruction ont fait l'objet de dizaines d'ouvrages et de films plus remarquables les uns que les autres. Il reste encore un continent à explorer, celui de la collecte de l'information et de sa circulation du côté des Alliés. Des historiens comme David Wyman, Martin Gilbert, Walter Laqueur ou Richard Breitman ont entrepris de l'explorer. Leur tâche n'est pas facile. L'accès à des sources d'information essentielles, les archives des services secrets, est limité. Au Royaume-Uni, les dossiers confidentiels du MI-5 et du MI-6 commencent à peine à s'entrouvrir ; les premières études révèlent une grande connaissance de la Shoah dès ses débuts. Connaissance confirmée en Russie par les rares documents mis à la disposition des historiens.

Parmi les documents de la CIA, du FBI et des services de renseignements militaires américains centralisés par l'IWG, quelques fonds seulement concernent l'Holocauste. Avec le recul du temps et une vue d'ensemble, on peut affirmer que seuls de très rares officiers de renseignements avaient pris conscience de l'Holocauste. Au sein de l'OSS, par exemple, seuls deux analystes de la section Recherche et analyse, Duker et Dwork, avaient entrepris de rassembler les informations sur le sort des juifs. Cette étude est tardive (1943) et n'intéresse personne à l'époque.

À partir de 1942, l'OSS a trois informateurs sur Auschwitz en provenance de Suisse, de Pologne et de Turquie. À quoi s'ajoutent les témoignages de détenus évadés parvenus à Londres en 1944 et les récits recueillis en Hongrie avant et après l'occupation allemande d'avril 1944. Seules les informations en provenance de Turquie sont traitées : elles concernent le complexe militaro-industriel d'Auschwitz. Quelques mois après les avoir reçues, les Alliés bombardent les usines d'Auschwitz mais épargnent les camps d'extermination qui se trouvent à moins de dix kilomètres des cibles. Le commandement aérien allié avait exclu de détruire les chambres à gaz qui n'étaient pas des objectifs militaires.

Soixante ans plus tard, les historiens sont toujours

divisés : fallait-il bombarder les centres de destruction d'Auschwitz I, II (Birkenau), III en même temps que les usines IG Farben ? Les Américains auraient-ils pu bloquer le processus de l'Holocauste par une intervention militaire ? Pouvait-on envoyer des hommes afin d'organiser des révoltes dans les camps ? Les Alliés auraient-ils pu intervenir à temps pour détruire la machine concentrationnaire ? L'auraient-ils fait aux dépens de l'effort militaire ? Fallait-il courir le risque de faire des milliers voire des dizaines de milliers de victimes pour détruire les installations ?

Le but de cet ouvrage n'est pas de répondre à ces questions, d'autres s'y sont déjà essayés. Mais les archives de l'IWG permettent de préciser le contexte d'un débat qui s'est ouvert peu après la mise en route des camps d'extermination.

L'OSS et les autres organisations de renseignements américaines ont collecté en quelques années une masse considérable d'informations sur les puissances de l'Axe, les pays occupés par les nazis, les Japonais ou les Italiens, et même les États neutres. Pourtant, elles sont passées à côté de l'Holocauste. Les rares informations sur la Shoah qui figurent dans les archives de l'OSS sont remarquablement précises. Elles ont été glanées au hasard des opérations et n'ont jamais eu aucune suite. Aucun agent n'a été chargé de se les procurer, elles sont arrivées par les filières et pour ainsi dire par hasard. Dès le début du processus de destruction, les Alliés se montrèrent plus intéressés par les criminels de guerre que par leurs victimes.

La destruction des juifs d'Europe a été le moteur de la machine de guerre nazie. Ne pas l'avoir identifié en tant que tel pourrait être considéré comme un grave revers pour les services secrets. Il n'en est rien. Leur attitude face à l'Holocauste permet de comprendre pourquoi les Alliés n'ont pratiquement rien fait pour bloquer le processus d'extermination des juifs d'Europe par les Allemands.

La première partie de l'ouvrage tente de briser l'un des derniers tabous de la Seconde Guerre mondiale : l'attitude des États-Unis et de la Grande-Bretagne face à l'Holocauste. Pour cela, il faut aller contre deux idées reçues : les Alliés ont su trop tard, et rien ne pouvait être fait pour enrayer la machine de destruction nazie. Des documents qui dormaient jusqu'à peu dans les caves de la CIA – les télégrammes du consul du Chili en Tchécoslovaquie, un pro-nazi témoin privilégié des débuts de l'Holocauste – prouvent le contraire.

Quelle est l'importance de ces télégrammes ? Ils font partie des premières informations recueillies par les Britanniques sur l'Holocauste. En soi, ils n'avaient pas de quoi retenir l'attention des analystes britanniques. Quel crédit accorder à un obscur consul perdu au fin fond du protectorat de Bohême-Moravie ? Ils prennent toute leur signification quand on les rapproche de la première grande source d'information militaire des Britanniques : les messages des machines à coder militaires allemandes Enigma que les Britanniques interceptent et décryptent depuis 1940 dans le cadre de l'opération Ultra. Les messages Enigma révèlent l'ampleur des massacres perpétrés dans les territoires de l'Est à la suite de l'invasion de l'URSS par l'Allemagne le 22 juin 1941. Les télégrammes du consul révèlent le sens politique de la destruction en cours tout en confirmant les informations recueillies dans le cadre d'Ultra. Le consul chilien annonce, deux mois avant la conférence de Wannsee, le plan nazi de destruction systématique des juifs d'Europe.

Ces télégrammes ont été transmis aux services secrets américains (COI, puis OSS) par les Britanniques, ce qui explique leur déclassification tardive dans le cadre de l'IWG. Mis en parallèle avec d'autres rapports sur la Shoah adressés aux dirigeants de l'OSS, ils auraient également permis aux Américains de se faire une idée précise du sort des communautés juives dans les pays occupés par les puissances de l'Axe. Ils sont une formidable introduction à trois rapports sur les massacres dans les pays de l'Est envoyés à Allen Dulles, à l'époque responsable du bureau de l'OSS de New York. Ils donnent aussi tout leur sens aux informations recueillies en août 1942 par le représentant du Congrès juif mondial, Gerhart Riegner.

Il est tentant de dresser un parallèle entre le parcours des télégrammes du consul chilien et la tentative d'étouffer le rapport Riegner par une partie de l'administration américaine, en l'occurrence le Département d'État. Pourquoi Henry Morgenthau, secrétaire au Trésor, n'a-t-il eu de ces télégrammes qu'une version expurgée concernant uniquement la situation économique dans le protectorat de Bohême-Moravie, mais pas ceux sur les débuts de l'Holocauste ? Henry Morgenthau était la personnalité juive la plus influente de l'administration Roosevelt. On ne peut croire à un oubli. On craint la censure. Pourquoi ? On peut esquisser une hypothèse : reconnaître l'Holocauste implique d'intervenir. Que faire face à la destruction des juifs ? Le silence des Alliés tient lieu de réponse. Faute de solution, les gouvernements alliés savent ce qu'ils ne veulent pas : accepter plus de réfugiés d'Europe qu'ils n'en ont déjà.

La preuve se trouve dans les comptes rendus de la conférence des Bermudes, objet du deuxième chapitre de *Pacte avec le diable.* Certains historiens écartent cette conférence sur les réfugiés (avril 1943) en la qualifiant de non-événement. Des documents déclassifiés par le FBI pour l'IWG permettent de relativiser et de réviser ce point de vue. Ils autorisent un parallèle risqué avec une autre conférence : celle qui s'est tenue un peu plus d'un an auparavant dans une maison de repos pour officiers SS à Wannsee, dans la banlieue de Berlin. À Wannsee, les responsables nazis planifièrent la Solution finale. Aux Bermudes, les Alliés organisèrent la gestion du silence et de la non-intervention. Ce fut la conférence de l'immobilité face à celle de la destruction. Des documents extraits des archives du directeur du FBI, J. Edgar Hoover, permettent de comprendre les enjeux et laissent entrevoir dans les coulisses de la politique américaine de sourds affrontements entre une majorité silencieuse face à la Shoah et une infime minorité résolue à tout faire pour bloquer le processus de destruction.

On sait qu'à l'intérieur de l'administration Roosevelt, des hommes tentèrent de contourner la politique non interventionniste en matière d'Holocauste. Les clivages sont connus, les enjeux aussi. Pourtant, on ignore encore les détails de l'affrontement, faute d'archives et de témoignages.

Les Alliés auraient-ils pu faire quelque chose pour sauver les juifs ? Certains historiens le pensent. Ils soulignent que les États-Unis sont le seul pays à être intervenu, « mal et trop tard », en créant en janvier 1944 le Bureau des réfugiés de guerre. En un an, il aida deux cent mille réfugiés et sauva la vie de quelque vingt mille d'entre eux. Une intervention immédiate et ferme des Américains dès 1941 aurait sans doute pu sauver des centaines de milliers de juifs.

À la lumière des rapports du FBI, les minutes des discussions de la conférence des Bermudes prennent une autre dimension. Des débats dont l'intérêt semblait limité deviennent passionnants. La lecture des rapports du FBI révèle que l'administration américaine s'est employée à contenir les discussions et empêcher tout débordement en faveur des groupes de pression juifs qui réclamaient que quelque chose soit fait pour les communautés d'Europe. Mais la machine se grippe quand un membre de la délégation américaine refuse de jouer le rôle qui lui est imparti. La conférence des Bermudes s'est ouverte le jour même de l'insurrection du ghetto de Varsovie où, pour une des rares fois de la guerre, les victimes se sont révoltées contre leurs bourreaux, préférant les affronter à mains nues plutôt que de mourir sans combattre. Au début du soulèvement du ghetto de Varsovie, l'OSS reçoit un message des insurgés : « Ce qui arrive est inconcevable pour l'esprit humain. À l'Ouest, ils refusent de croire à ce qu'on leur dit. Dites-leur que nous sommes tous en train de mourir. Nous ne leur pardonnerons jamais de ne pas nous avoir donné des armes afin de mourir comme des hommes. » Les archives ne disent pas quelle fut la réaction des dirigeants de l'OSS à la lecture de ces lignes. On sait que rien n'a été fait. Pouvait-il en être autrement ? L'OSS avait-elle les moyens d'intervenir en Pologne ? Comment se sortir des pièges de l'humanitaire en temps de guerre ?

Nulle affaire n'illustre mieux ce piège que la mission de Joël Brand, chargé par Eichmann, en avril 1944, de négocier la libération d'un million de juifs contre la livraison de dix mille camions et des vivres. L'affaire est connue, elle a été racontée par Alexis Weissberg en 1957 d'après les souvenirs de Joël Brand. Depuis, elle a été longuement disséquée par divers historiens. Mais ce n'est que depuis la déclassification de l'IWG qu'il est possible de tirer les leçons de l'échec de la mission de Joël Brand en la replaçant dans le contexte plus général d'un des réseaux les plus sulfureux de l'OSS : Dogwood. Un réseau qui est au centre des affaires les plus troubles de l'Holocauste et dont la CIA a longtemps gardé secrètes les archives.

En 2001, l'IWG a rendu publics différents documents inédits sur Dogwood, extraits des archives du FBI, de l'OSS, de l'état-major interallié et du service de contre-espionnage britannique, le MI-5. Ils permettent de démonter le piège dans lequel les nazis voulaient enfermer Britanniques et Américains : celui des négociations de paix séparées, destinées à entraîner une rupture de l'alliance antinazie. Une opération conduite sous l'égide de Heinrich Himmler dont on commence à peine à entrevoir les ramifications. À ce jour, on recense plus d'une demi-douzaine d'approches, toutes destinées à briser l'alliance entre la Grande-Bretagne et les États-Unis d'un côté et l'Union soviétique de l'autre. L'affaire Joël Brand est l'une d'entre elles. Les documents de l'IWG la replacent dans le contexte des négociations secrètes entre l'OSS et une puissance de l'Axe, la Hongrie, sous le contrôle des services spéciaux de l'armée, l'Abwehr, puis ceux des SS, le SD.

Les Alliés n'ont pas voulu, n'ont pas su ou n'ont pas pu entendre les voix de ceux qui dénonçaient l'Holocauste en cours. Après guerre, le « malentendu » se transforme en mauvaise foi. Après être passés à côté de l'Holocauste, les vainqueurs manquent un autre rendez-vous avec l'Histoire : celui du châtiment.

Crimes sans châtiments (1945-1960)

Jusqu'à l'instauration de l'IWG, les chercheurs n'avaient que peu des documents concernant la récupération des criminels de guerre. La ténacité de certains d'entre eux a permis d'arracher au silence des archives des bribes d'informations concernant l'opération Paperclip/Overcast qui a permis à des milliers de savants nazis d'aller travailler aux États-Unis. Parmi eux, le père de la Nasa, Werner von Braun, qui a concrétisé en Floride des travaux sur les fusées V-1 et V-2 commencés dans la nuit et le brouillard du camp de concentration de Dora. D'autres tentatives concernant l'emploi des criminels de guerre dans le cadre de l'organisation Gehlen, ancêtre des services secrets ouest-allemands, se sont heurtées à plus de résistance de la part de la CIA. Grâce à l'IWG, il est désormais possible de consulter des milliers de pages concernant la création des services secrets allemands par des criminels de guerre, sous l'œil parfois agacé, parfois bienveillant des Américains, et le recrutement de criminels de guerre par la CIA.

La lecture de ces documents provenant de la CIA, de l'armée américaine et du FBI montre comment les Américains ont récupéré une partie des artisans de la Solution finale. Une histoire tragique aux échos actuels.

Avant d'avoir accès à ces archives, les historiens croyaient que l'emploi de criminels de guerre avait permis aux Américains de remporter les premières batailles de la guerre froide. Aujourd'hui on sait que ce n'est pas le cas. Les anciens SS ou SD n'ont été que de peu d'utilité pour la CIA, quand ils ne furent pas franchement contre-productifs, ainsi que le démontrent les dossiers secrets de l'affaire Gehlen, l'ancien responsable du service de renseignements militaires allemands chargé de l'Union soviétique, qui fut mis à la tête d'une organisation anticommuniste clandestine puis des services secrets ouest-allemands (BND).

Les Américains ne voulaient pas voir que l'organisation Gehlen hébergeait des centaines d'anciens SS, dont des dizaines de criminels de guerre. Avec l'appui de l'armée américaine puis d'une frange de la CIA, le général Gehlen a bâti son organisation en puisant dans le vivier nazi, en dépit de fortes oppositions aux États-Unis mêmes. Pour quel résultat ?

Après avoir consulté les archives, on peut conclure que les services secrets américains n'ont tiré aucun bénéfice de la récupération des criminels de guerre par l'organisation Gehlen. S'ils ont fait merveille dans l'entraînement et l'encadrement des services arabes « où leur passé nazi était très apprécié », pour reprendre l'expression de Gehlen, ils se sont révélés de piètres agents secrets. L'organisation Gehlen a été noyautée dès le départ par les Soviétiques qui recrutaient les anciens nazis en les faisant chanter ou en tablant sur leurs sentiments anti-américains.

La CIA a implanté plusieurs taupes à l'intérieur de l'organisation Gehlen. Parmi elles, l'un des artisans de l'Holocauste, Otto von Bolschwing, l'ancien mentor d'Adolf Eichmann. Jusqu'à l'arrestation de ce dernier, la CIA ne s'est guère préoccupée du passé de son protégé. Tout comme elle ne s'est pas souciée des autres collaborateurs d'Eichmann qui travaillaient pour elle dès 1948. Le 23 mai 1960, le Premier ministre israélien David Ben Gourion annonce à la Knesset l'enlèvement d'Adolf Eichmann. La nouvelle prend totalement de court la CIA qui n'était pas informée, en dépit de ses liens privilégiés avec les services secrets israéliens. Jusque-là, les criminels de guerre n'intéressaient pas l'Agence. L'affaire est doublement significative. Elle permet d'éclairer la personnalité d'un des hommes de l'ombre du IIIe Reich jusqu'alors relativement épargné par les historiens. Elle révèle aussi d'étranges chaînes de complicités qui vont éviter à von Bolschwing d'être arrêté après-guerre pour avoir refusé de restituer une société pharmaceutique « aryanisée » (confisquée à ses propriétaires juifs) et vont lui permettre de reprendre pied aux États-Unis, jusqu'à ce qu'il soit rattrapé par son passé à la fin de sa vie.

L'affaire von Bolschwing a été évoquée au début des années quatre-vingt par l'historien Christopher Simpson dans son remarquable ouvrage *Blow Back*. Elle occupe un chapitre des mémoires d'Allan Ryan, l'un des chasseurs de nazis de l'OSI, structure du ministère de la Justice américain mise en place en 1978 [1]. L'historien et le

1. Christopher Simpson, *Blow Back*, New York, Weidenfeld & Nicholson, 1988 ; Allan Ryan, *The Quiet Neighbours*, New York, Harcourt, Brace Jovanovich, 1984.

chasseur de nazis travaillaient chacun sur une documentation incomplète. Ils n'ont pas eu accès aux documents concernant von Bolschwing déclassifiés par l'IWG. Des milliers de pages riches de précisions inédites, entre autres sur les liens entre von Bolschwing et Leopold von Mildenstein, ancien patron d'Eichmann au sein des SS et autre honorable correspondant de la CIA.

Les affaires Gehlen et von Bolschwing auraient dû alerter les Américains du peu d'utilité des criminels de guerre nazis. Animés parfois d'un anti-américanisme primaire, ces derniers sont avant tout à leur propre service. C'est le cas de l'ancien responsable du SD, Wilhelm Höttl. Une personnalité trouble, tour à tour gigolo, agent secret, faussaire, l'un des premiers à avoir publié des ouvrages sur les services spéciaux nazis. Un homme qui joua un rôle non négligeable dans la destruction de la dernière communauté juive d'Europe, celle de Hongrie. Un homme qui joua un rôle central dans la disparition d'un trésor de plusieurs centaines de millions de dollars (l'affaire du train de l'or hongrois). Un homme qui pourtant échappa au tribunal des hommes et à celui de l'Histoire.

Lignes de fuite

Le danger que représentent les anciens nazis n'est pas dans leur inutilité mais dans leur versatilité. Les affaires Höttl et Gehlen montrent combien leur milieu est sensible à la pénétration soviétique. Deux autres dossiers démontrent l'habileté et le savoir-faire des services secrets de Moscou. Des affaires qui occupent la dernière partie de l'ouvrage et qui portent sur les disparitions non résolues de Martin Bormann et de Heinrich Müller. Deux disparus pour deux des grands mystères de l'après-guerre. Grâce aux archives de l'IWG, le mystère s'estompe.

La disparition de Martin Bormann, le dauphin de Hitler, en 1945, a déjà fait l'objet d'une abondante littérature. Jusqu'à la découverte des restes de son squelette en 1972 à Berlin, on le croyait en vie en Amérique latine. Depuis, les historiens ont conclu qu'il avait trouvé la mort à Berlin en 1945. L'affaire est trop séduisante pour ne pas attirer les amateurs de complots échevelés. C'est volontairement que je me suis tenu à l'écart du mystère Martin Bormann. Pourtant, les éléments troublants ne manquent pas dans les archives de l'IWG. À commencer par des rapports concordants et crédibles signalant sa présence en Europe en 1946 et 1947. Il y a aussi le témoignage d'un honorable correspondant des services secrets français qui dit avoir vu et parlé à Martin Bormann à deux reprises en 1947. Par précaution, je l'ai également écarté. À soixante ans de distance, il est difficile de prêter foi à un témoignage s'il n'est pas étayé par des archives. Pourtant, là aussi, le témoin est sérieux et ses propos sur l'organisation Bormann ont tous été confirmés par les archives de l'IWG. Plutôt que de participer à une chasse historique au fantôme, j'ai préféré me concentrer sur Hacke, l'organisation clandestine implantée en Europe et en Amérique latine par Martin Bormann avant sa disparition, une sorte de réseau dormant, un « Gladio » à la sauce brune programmé pour devenir opérationnel après la défaite allemande. Les Américains ont infiltré le réseau de Bormann à trois reprises sans réaliser l'importance de cette organisation. Par trois fois, les opérations d'infiltration ont échoué et pourtant, dans un des cas, l'affaire était remontée jusqu'au président Truman. L'existence de cette organisation baptisée Hacke par un transfuge du KGB est l'une des grandes nouveautés des archives de l'IWG. L'histoire de Hacke figure dans l'un des dossiers rendus publics par la CIA. Pour la reconstituer, j'ai également puisé des éléments d'information qui se trouvaient dans deux autres services secrets américains qui ont eu affaire à Hacke sans le savoir : le Counter Intelligence Corps (CIC), véritable armée de l'ombre américaine, et X-2, la section contre-espionnage de l'OSS. Si la CIA a fait le même rapprochement, il ne figure pas dans ses archives. À notre connaissance, c'est la première fois qu'une telle documentation concernant Hacke est disponible. Pour la première fois aussi, il est possible d'avoir des précisions sur l'infiltration soviétique en Allemagne à travers des réseaux nazis clandestins. C'est donc l'angle que j'ai retenu.

L'affaire Heinrich Müller, dit Gestapo Müller, est également passionnante. La disparition, avec ses archives, du chef de la Gestapo, un des personnages les plus puissants du régime nazi, a donné lieu après la guerre à trois chasses à l'homme successives. Aujourd'hui, les historiens pensent que Gestapo Müller pourrait être mort dans les ruines de Berlin en 1945. Mais le doute subsistait faute de cadavre ou de témoignages précis et crédibles. Or, avant de mourir, un ancien ministre de l'Intérieur tchèque, Barak, a raconté dans le détail ce qu'il est advenu du chef de la Gestapo après la guerre. Ce n'est pas sans curiosité que j'ai ouvert le volumineux dossier Müller déclassifié par la CIA. Les archives allaient-elles contredire l'ancien ministre de l'Intérieur tchèque ? Allaient-elles fournir une autre version de la fin de Gestapo Müller ? Le dossier de la CIA ne résout pas le mystère Müller, mais il renferme assez d'éléments pour confirmer les propos du ministre tchèque. Nous sommes même dans un cas de figure rare et passionnant où les archives complètent et donnent de l'épaisseur à un témoignage oral crédible et totalement indépendant. L'affaire Müller permet de compléter le tableau de l'infiltration soviétique des réseaux nazis brossé au chapitre précédent. Les archives de l'IWG achèvent de concrétiser une rumeur entretenue après-guerre par divers dignitaires nazis : Gestapo Müller était un agent soviétique. Les doutes de Walter Schellenberg, chef du SD, et les accusations d'Eichmann sont confirmés. Gestapo Müller était un agent soviétique dès 1943, c'est-à-dire après le démantèlement de l'Orchestre rouge mais au moment où le chef, Léopold Trepper, jouait son Grand Jeu en faisant semblant de travailler pour les nazis après avoir prévenu Moscou. Le dossier de la CIA fournit des précisions inédites sur le nom de l'agent traitant de Müller, la manière dont le chef de la Gestapo communiquait avec Moscou. Le mystère de l'affaire Müller est loin d'être résolu. L'histoire des réseaux soviétiques dans l'Allemagne nazie reste encore à écrire. Les archives américaines renferment sans doute encore des documents susceptibles d'éclairer les chercheurs. Mais l'histoire complète ne pourra pas être écrite tant que Moscou ne déclassifiera pas ses dossiers secrets.

PREMIÈRE PARTIE

Shoah

CHAPITRE 1

Ce que savent les Alliés

Quand les Alliés ont-ils pris conscience de la Shoah ? Est-il possible de dater avec certitude à quel moment ils ont commencé à connaître le sort réservé par Hitler aux juifs d'Europe ? Pourquoi l'Holocauste n'a-t-il été reconnu comme tel que deux ans après ses débuts ? Questions obsédantes, lancinantes, mais essentielles pour comprendre l'abandon des victimes de l'Holocauste. Questions longtemps restées taboues faute d'archives.

Pourtant, très tôt, les premières informations sur les massacres de juifs apparaissent dans les journaux. Très tôt, mais sous forme de brèves noyées dans les comptes rendus des grandes batailles du conflit.

Qu'en était-il des services secrets ? La déclassification récente de nouvelles archives secrètes de l'administration Roosevelt permet d'apporter des éléments de réponse.

William J. Casey, ancien responsable des services secrets américains (OSS) basé à Londres (et futur directeur de la CIA de l'administration Reagan) était, lui aussi, dans les années quatre-vingt, toujours obsédé par ces questions : « Je ne comprendrai jamais comment, avec tout ce que l'on savait de l'Allemagne et de sa machine militaire, nous savions si peu de choses sur les camps de concentration et l'ampleur de l'Holocauste. On savait d'une manière générale que les juifs étaient persécutés, qu'ils étaient raflés dans les pays occupés et déportés, qu'ils étaient rassemblés dans des camps où la brutalité et le meurtre étaient monnaie courante. Mais personne ou presque ne comprenait l'ampleur de ce qui se passait. Ce n'était pas assez réel pour se détacher de la brutalité et de la boucherie constitutives de la guerre. À Londres on ne parlait pratiquement pas des camps de concentration, sinon comme endroits où étaient déportés les agents et les résistants qui n'étaient pas exécutés sur-le-champ. Et quand nous recevions des rapports, nous les écartions car la politique officielle de Washington et de Londres était de se concentrer exclusivement sur la défaite de l'ennemi. »

Un des plus beaux esprits américains, Arthur Schlesinger Jr, ancien responsable de la section Recherche et analyse (R&A) de l'OSS, universitaire, homme politique, lui fait écho en s'interrogeant dans ses Mémoires sur la date à laquelle lui et ses collègues ont pris conscience de la spécificité de la Shoah : « Je me souviens qu'en été 44 nous avons reçu avec horreur un flot croissant d'informations sur les camps. La plupart d'entre nous pensaient encore à une augmentation de la persécution plutôt qu'à une nouvelle politique barbare de génocide. Je n'arrive pas à trouver de collègues de la section R&A qui se souviennent d'avoir eu la révélation de la Solution finale. »

Pourquoi l'OSS est-elle passée à côté de l'Holocauste ? Une idée reçue tenait lieu de réponse : faute d'avoir été prévenus à temps, les services secrets américains n'ont détecté que tardivement l'événement le plus considérable de la Seconde Guerre mondiale.

Abraham Duker et Charles Irving Dwork, deux jeunes juifs de la section R&A, sont parmi les premiers analystes à avoir identifié l'Holocauste et sont les seuls à avoir rassemblé systématiquement toutes les informations disponibles. Leur travail est tardif : il débute fin 1943. À cette époque, ils se plaignent que personne, à l'intérieur de la section R&A, ne s'intéresse à la destruction des juifs d'Europe.

Cette impression est confirmée par les éléments trouvés dans les archives de la CIA déclassifiées au début des années quatre-vingt. Car les dizaines de documents sur les camps de concentration qui y figurent remontent à... 1944-1945.

Aujourd'hui, vingt ans après les premières déclassifications, à la suite du *Nazi War Disclosure Act* de 1998 décidé par Clinton, les archives libérées par la CIA fournissent des données inédites sur ce que les dirigeants américains savaient de l'Holocauste et permettent de dater avec précision leurs connaissances. Mais les documents ne répondent pas aux questions des anciens dirigeants de l'OSS sur les causes de leur aveuglement. Les documents déclassifiés permettent d'affirmer avec certitude que les services secrets alliés ont suivi avec un léger différé la destruction des juifs d'Europe dès 1941.

Ces documents ne sont pas les derniers inédits de l'Holocauste. Les services secrets britanniques sont loin d'avoir livré tous leurs dossiers confidentiels. Certains se trouvent parmi les documents de la CIA déclassifiés par l'IWG ; ils s'inscrivent dans le filon des toutes premières informations connues sur la Shoah.

Les premiers écrits remontent au printemps 1941, c'est-à-dire au tout début des massacres de masse. Ils émanent d'une source très bien informée des intentions des hauts dignitaires nazis. Source installée au cœur du protectorat allemand de Bohême-Moravie, à Prague.

Le consul chilien, diplomate chevronné, bardé de décorations gagnées lors de la guerre du Chaco contre le Paraguay, Gonzalo Montt Rivas, est un homme comblé. De tous les consulats chiliens fermés par les Allemands, le sien, celui de Prague, est le seul à avoir été autorisé à rouvrir en 1941.

Nazi convaincu, il ne dissimule pas ses sentiments. Le fond de la pensée du consul est tout entier dans cette phrase extraite d'un câble qu'il vient d'envoyer à son ministère : « Même baptisé, un juif est un juif : l'eau bénite peut nettoyer le péché originel, mais pas la crasse accumulée pendant des siècles dans les ghettos. »

Rattaché à l'Allemagne, le Protectorat est placé sous l'autorité du baron Konstantin von Neurath. Berlin n'est pas content du Reich Protektor, jugé trop mou. Son successeur est déjà désigné et doit prendre ses fonctions en septembre 1941. Ce successeur n'est autre que le futur « boucher de Prague », Reinhardt Heydrich, dirigeant du RSHA (Office central de la Sécurité du Reich) [1].

« Le RSHA était la création de Reinhardt Heydrich, note l'historien Raul Hilberg ; l'organisation qu'il avait bâtie (...) ne devint une des pièces essentielles du mécanisme de destruction qu'à partir de 1941 – année cruciale pour le développement du processus dans son ensemble, car ce fut celle où Heydrich établit les structures administratives qui allaient servir de bases aux opérations mobiles de tuerie comme aux déportations vers les centres de mise à mort [2]. »

Outre la Gestapo et la police, le RSHA chapeaute le

1. Depuis le 27 septembre 1939, le RSHA coordonne les différents services spéciaux du Reich : l'Amt-III ou SD (Service de sécurité), la Sipo (police de sûreté qui regroupe l'Amt-IV ou Gestapo, police secrète d'État, et l'Amt-V, ou Kripo, police criminelle d'État), l'Amt-VI, services de renseignements pour l'étranger, et l'Orpo (Ordnungspolizei, police régulière). À partir de février 1944, les services secrets de l'armée, l'Abwehr, sont rattachés au SD.

2. Raul Hilberg, *La destruction des juifs d'Europe*, Paris, Fayard, 1988, p. 241.

SD, les services secrets extérieurs nazis. Dans un interrogatoire réalisé par les Britanniques après la guerre, le chef du SD, Walter Schellenberg, explique que ses services manipulaient des dizaines de diplomates latino-américains dans le Reich. Les diplomates sont recrutés selon une technique des plus classiques : des agents du SD les poussent à vivre sur un grand train, pourvoyant à certaines de leurs dépenses. La suite, on la devine : dès les premières difficultés financières, les diplomates tombent dans les bras du SD. Parmi les diplomates recrutés par ses services, Schellenberg se souvient d'un Chilien du nom de Monte.

« Il n'y a pas de diplomate chilien du nom de Monte ; Montt est celui dont le nom se rapproche le plus », explique l'historien Richard Breitman qui souligne que des dizaines de diplomates étrangers étaient à la solde du SD à Berlin. « L'Allemagne recrutait des diplomates étrangers qui deviendront particulièrement utiles en poste à l'étranger. Il est vraisemblable que Montt bénéficiait d'excellentes sources à Prague au sein des officiels du RSHA parce qu'il était considéré comme l'un d'entre eux. Un membre des services de renseignements extérieurs (Amt-VI du RSHA) est digne de partager les secrets de la Gestapo[1]. »

Montt est d'autant mieux introduit dans les hautes sphères nazies du Protectorat qu'en tant qu'agent du SD il est sous les ordres de Reinhardt Heydrich.

Prague est, à cette époque, la première ville du Protectorat de Bohême-Moravie, née du démantèlement de la Tchécoslovaquie à l'automne 1938, au lendemain des accords de Munich. Après avoir perdu son statut de grande capitale, la ville s'est vidée de ses diplomates étrangers. Le consul est le dernier observateur encore

1. Richard Breitman, « What Chilian Diplomats Learned about Holocaust », Washington, Nara, 2004.

en place. Un observateur bienveillant et surtout remarquablement bien informé. Il a un balcon sur l'Holocauste.

Le consul chilien a d'excellentes sources d'information auprès des plus hauts dignitaires nazis avant même l'arrivée de Heydrich à Prague. Après avoir rencontré Karl Hermann Frank, chef de la Gestapo et futur numéro deux du Protectorat, le consul note avec satisfaction que « le Reich a manifesté une fois de plus son intention, en cours de réalisation, de germaniser tous les territoires à l'intérieur de son "espace vital". L'expérience prouve que la seule manière de réaliser cet objectif est d'éliminer les autochtones pour les remplacer par ses propres citoyens ».

Nous sommes le 24 juin 1941. Deux jours plus tôt, les Allemands et leurs alliés de l'Axe ont lancé la plus grande attaque militaire de l'histoire : l'opération Barbarossa. Trois millions de soldats, 600 000 véhicules, 750 000 chevaux, 3 580 tanks envahissent l'Union soviétique de l'Arctique à la mer du Nord, agrandissant ainsi leur « espace vital ». Dans un autre câble, le consul note : « L'histoire de l'Europe est faite de combats. Des races disparaissent, sont absorbées ou détruites par d'autres plus nombreuses, plus fortes, plus intelligentes et sans doute plus fortunées. » Peu après l'invasion de l'Union soviétique, la politique de destruction des juifs d'Europe s'accélère. Les premiers temps de la campagne de Russie, des dizaines de milliers de juifs en âge de prendre les armes sont exécutés, puis les victimes se comptent par centaines de milliers ; femmes, enfants, vieillards, le massacre s'accélère. Heinrich Himmler lance ses unités spéciales, les *Einsatzgruppen*, sur les territoires conquis. Leur mission : massacrer le plus de juifs possible. À la fin de l'année, les trois mille hommes des *Einsatzgruppen*, aidés par les dizaines de milliers d'hommes des bataillons de la police d'ordre (Orpo), ont déjà assassiné plus de cinq cent mille hommes, femmes et enfants.

« L'anéantissement se réalisa en deux grands ensembles d'opérations, note Raul Hilberg. Le premier commença dès l'invasion de l'Union soviétique, le 22 juin 1941. De petites unités des SS et de la police s'avancèrent en territoire occupé avec mission de tuer sur place toute la population juive. Il ne s'écoula que peu de temps entre la mise en route de ces massacres itinérants et le lancement de la deuxième grande opération qui aboutit à transporter les juifs d'Europe centrale, occidentale et sud-orientale dans des camps munis d'installation de gazage [1]. »

Ce que l'on sait aujourd'hui de l'histoire des massacres dans les pays baltes corrobore les informations du consul. Des témoins font remonter la décision d'industrialisation des processus de destruction des juifs à une visite d'inspection de Heinrich Himmler aux *Einsatzgruppen* à l'été 1941, au plus fort de l'opération Barbarossa, l'invasion de l'Union soviétique. Karl Wolff, chef du *Persönlicher Stab* des *Reichsführers* SS (chef de l'état-major personnel de Himmler), raconte comment a été prise la décision de gazer les juifs.

Cet été-là à Minsk, le responsable de l'*Einsatzgruppen* B, rattaché au corps d'armée du centre, organise un spectacle de choix pour Himmler : l'exécution de deux cents hommes, femmes et enfants juifs. La « cérémonie » a lieu dans un champ, les victimes sont allongées dans des fosses préalablement creusées, Himmler prend place sur le bord des fosses aux côtés des vingt-cinq SS du peloton d'exécution. Le massacre commence, les SS tirent sur les juifs. Himmler reçoit des morceaux de cervelle qui s'écrasent sur son manteau. Il se met à les essuyer et se trouve mal. C'est sa première exécution de masse.

1. Raul Hilberg, *La destruction des juifs d'Europe, op. cit.*, p. 236.

« C'est épouvantable pour un Allemand de voir une telle chose », aurait-il dit avant de conclure : « Il faut trouver d'autres manières de les tuer. »

Les dépêches du consul témoignent de cette évolution. Le 6 septembre 1941, alors que le massacre se prépare en Europe, le consul revient longuement sur le ghetto de Varsovie où, depuis le 3 octobre 1940, près d'un demi-million de juifs polonais sont détenus dans des conditions inhumaines. Un exemple à suivre, au dire du consul.

« À Varsovie les juifs ont été concentrés dans un seul quartier de la ville, ce qui signifie un retour au "ghetto" médiéval. La ville juive à l'intérieur de la capitale polonaise compte cinq cent mille habitants. Quarante pour cent d'entre eux travaillent comme artisans, cordonniers, menuisiers, tailleurs ou mécaniciens. Les autorités allemandes fournissent à nombre d'entre eux les moyens d'ouvrir leurs boutiques. L'exemple de Varsovie montre qu'on peut trouver des solutions à cet aspect du problème juif. Il n'y a pas de raison que de telles actions ne soient pas adoptées dans le Protectorat. Ce qui a été fait jusqu'à présent est incomplet : les juifs n'ont pas le droit d'aller dans les cinémas et dans les cafés, mais ils s'arrangent pour s'affranchir de ces règles et se lancent dans des commerces malhonnêtes (marchés noirs de toutes sortes), ils répandent aussi des mensonges fantastiques sur le Reich et provoquent les Aryens par leur arrogance. Une fouille des maisons et appartements occupés par les familles juives montre que les hébreux de Prague, loin de souffrir de la guerre, se sont débrouillés pour mettre de côté de grosses quantités de nourriture, conserves, vêtements, souliers, etc. Il est temps de mettre fin à une telle conduite. Désormais, les juifs n'ont plus le droit de pénétrer dans des librairies privées ; la reproduction de toute forme de musique par des journaux juifs est interdite, la punition pour violation de ces règlements peut aller jusqu'à une amende de 5 000 couronnes et dix-huit jours d'emprisonnement. Toutes les machines à écrire possédées par des Juifs doivent être déclarées. Ils doivent aussi déclarer leurs fourrures. (Cette dernière mesure est sans nul doute à rapprocher de la réquisition de toutes les peaux qui doivent doubler les manteaux des soldats allemands combattant en Russie.) Dorénavant les juifs du Protectorat devront porter l'étoile jaune sur le côté gauche de leur poitrine et n'auront pas le droit de se déplacer dans les environs de Prague ou à l'intérieur sans une autorisation de la police. Les juifs retournent à la position qu'ils occupaient il y a des siècles. Il n'est pas étonnant que le Reich ait pris de telles mesures contre les israélites quand on sait que c'est l'élément juif dominant en Grande-Bretagne, aux États-Unis et en Russie qui a provoqué la guerre contre l'Allemagne[1] (...) »

C'est la première fois que les services secrets américains ont des informations précises sur la situation du ghetto de Varsovie. Par la suite, les informations vont arriver au compte-gouttes et avec retard. Le 3 décembre 1943, l'OSS reçoit copie d'un rapport, rédigé en français, transmis par l'ambassadeur des États-Unis à Berne au secrétaire d'État américain ; il est intitulé « L'extermination des juifs polonais racontée par un témoin oculaire ». « Jeune homme de 24 ans, je me sens comme un vieillard », écrit le témoin anonyme dont le récit, long de vingt-quatre pages dactylographiées, commence dans un Varsovie en ruines.

« Le 15 novembre 1940 a été installé, à Varsovie, un ghetto hermétiquement fermé. Il était entouré d'un mur de 3 mètres et demi de hauteur dans lequel il y avait plusieurs portes d'entrée gardées par la gendarmerie allemande ainsi que par les polices polonaise et juive.

Des ghettos fermés et ouverts sont également créés, à la même époque, dans beaucoup d'autres villes polonaises. Partout, on persécutait et battait les juifs dans les rues. On

1. Nara, RG 65 local. 62-65-08, Box 26-27.

les battait pour tout et pour rien. Ainsi, par exemple, quand un juif saluait un Allemand, conformément aux ordres des autorités, le juif était battu pour avoir salué un Allemand et quand un juif n'a pas salué un Allemand, on l'a battu pour ne pas avoir respecté l'ordonnance des autorités de saluer les Allemands.

La plupart se trouvaient dans une misère noire et mouraient littéralement de faim. On rencontrait très souvent, dans les rues, des personnes enflées par la famine et avec des plaies béantes. Chaque matin, on trouvait dans les rues des cadavres dépouillés de leurs vêtements et de leurs chaussures.

L'épidémie de fièvre typhoïde a sévi tout l'été et a causé la mort d'un grand nombre de personnes : en moyenne, cinq cents personnes mouraient par jour. En hiver, le froid et la famine causaient la mort d'environ cent cinquante personnes par jour.

Durant les mois d'été 1941, les Allemands ont continué à déporter les gens en camp de travail forcé. On déportait principalement des gens pauvres, qui ne pouvaient pas payer la police.

À la même époque, la situation des juifs à Varsovie ainsi qu'en province commence à empirer. Il y avait un subit changement de système. Les gens de la Gestapo pénètrent brutalement, par force, dans les appartements des juifs aisés, ainsi que des personnalités juives en vue. Ils jettent le propriétaire juif par la fenêtre et pillent tout l'appartement, emportant tout ce qu'il y a dedans.

C'est ainsi qu'on a, pendant mon séjour à Varsovie, jeté par la fenêtre du quatrième étage le bien connu Wilner. J'ai habité à proximité. Tout à coup, j'ai entendu les cris déchirants de la famille et des voisins effrayés de cette visite inattendue de la Gestapo. Quelques instants plus tard, j'ai vu la victime de cette visite, Monsieur Wilner, mort, dans une mare de sang sur la cour de l'immeuble.

Le ghetto était surpeuplé. Dans plusieurs cas, une chambre était habitée par quelques dizaines de personnes. Les plus riches pouvaient seulement s'offrir le "luxe" d'habiter à quatre ou six personnes dans une chambre. Le nombre officiel des habitants du ghetto s'élevait en 1942 à quatre cent cinquante mille personnes ; il y avait en outre cinquante mille personnes non enregistrées.

L'attraction du ghetto était les juifs convertis de la première et de la deuxième générations. Parmi ceux-ci, il y avait deux prêtres catholiques qui portaient sur l'épaule l'insigne juif. Il y avait même des églises dans le ghetto. Chose curieuse : même dans les églises, les juifs convertis n'avaient pas le droit d'enlever leur étoile de David[1]. »

Prague a un nouveau maître. Le 27 septembre 1941, Reinhardt Heydrich est nommé protecteur de Bohême-Moravie. Il n'est plus seulement le chef du RSHA (fonction qu'il conserve) mais il est l'homme chargé par Himmler de régler la question juive. Il est directement rattaché au numéro deux du régime, Martin Bormann, avec rang de ministre.

Trois hommes planifient les tueries : Hitler, Himmler et Heydrich. « Pendant que Hitler était enfermé dans son quartier général de Prusse orientale une bonne partie de l'automne 1941, Himmler était soit à son quartier général soit en tournée sur le front de l'Est où opéraient ses SS et sa police, Heydrich, lui, était à Prague[2]. » Le consul rend compte des premières exécutions dans le Protectorat. « Les autorités du Reich sont déterminées à étouffer dans le sang toute tentative, tout complot, tout acte ou mot qui menace sa sécurité[3]. »

Le 25 octobre 1941, à l'issue d'une conférence, Hitler revient sur la question juive : « Cette race criminelle a déjà les deux millions de morts de la guerre mondiale sur la conscience, et maintenant des centaines de milliers d'autres. Que personne ne vienne me dire : Mais

1. Nara, RG 65 local. 62-65-08, Box 26-27.

2. *Ibid.*

3. Richard Breitman, « What Chilian Diplomats Learned about Holocaust », Nara, 2004.

nous ne pouvons pas les envoyer dans les marais [du Pripet, *nda*] ! Qui se soucie donc de notre peuple ? C'est une bonne chose si la peur nous précède quand nous éradiquons le judaïsme. »

Reprenant la « prophétie » de Hitler du 30 janvier 1939 sur « l'anéantissement de la race juive en Europe » en cas de guerre mondiale, Goebbels publie un article dans lequel il annonce : « Nous vivons la réalisation de cette prophétie, le destin du judaïsme est sur le point de se réaliser. Cela sera dur mais mérité. Toute sympathie ou regret est déplacé. »

Hitler a déjà ordonné la déportation de tous les juifs du Reich, y compris ceux des protectorats, en Pologne occupée. L'Holocauste est en marche en Europe. Fin septembre, les nazis déportent vingt-cinq mille juifs et tziganes au ghetto de Lodz, vingt-cinq mille autres juifs sont déportés dans les ghettos de Minsk et de Riga. D'autres déportations doivent suivre à Lublin.

Certains juifs du protectorat de Bohême-Moravie tentent d'échapper au destin des autres communautés du Reich en émigrant. Le 1er novembre 1941, Montt rend compte des déportations des juifs du Protectorat et du Reich vers la Pologne et les pays baltes : « J'ai toujours attiré votre attention sur ces questions juives », écrit-il à son ministre en lui faisant part de l'intention des Allemands de se débarrasser des juifs à tout prix. Il conclut : « Une solution serait de les envoyer dans nos pays, ce que, j'espère, notre gouvernement ne permettra pas. » Après avoir souligné leur inutilité dans les travaux des mines et des champs, le consul ajoute : « Ils sont les propagateurs du communisme, du bolchevisme et d'autres vices physiques et moraux. »

En fait, les premiers massacres ont déjà commencé. À Minsk, douze mille juifs du ghetto sont assassinés par les SS, la police allemande et leurs auxiliaires des milices lituaniennes. À Riga, le nombre de morts s'élève à vingt-cinq mille. Les premières chambres à gaz sont construites à Belzec et Chelmno. Les Allemands envisagent d'autres sites à Riga, Moghilev et Lvov.

Le consul suit de près les mesures administratives préparatoires de l'Holocauste : en septembre 1941, les juifs doivent porter l'étoile jaune ; le 23 octobre suivant, l'émigration est interdite. Le 24 novembre, Montt annonce avant tout le monde la promulgation d'une mesure clé, le 11e amendement de la loi sur la citoyenneté du Reich : « Un juif résidant à l'étranger ne peut pas être citoyen allemand. Tout juif établi à l'étranger avant ou après ce décret perd immédiatement sa nationalité. Les biens des juifs qui perdent leur nationalité appartiennent au Reich. » Le consul ajoute : « Les juifs ont interdiction de transférer leurs biens, tout ou partie de leurs propriétés, leurs installations, leurs effets personnels sans avoir, pour chaque article, une autorisation spéciale de l'autorité allemande compétente. » Les décrets portant sur la dénaturalisation des juifs hors d'Allemagne ne sont rendus publics par Berlin que le lendemain. Le consul a de très bonnes sources dans l'entourage de Hitler.

Il a aussi des informations très précises sur la mise en route de la Solution finale : « Le problème juif est en partie réglé dans le Protectorat, écrit-il le 24 novembre 1941. Il a été décidé de rassembler tous les juifs et d'en envoyer une partie en Pologne et une autre dans la ville de Terezin, en attendant de trouver des endroits encore plus éloignés. Le triomphe des Allemands libérera l'Europe des Sémites. Les survivants seront certainement déportés en Sibérie, où ils n'auront pas vraiment l'opportunité de se servir de leurs talents financiers. Au fur et à mesure que les États-Unis augmenteront leurs attaques contre le Reich, l'Allemagne hâtera la destruction du sémitisme tout en accusant le judaïsme de toutes les calamités qui se sont abattues sur le monde. L'exode des juifs hors du Reich n'a pas eu les résultats prophétisés par les ennemis de l'Allemagne, au contraire : ils ont été remplacés par des Aryens. »

En novembre 1941, seuls quelques rares dirigeants nazis connaissant les préparatifs de l'Holocauste qui vont être exposés deux mois plus tard par Heydrich lors de la conférence de Wannsee. « Deux mois avant la conférence de Wannsee, le consul a été capable de prévoir la destruction du sémitisme par le nettoyage des juifs d'Europe. Les objectifs nazis n'étaient plus ni vagues, ni rhétoriques, ni métaphoriques. L'Allemagne nazie poursuivait sa politique de génocide[1] », explique Richard Breitman. Dans son télégramme, Montt mentionne un des lieux de concentration et de transit, la ville slovaque de Terezin. Un projet connu alors des seuls hauts responsables du RSHA à Berlin et à Prague. La Petite Forteresse de cette ville, qui défend Prague au nord, sert de prison pour la Gestapo depuis juin 1940. En revanche, la transformation de la Grande Forteresse en camp de concentration est à peine entamée en novembre 1941, au moment où le consul évoque le projet dans son câble.

Soixante ans plus tard, les traductions anglaises des câbles du consul sont exhumées des archives de la CIA. Comment sont-elles arrivées là ? Les traductions ont été réalisées peu après l'envoi des câbles par le consul. Presque toutes portent la mention : en provenance d'une « source très secrète ». Un anglicisme qui trahit leur provenance : la formule est employée exclusivement par les services secrets de Sa Très Gracieuse Majesté. Les services secrets britanniques (MI-5 et MI-6) ont chacun leur propre programme d'interception systématique du courrier diplomatique. Chargé du contre-espionnage et de la

1. Richard Breitman, « Other Responses to the Holocaust », in *US Intelligence and the Nazis,* Nara.

sécurité intérieure, le MI-5 travaille principalement dans les ports et les aéroports britanniques où les valises diplomatiques des pays cibles sont systématiquement, et discrètement, ouvertes et leur contenu photographié. Les ambassades sont régulièrement visitées et les conversations les plus secrètes écoutées. Le MI-6 s'occupe des représentations diplomatiques à l'étranger. Avec une prédilection pour les Latino-Américains dont la neutralité bienveillante attire les confidences allemandes.

Les dépêches du consul Montt font donc partie des toutes premières sources d'information sur les débuts de l'Holocauste. Après les avoir interceptées, les Britanniques en ont fait une traduction, qu'ils ont communiquée aux Américains, généralement avec un certain retard, qui va de trois à cinq mois. C'est beaucoup quand il s'agit d'un événement aussi considérable que l'Holocauste. Le consul est au cœur de l'événement. Le câble du 24 novembre 1941 qui annonce la dénaturalisation des juifs allemands réfugiés à l'étranger et la confiscation de tous leurs biens est communiqué aux Américains le 20 mars 1942. C'est trop tard. Les Allemands ont annoncé officiellement la nouvelle au lendemain de la dépêche du consul. Mais celle du 24 juin 1941, dans laquelle il annonce les plans de destruction systématique des juifs dans les territoires conquis, reste longtemps d'actualité. Elle a été rédigée alors que, lâchés sur les pays de l'Est dans la foulée de la Wehrmacht, les *Einsatzgruppen* commencent à peine leur épouvantable ouvrage : seuls les hommes juifs en âge de porter une arme sont fusillés. Quand les Américains reçoivent copie de la dépêche, la destruction frappe de manière indiscriminée femmes, enfants et vieillards. Nous sommes le 13 septembre 1941 ; quinze jours plus tard, à Baby Yar, non loin de Kiev, un ancien architecte alcoolique, Paul Blobel, fait assassiner trente-quatre mille personnes en deux jours.

Les traductions des services secrets britanniques mentionnent rarement le nom du consul. Généralement le rédacteur se contente d'indiquer sa fonction. Quand les Britanniques nomment le consul, ils font toujours des erreurs. Richard Breitman a consulté les originaux des dépêches : « Au moins une des dépêches porte son nom tapé à la machine en bas, la plupart portent sa signature – généralement un paraphe difficilement lisible. Quand on sait que Montt était consul à Prague, on peut avec difficulté déchiffrer la signature apposée sur les documents. C'est invariablement G. Montt, le G ressemble à un E et le dernier T n'est pas barré[1]. » La personne qui a déchiffré les signatures de certaines dépêches, dont celle du 24 juin 1941, a cru qu'elles étaient signées d'un diplomate chilien nommé E. Morin. D'autres fois elles sont attribuées à un certain E.C. Conti. Mais chaque fois la fonction du signataire reste la même : consul à Prague. Or les Chiliens n'ont qu'un seul homme à Prague en 1941 : Gonzalo Montt Rivas.

Les rapports du consul n'ont pas été pris en compte. « Pourquoi les officiels britanniques et américains auraient-ils prêté une attention particulière aux vues d'un obscur diplomate pro-nazi à Prague[2] ? » se demande Richard Breitman en fournissant un élément de réponse : les Britanniques et les Américains se préoccupaient uniquement de gagner la guerre, au point de ne pas voir la destruction en cours. « Aucun document, si important soit-il, n'aurait pu changer la perception dominante à l'intérieur des nouveaux services secrets américains : ils devaient se concentrer sur les moyens d'aider à gagner la guerre[3] », explique Breitman.

1. Richard Breitman, « Other Responses to the Holocaust », in *US Intelligence and the Nazis,* Nara, Washington, 2004.
2. *Ibid.*
3. *Ibid.*

Leur provenance explique pourquoi la CIA a tant tardé à les déclassifier. L'Agence a pour politique de ne jamais déclassifier des documents provenant de services secrets étrangers sauf indication contraire. Soixante ans plus tard, Londres n'a toujours pas rendu publics les câbles du consul du Chili. Les dépêches du consul ne sont que la partie visible d'un iceberg de documents concernant l'Holocauste qui dorment encore dans les archives des services secrets britanniques et américains. Les Britanniques ont une bonne raison pour ne pas rendre publics ces documents qui aident à mieux comprendre la réaction des Alliés face à l'Holocauste. Ils veulent sans doute protéger « la source très secrète ». À l'origine de la fuite, peut-être une taupe infiltrée au ministère des Affaires étrangères chilien, à en juger par les erreurs de retranscription sur la signature du consul. À moins qu'il ne s'agisse de la source la plus secrète des Britanniques : l'interception des communications radio allemandes.

Depuis 1940, les Britanniques ont cassé les codes de communication les plus secrets des Allemands. Entre autres ceux des machines à coder Enigma réputées inviolables. Pendant toute la guerre, dans les vingt hectares qui entourent un manoir victorien en brique rouge à Bletchley Park, au nord-ouest de Londres, des milliers de personnes ont déchiffré, interprété et résumé les communications militaires allemandes, italiennes et japonaises. Bletchley Park a fourni aux Alliés de précieuses informations qui leur ont permis de remporter certaines des batailles les plus importantes de la guerre. Grâce à Bletchley Park, les Britanniques sont informés très tôt et régulièrement des préparatifs de l'Holocauste puis de leur mise en application tout au long de la guerre.

En 1943, Walter Eytan, un analyste juif de la section

de Bletchley Park chargée d'écouter les communications de la marine de guerre (Hut 4), intercepte le signal d'un petit bateau allemand localisé en mer Égée qui se dirige vers Le Pirée pour « la Solution finale », « *zur Endlösung* », dit le message. Il s'agit sans doute d'un transport de juifs destinés aux centres d'extermination du nord de l'Europe.

« Je n'avais jamais vu ni entendu cette expression avant, explique l'analyste des années plus tard, mais instinctivement je savais ce que cela voulait dire et je n'ai jamais oublié ce moment. Je n'ai rien fait remarquer aux autres personnes du service, et peut-être même pas à mon frère. Bien sûr, je n'en ai jamais parlé à l'extérieur de Bletchley Park, mais cela, je ne suis pas près de l'oublier[1]. »

Les services d'écoutes de Bletchley Park ont suivi la mise en place de la machine d'extermination nazie par les services du *Reichsführer* SS Heinrich Himmler. Les premiers messages décodés émanent des services du général SS Odilo Globocnik[2], responsable des SS et de la police dans le district de Lublin en Pologne. Les messages concernant les mesures antijuives sont noyés dans la masse des communications militaires. Les analystes de Bletchley Park ne réalisent pas immédiatement ce qui se passe. Mais petit à petit les pièces du puzzle s'assemblent. Bletchley Park assiste à la montée en puissance du nazi chargé de la construction des bases SS et de la police dans les territoires occupés de l'Est depuis le 17 juillet 1941 (*Der Beauftragte des Reichsführers-SS für die Errichtung der SS- und Polizeistützpunkte im neuen Ostraum*). Les Britanniques interceptent et décodent ses communi-

1. Hinsley F. H. et Stripp A. (éd.), *Codebreakers : The Inside Story of Bletchley Park*, Oxford, Oxford University Press, 1994.

2. Decoded Radio Messages from the General Government ; http ://www.deathcamps.org/lublin/prodecodes.html

cations avec les commandants de ses bases à Riga, Minsk, Moghilev et Kiev. Des hommes clés de l'Holocauste.

Peu après l'attaque allemande contre l'Union soviétique le 22 juin 1941, les casseurs de codes de Bletchley Park assistent en léger différé aux massacres des populations civiles et juives. Durant l'été 1941, les Britanniques interceptent des dizaines de communications sur les « meurtres de masse ». Les Allemands se méfient ; ils parlent rarement de juifs mais de « bandits juifs » ou de « juifs bolcheviques » ou encore des « soldats russes ». Le 7 août, Erich von dem Bach-Zelewski, commandant du corps de la police d'ordre (*Ordnungspolizei* ou Orpo), la police en uniforme du Reich, annonce son tableau de chasse : trente mille exécutions depuis que l'Orpo est entrée en Russie.

Le même jour, la brigade de cavalerie SS annonce 7 819 exécutions dans la région de Minsk. Près d'Overuch, un régiment de l'Orpo dispose de 1 255 juifs « selon les usages de la guerre ». D'autres messages affirment que « la baisse de la population totale de Russie serait bienvenue au quartier général » et que les dirigeants SS sont en compétition : c'est à qui fera le meilleur « score ».

Contrairement à ses prédécesseurs, le Premier ministre Winston Churchill est friand des informations en provenance des services secrets. Il les stocke dans des boîtes couleur peau de chamois munies de grosses serrures. Il les appelle « mes documents Boniface », nom original de l'opération d'interception des communications Enigma. Boniface est rebaptisée Ultra, nom que Churchill ne mentionne pas dans ses écrits, préférant employer l'expression consacrée de « source la plus secrète ». Depuis le 10 mai 1940, date de son arrivée au pouvoir, Winston Churchill reçoit à sa demande, chaque jour, des synthèses des écoutes de Bletchley Park. Au lendemain de l'opération Barbarossa, le chef du MI-6, Stewart Menzies, lui envoie régulièrement des synthèses des écoutes de l'Orpo. Parfois il lui arrive de glisser des transcriptions dans ses rapports quotidiens.

Deux semaines après que les casseurs de codes de Bletchley Park ont intercepté les premières conversations des bourreaux de l'Orpo sur les massacres des juifs, le Premier ministre britannique, Winston Churchill, s'adresse au monde dans un discours radiodiffusé, le 24 août 1941 : « L'agresseur est surpris et sursaute, stupéfait. Pour la première fois, le meurtre de masse ne paie plus. Il se venge par les plus terrifiantes cruautés. Au fur et à mesure de l'avance de ses armées, des districts entiers sont exterminés. Des milliers, littéralement des milliers d'exécutions de sang-froid sont perpétrées par les troupes de la police allemande contre les patriotes russes qui défendent leur sol natal. Depuis l'invasion mongole de l'Europe au XVIe siècle, il n'y a jamais eu de boucherie aussi méthodique, impitoyable, sur une telle échelle. Nous sommes en présence d'un crime sans nom. »

Biographe de Churchill, l'historien Martin Gilbert souligne que le Premier ministre s'est délibérément censuré. Pour ne pas trahir le secret d'Ultra, Winston Churchill a volontairement omis les références aux escadrons de la mort SS. Pourquoi avoir mentionné la police ? On peut avancer l'hypothèse suivante : l'Orpo se servait de codes rudimentaires élaborés durant la Première Guerre mondiale. Les Britanniques ne risquaient donc pas grand-chose en laissant entendre qu'ils les avaient cassés. En revanche, les SS protégeaient leurs conversations secrètes en se servant du réseau autrement plus sophistiqué qu'était Enigma. En se censurant, Churchill protégeait-il le secret d'Ultra ? Winston Churchill a également retiré de son discours une phrase dans laquelle il affirmait que les Allemands avaient déjà tué un million de juifs. Un chiffre exagéré : on estime que la première vague de destruction a fait près de cinq cent mille morts.

Dans leurs conversations, les Allemands adoptent des précautions oratoires pour désigner les juifs massacrés. « Même avec ces terminologies ambiguës et camouflées concernant les victimes, le bilan des juifs tués est stupéfiant », indique Richard Breitman qui a fait le décompte des victimes recensées par les décrypteurs de Bletchley Park. Dans la semaine qui suit le discours de Churchill, 12 361 assassinats sont recensés... un nombre en dessous de la réalité. Bletchley Park ne décode à l'époque qu'un message sur deux des unités SS et de l'Orpo.

De plus, ce bilan ne tient pas compte des tueries commises par les *Einsatzgruppen* responsables du gros des exécutions. Les chiffres donnent le vertige à ceux qui les interceptent. Richard Breitman cite ce commentaire extrait de la synthèse du 12 septembre 1941 : « Les exécutions des juifs sont tellement récurrentes dans ces rapports que nous les avons omises [?]. On se demande si tous les exécutés sont des juifs, mais les chiffres sont parlants et prouvent une politique d'intimidation sauvage sinon d'extermination ultime. »

Après le discours de Churchill, les Allemands ont des doutes. Le 13 septembre 1941, Kurt Daluege, chef de l'Orpo à Berlin, met en garde ses commandants de la police dépêchés en Russie. Le nombre d'exécutions est secret. Les chiffres ne doivent pas tomber entre les mains de l'ennemi. Daluege craint que les communications radio ne soient écoutées ; il donne donc l'ordre à ses hommes de ne communiquer désormais que par courrier. Le message est intercepté par Bletchley Park. Dans le rapport de synthèse qui accompagne la transcription, l'analyste parle d'inconscience qui aurait alerté le général Daluege à propos des activités innommables de sa police en Russie. Les instructions de Daluege ne seront pas suivies. L'Orpo se contente de changer son système de code. Les casseurs de codes de Bletchley Park en viennent à bout sans difficulté. Les Allemands redoublent de précautions stylistiques ; désormais il n'est plus question d'exécutions mais d'« actions selon les usages de la guerre » (*Aktion nacht Kriegsgebrauch*). Cela n'empêche pas les Britanniques et, dans une moindre mesure, les Américains qui partagent les secrets de Bletchley Park, de suivre pendant toute la guerre le déroulement de l'Holocauste au travers des messages militaires allemands.

Le MI-6 surveille les mouvements des convois de juifs allemands déportés vers les ghettos ou les camps de destruction de l'Est. Les Britanniques voient l'armée allemande travailler de concert avec les SS, l'Orpo et les *Einsatzgruppen* à l'Holocauste. Ils assistent aux échanges de messages entre les bureaucraties, comme celui intercepté dans la région de Novgorod dans lequel la Wehrmacht demande aux SS de lui envoyer un camion à gaz et une équipe spéciale afin d'éliminer les pensionnaires d'un hôpital dont le bâtiment est destiné à abriter l'état-major des troupes en campagne dans la région. L'affaire remonte jusqu'à Himmler qui autorise le gazage des malades...

Les Britanniques limitent la circulation de l'information sur l'Holocauste, sujet sensible s'il en est, afin de réduire les risques de fuites. Désormais, tous les rapports hebdomadaires de renseignement sont soigneusement relus et corrigés avant d'être adressés au Premier ministre. L'état d'esprit des dirigeants des services secrets britanniques est résumé dans cette note rédigée la veille de la mise en garde de Daluege : « Que la police tue les juifs qui tombent entre ses mains est un fait acquis. En conséquence, nous ne proposons pas de continuer à transmettre des rapports sur ces boucheries et notamment au Premier ministre, sauf demande expresse. » Pour eux, il en va de la survie de Bletchley Park.

Bletchley Park a été l'un des secrets les mieux gardés de

la Seconde Guerre mondiale. Les dix mille personnes – universitaires, historiens, mathématiciens, linguistes, en passant par de simples soldats – qui y travaillèrent ont tous juré de ne jamais rien dire de leur activité. Pendant des décennies, le secret a été gardé. Les historiens militaires qui y travaillèrent n'ont jamais mentionné l'existence d'Ultra dans leurs écrits sur les grandes batailles de la Seconde Guerre mondiale. Les familles des casseurs de codes de Bletchley Park étaient toutes dans l'ignorance de ce que leurs proches avaient fait pendant la guerre.

Pour protéger Ultra, les Britanniques laissèrent les Allemands raser la petite ville de Coventry le 14 novembre 1940 et évitèrent d'attaquer de front les *wolfpacks*, les hordes de sous-marins U-2 dont le blocus asphyxiait pourtant le Royaume-Uni. Chaque fois que les Allemands changeaient leurs codes, Bletchley Park devenait sourd et muet et ne pouvait plus communiquer à l'état-major allié l'évolution de l'ordre de bataille allemand. Pas question de compromettre cette arme secrète qui donnait aux Alliés un avantage décisif sur l'ennemi et surtout pas en révélant ce qu'ils avaient appris de l'Holocauste grâce aux écoutes. Une chape de plomb s'est donc abattue sur les informations concernant l'Holocauste.

En Europe, la situation des juifs a bien changé depuis les premiers télégrammes du consul chilien à Prague. Fin 1941, Goebbels note dans son *Journal* : « Pour ce qui est de la question juive, Hitler a décidé d'accélérer les choses. Il a promis aux juifs que s'ils causaient une autre guerre mondiale ils expérimenteraient leur propre anéantissement. Ce n'est pas une vaine menace. La guerre mondiale s'approche et l'annihilation des juifs doit en être l'inévitable conséquence. Il faut traiter ce sujet sans sentimentalisme. Nous ne sommes pas ici pour sympathiser avec les juifs mais avec notre peuple allemand[1]. »

1. Joseph Goebbels, *Die Tagebücher von Joseph Goebbels, 1923-1941*, 9 vol. ; *1941-1945*, 15 vol., éd. Elke Fröhlich, 1993-1998.

Le 20 janvier 1942, Reinhardt Heydrich, chef du RSHA et du SD, *Protektor* de Bohême-Moravie, préside une réunion de hauts dignitaires nazis destinée à rester dans les livres d'histoire comme « la conférence de Wannsee ». Dans l'atmosphère feutrée d'une maison d'hôtes SS, Reinhardt Heydrich explique aux participants de la conférence de quelle manière il entend régler une fois pour toutes la question juive en se débarrassant de onze millions d'êtres humains. À cette date, le régime nazi a déjà massacré des centaines de milliers de juifs, mais l'heure est venue de planifier et accomplir jusqu'au bout la Solution finale. La conférence s'ouvre alors que la première vague de déportation des juifs du Reich vers les pays de l'Est a déjà eu lieu. Une deuxième vague se prépare. L'Holocauste monte en puissance.

> « Les opérations les plus secrètes du processus de destruction, écrit Hilberg, se déroulèrent dans six camps situés en Pologne, dans une zone qui s'étendait depuis les territoires incorporés jusqu'au Bug. Ces camps étaient les centres de regroupement vers lesquels convergeaient des milliers de transports arrivant de toutes les directions. En trois ans, près de trois millions de juifs y furent acheminés. Les convois repartaient à vide, ceux qu'ils avaient transportés disparaissaient à l'intérieur. Les centres de mise à mort fonctionnaient vite et bien. Le nouvel arrivant descendait du train le matin, le soir son cadavre était brûlé et ses vêtements empaquetés pour être expédiés en Allemagne. Ce genre d'opération était le résultat de toute une planification, car le camp de la mort constituait un mécanisme compliqué dans lequel toute une armée de spécialistes jouaient un rôle bien précis. Au premier abord cette machine est d'une simplicité trompeuse, mais un examen plus attentif fait apparaître que les opérations du centre de mise à mort s'apparentaient par certains égards aux méthodes de production complexes d'une usine moderne [1]. »

1. Raul Hilberg, *La destruction des juifs d'Europe, op. cit.*, p. 748.

En 1941, faute de services secrets centralisés, les Américains n'ont aucun moyen de rassembler les informations concernant l'Holocauste. Le président Roosevelt vient à peine de confier la direction des premiers services secrets de l'histoire des États-Unis, le COI (Coordination Of Information), à un avocat d'affaires new-yorkais : William Donovan. Alors que la première vague de destruction des juifs d'Europe s'abat sur l'Union soviétique et les pays baltes, le COI fait ses premiers pas sous l'œil bienveillant et intéressé de ses parrains britanniques.

Au début, le COI occupe quelques bureaux dans le bâtiment central du Département d'État à Washington, avant de s'installer dans le building Apex où il dispose alors de trente-deux pièces. Un auteur de théâtre new-yorkais, Robert Sherwood, est chargé de la section propagande. Un éminent historien, James Phinney Baxter III, président du Williams College, dirige la section Recherche et analyse (R&A). Cette section rassemble les plus brillants intellectuels américains. William Donovan recrute tout ce que les États-Unis comptent de cerveaux. Son idée : pour analyser les informations militaires, économiques, géographiques fournies par ses agents secrets, il faut « rassembler les universitaires les mieux formés et les chercheurs les plus doués pour l'analyse. Pour cela, il est prêt à mendier, emprunter ou voler ces cerveaux dans les universités, les laboratoires et les musées américains[1] ». Tous ces beaux esprits passeront à côté de l'Holocauste.

À l'époque, le MI-6 est l'un des seuls services alliés centralisé et efficace à l'échelle planétaire. Les Britanniques se sont dotés d'une structure (le Joint Intervention

1. F. Calvi, *OSS. La guerre secrète en France*, Paris, Hachette, 1990, et R. H. Smith, *OSS*, Berkeley-Los Angeles, California University Press, 1972.

Committee, JIC) qui centralise toutes les informations provenant de leurs différentes organisations d'espionnage. De plus, le MI-6 collabore, déjà à cette époque, avec les différents services de renseignements américains (FBI, Office of Naval Investigation, ou ONI) tout en se plaignant de leur désorganisation et de l'absence de spécialistes capables de traiter le matériel fourni.

Le COI dépend à ses débuts des informations des services secrets britanniques. En mars 1942, leur représentant à New York remet à David Bruce, nouveau chef de la branche *Secret Intelligence* du COI, un jeu de rapports du consul chilien. Ces documents figurent parmi les premières livraisons britanniques. Ils sont donc doublement importants pour le COI : une de leurs premières sources d'information sur l'Europe, même indirecte, les alerte sur un événement dont ils ignorent encore tout, l'Holocauste.

L'historien américain Richard Breitman a épluché les rapports du consul chilien déclassifiés par la CIA afin de reconstituer leur itinéraire au sein du COI. David Bruce en avait fait quelques copies qu'il a distribuées avec parcimonie. Une note manuscrite en tête du document du 24 novembre 1941, annonçant les décrets de dénaturalisation des juifs expatriés, nous apprend qu'il a été transmis à un des assistants du chef du COI. On peut se demander quelle fut la réaction des responsables du COI à la lecture de ce document. A-t-il été transmis à William Donovan ? Mystère. En revanche il est aussi important de constater que la circulation des câbles du consul à l'intérieur de l'administration américaine a été volontairement restreinte. Le COI a remis à un des piliers de l'administration Roosevelt, Henry Morgenthau Jr, une copie expurgée des rapports du consul. En effet, Morgenthau n'a eu accès qu'aux dépêches concernant la situation économique dans le protectorat de Bohême-Moravie. À première vue, rien d'étonnant : Morgenthau est le secrétaire au Trésor. Mais pourquoi ne pas lui avoir remis les rapports concernant l'Holocauste ? Morgenthau est la personnalité juive la plus en vue de l'administration Roosevelt et sans doute le seul homme politique de premier plan susceptible de réagir à l'annonce du début de l'Holocauste. Ne pas lui avoir transmis les rapports concernant les juifs s'apparente à de la censure.

Les Britanniques ont partagé, on l'a dit, certains des secrets des casseurs de codes de Bletchley Park avec les Américains. Mais tardivement et d'une manière limitée. Rien ne permet d'affirmer qu'ils leur ont transmis les retranscriptions de câbles concernant l'Holocauste. En fait, à la lecture des archives, les historiens affirment le contraire.

Au mois d'août 1942, les Britanniques interceptent des messages convoquant les commandants des camps d'extermination d'Auschwitz et de Buchenwald à une réunion qui doit se tenir le 28 août au quartier général du RSHA à Berlin avec le SS *Obersturmbannführer* Eichmann. Objet des discussions : l'évacuation vers les centres de destruction des juifs roumains.

Bletchley Park décode un échange de messages entre Odilo Globocnik et un adjoint d'Eichmann sur les trajets des trains de déportés qui doivent être déroutés sur Trawniki où auront lieu les répartitions entre les différents camps.

Aktion Reinhardt est le nom de code donné à l'opération d'anéantissement des juifs du Gouvernement général[1]. Au lendemain de l'assassinat de Heydrich par des partisans tchèques le 27 mai 1942, certaines dépêches interceptées par Bletchley Park révèlent que quelque

1. Partie orientale de la Pologne non incorporée au Reich, comprenant les districts de Varsovie, Cracovie, Lvov, Lublin, Radom.

chose de terrible se prépare en Europe. À sa tête, une vieille connaissance de Bletchley Park, le général SS Odilo Globocnik, qui sera responsable de la mort de 1 750 000 juifs dans trois camps d'extermination (Belzec, Sobibor et Treblinka). En septembre 1942, les décrypteurs de Bletchley Park décodent pour la première fois une dépêche où figure la mention *Aktion Reinhardt.* Il s'agit d'un message radio autorisant le déplacement d'un responsable d'Auschwitz à l'antenne d'*Aktion Reinhardt* pour des questions concernant les fours crématoires. À l'époque, le SS *Standartenführer* Paul Blobel se trouve au camp de concentration de Chelmno, près de Litzmannstadt, où ont lieu des essais d'incinération. Sans le savoir, les casseurs de codes de Bletchley Park ont trouvé la preuve que l'*Aktion Reinhardt* ne se cantonne plus au Gouvernement général.

En octobre 1942, Bletchley Park décode un message du commandant d'Auschwitz, Höss, à Eichmann concernant les trains de déportés « polono-tchéco-néerlandais » destinés à Auschwitz. Höss informe Eichmann que les trains de déportés hollandais ne doivent en aucun cas s'arrêter à Kosel. Höss ne veut pas que ces convois soient interceptés par les SS du *Brigadeführer* Albrecht Schmelt, responsable des esclaves travaillant dans les mines de charbon et les usines sidérurgiques de Katowice. Peu après, nouveau message d'*Aktion Reinhardt* : les ateliers de réparation de montres, de bijoux, de stylos et autres objets personnels des déportés doivent rester à Auschwitz tant qu'on ne les déménage pas à Berlin.

Le 13 juin 1942, le président Roosevelt dissout le COI pour créer une organisation beaucoup plus puissante, l'Office of Strategic Services, l'OSS, désormais placée sous la responsabilité du chef d'état-major général (Joint Chiefs of Staff, JCS).

Tous les dirigeants de l'OSS ne sont pas dans l'ignorance de l'Holocauste. Parmi les premiers informés : Allen Welsh Dulles, avocat et diplomate. À quarante-neuf ans, Allen Dulles a déjà derrière lui une solide carrière diplomatique. Avec son frère aîné John Foster Dulles, il a fait partie de la délégation américaine chargée d'élaborer le traité de Versailles en 1919. Il a obtenu par la suite des postes diplomatiques à Berlin et Istanbul, avant de rejoindre le cabinet international d'avocats de John Foster Dulles, Sullivan & Cromwell, à New York. À l'aube de la guerre, il a répondu à l'appel de Donovan pour prendre la direction de l'antenne new-yorkaise du COI puis de l'OSS.

À partir du mois de juillet 1942, trois rapports terriblement précis concernant l'Holocauste sont adressés à Allen Dulles. Ils constituent pour l'OSS une des premières synthèses des méthodes mises en œuvre par les Allemands pour appliquer la Solution finale. La série est intitulée : « L'extermination des juifs par les nazis ».

Le premier rapport, rédigé à Lisbonne, est daté du 28 juin 1942[1] :

> « L'Allemagne ne persécute plus les juifs. Elle les extermine systématiquement. La nouvelle politique raciste, qui surpasse les horreurs de Magdebourg ou de Carthage, m'a été révélée à Lisbonne par un officier britannique qui a été pris dans Varsovie et caché par des juifs jusqu'à son évasion il y a quatorze jours de l'enfer du ghetto de Varsovie de Himmler. Depuis quelques mois, le IIIe Reich détruit brutalement la population juive par la famine et par les exécutions de masse. Les centres de destruction se trouvent dans cinq ghettos spécialement construits et ceints de murs à Varsovie, Cracovie, Lvov, Lublin et Radom. Le mot ghetto est aboli. Le district de l'horreur dans lequel des

1. Nara RG 226, E 16, B 252, B 257, B 259, doc. 26896, 27275, 27428.

centaines de juifs sont entassés comme du bétail s'appelle *Das Seuchengebeit* ou "quartier épidémique".

Selon cet officier qui, piégé dans Varsovie, a été caché par des juifs, au fur et à mesure que les juifs meurent, disparaissent ou sont exécutés, de nouveaux juifs sont amenés d'Autriche, d'Allemagne, de Moravie, de Bohême et d'autres endroits. On fait rentrer de nouveaux juifs dans le ghetto pour remplacer ceux qui ont disparu afin que le centre de destruction soit toujours plein. Finalement, tous les juifs de l'empire de la Grande Allemagne seront rassemblés et envoyés en Pologne, privés de tous leurs droits, dépouillés, entassés pratiquement nus dans des "quartiers épidémiques" puis affamés, terrorisés ou exécutés.

Le principal abattoir est à Varsovie. Là, le vieux quartier, qui abritait à l'origine cent cinquante mille juifs, en héberge au minimum six cent mille. Il a été isolé par des murs érigés par de la main-d'œuvre juive payée par les juifs. C'est là que l'Allemagne et Hitler concentrent leur venin antisémite. Les quatre autres ghettos fonctionnent de la même manière, surpeuplés, sans confort, des machines de mort interdites aux étrangers. Le soldat britannique dit qu'il reste encore dans le ghetto quelques-uns de ses camarades, déguisés par la saleté et la malnutrition, portant un brassard à l'étoile de David. Tristement, dit-il, il y a une milice juive, de la vermine humaine, qui collabore avec les Allemands afin de maintenir l'ordre. Il y a de plus de nouveaux gardes, des Lituaniens et des Ukrainiens choisis pour leur haine des juifs et leur absence de tout sentiment humain. Ils tuent au hasard, ils s'amusent en forçant les juifs à ramper dans les caniveaux avant de les obliger à courir et de les abattre. L'officier décrit sa carte de rationnement qu'il a donnée à un juif avant de s'enfuir. Les juifs du ghetto ont droit à soixante-quinze grammes de pain par jour, soit la moitié des rations polonaises, ou encore un cinquième de la ration allemande. Ils n'ont pratiquement pas d'autre nourriture.

Les voitures circulent sur une seule voie à l'intérieur du ghetto ; elle est réservée aux officiels allemands ou aux juifs détenteurs d'un laissez-passer. Dans le ghetto, il y a des morts et partout on voit des mourants allongés, la peau jaunie comme des feuilles de tabac, les membres comme des bâtons et la nuque soutenant une tête grotesque. Des enfants agonisants sont assis contre les murs, essayant de se réchauffer au soleil. Ils sont depuis longtemps au-delà de la faim, au-delà des sourires, au-delà de la parole même. Quand ils meurent, des juifs enveloppent les petits corps dans des journaux, dans l'attente des convois mortuaires quotidiens qui les transporteront à leur tombe.

Lors d'une récente visite au gouverneur au mois d'avril, Himmler s'est plaint de ce que les juifs ne disparaissaient pas assez vite au dire du Führer. Himmler a adressé une sorte d'ultimatum au représentant de Berlin. Premièrement, l'extermination de tous les juifs doit être accomplie d'ici une date précise, connue des chefs aryens. Deuxièmement, toutes les organisations secrètes polonaises doivent être exterminées. Troisièmement, tous les commerces juifs, principalement ceux qui font du marché noir, doivent être immédiatement anéantis par des exécutions. Quatrièmement, un million de Polonais supplémentaires doivent être transférés en Allemagne afin de travailler dans le cadre de la plus grande campagne d'esclavage de l'histoire.

L'officier britannique dit que certains grands ghettos ont été rayés de la carte à la demande de Himmler. Le processus s'est accéléré à Lublin où pour un temps des trains entiers sont acheminés à la gare de Sobibor, dans les faubourgs, puis dans un endroit isolé où ils sont massacrés à la mitrailleuse lourde après avoir eux-mêmes creusé des tranchées en guise de tombes. Ils sont enterrés dans ces fosses, nombreux sont encore vivants, dans l'agonie de la mort. Les paysans des alentours abandonnent leurs fermes à cause de la puanteur des corps à peine recouverts.

Le 28 mai [1942], la presse allemande annonce la liquidation du "quartier épidémique" de Lublin, même si le ghetto demeure et héberge toujours des juifs. Des massacres de masse semblables ont eu lieu dans différents endroits évacués par les Russes, selon l'évadé britannique. À Kiev, par exemple, soixante mille juifs abandonnés par les Russes ont été parqués comme du bétail, et plus de dix mille d'entre eux ont été tués la première semaine, après le même rituel des tombes creusées. À Lvov, les faibles, les enfants, les vieillards et les infirmes ont tous été exécutés par les Allemands. Les seuls juifs autorisés à circuler sont ceux qui accomplissent des tâches qui ne peuvent l'être par des Allemands ou des Polonais. Ainsi, certains vitriers ont un *Passierechein*, un laissez-passer : avec les vitres brisées par les bombardements, on a besoin de travailleurs pour rendre les maisons et les appartements habitables par les Allemands. Les riches juifs de l'extérieur sont les bienvenus dans les ghettos. On leur donne les meilleurs appartements, puis immédiatement on leur confisque fourrures, bijoux et argent.

Tous les prétextes sont bons pour les exécutions de masse, dit l'officier. Quand Heydrich a été tué, dans l'ex-Tchécoslovaquie, cent vingt juifs ont été exécutés le premier jour ; à Varsovie, ce sont deux cent cinquante juifs qui ont été exécutés.

Les juifs pas plus que les Polonais n'ont le droit d'exister, y compris dans le domaine culturel. Chopin est interdit à la fois aux Polonais et aux juifs, même si les programmes allemands peuvent diffuser ses œuvres. À Varsovie, partout on voit des panneaux *Nur für Deutsche, Nur für Polen,* "Réservé aux Allemands", "Réservé aux Polonais". Ils ne peuvent se trouver ni dans les mêmes tramways ni dans les mêmes restaurants. Les juifs doivent descendre des trottoirs quand paraît un Allemand, même s'il s'agit d'un civil.

L'American Joint Committee a établi des cantines dans le ghetto de Varsovie, mais c'est une goutte d'eau dans l'océan. Les juifs continuent de mourir de faim. L'hiver qui vient verra l'extermination de dizaines de milliers d'entre eux par le seul froid ; selon l'officier britannique, les juifs n'ont pas droit à des vêtements supplémentaires[1]. »

On ignore l'identité de l'officier britannique qui transmit ces informations au correspondant d'Allen Dul-

1. *Ibid.*

les. Il est en tout cas bien informé. Himmler se trouvait effectivement à Varsovie à la date indiquée par le pilote britannique. Le 17 avril 1942, parce qu'il s'est plaint de la lenteur des exécutions, la Gestapo assassine cinquante juifs dans la prison de Pawiak. L'évadé de Varsovie ne s'est pas non plus trompé sur les grands centres de destruction ni sur les modalités des exécutions de masse. La famine, les centaines de juifs fauchés par des mitrailleuses au bord des fosses communes sont, on le sait, pratiques courantes. Mais au moment où l'OSS reçoit le rapport de l'évadé du ghetto, les Allemands ont déjà mis sur pied d'autres techniques plus industrielles de massacre. Là aussi l'OSS l'apprend vite.

Quelques heures après le débarquement des Alliés en Afrique du Nord, le 8 novembre 1942, Allen Dulles est à la frontière franco-suisse. Il craint le pire quand l'officier allemand chargé de superviser les douaniers français s'attarde sur son passeport américain. L'Allemand a ordre d'intercepter tous les citoyens américains. L'heure du repas et la sollicitude d'un douanier français lui permettent de se retrouver sans plus de souci en territoire helvétique.

À Berne, Allen Dulles installe son quartier général à deux pas de la cathédrale, au 23 Herrengasse, « dans un quartier ravissant, pittoresque et ancien ». L'arrivée de l'ancien chef du bureau new-yorkais de l'OSS ne passe pas inaperçue ; les journaux « les plus lus et les plus estimés » de la Confédération saluent l'installation « d'un représentant personnel du président Roosevelt chargé d'un service spécial ». Outre les inconvénients personnels pouvant découler de la publication d'une telle information, Dulles voit venir à lui tout ce que la Suisse compte de mythomanes et d'agents troubles. Mais il ne semble guère se soucier de voir sa couverture et ses efforts de discrétion anéantis de la sorte. Un de ses confrères le décrit ainsi : « un hurluberlu de grande classe qui connaît des renseignements de plus grande classe encore ».

La couverture d'Allen Dulles est d'être conseiller d'ambassade ; en fait, il est le chef de l'antenne suisse de l'OSS, chargé d'implanter des réseaux au cœur du Reich, dans ses pays satellites, chez ses alliés et dans les territoires occupés... Rapidement, Dulles a ses propres réseaux à l'intérieur de l'Allemagne nazie, mais il se sert aussi des filières d'informations diplomatiques. Peu avant son arrivée à Berne, les diplomates américains ont mis la main sur une nouvelle source de premier ordre concernant l'Holocauste.

Tandis que le premier rapport sur l'extermination des juifs par les nazis se trouve déjà dans les bureaux de l'OSS à New York, un industriel allemand propriétaire de minoteries à Auschwitz fait parvenir par des voies détournées un rapport détaillé sur les nouveaux moyens d'extermination mis au point par les nazis. Ce rapport est destiné au représentant du Congrès juif mondial en Suisse, Gerhart Riegner. Le 8 août 1942, alors que les déportations redoublent en Europe, Riegner rencontre le vice-consul américain à Genève pour l'informer de l'existence d'un plan nazi destiné à concentrer à l'Est, sans doute en Pologne, pour les exterminer, tous les juifs d'Allemagne et des territoires contrôlés par l'Allemagne. Riegner avance un chiffre : entre trois millions et demi et quatre millions d'êtres humains sont ainsi promis à une mort certaine. Malgré un état d'agitation compréhensible, l'industriel donne à son interlocuteur l'impression d'être « un individu sérieux et équilibré ».

Le vice-consul transmet le message de Riegner aux services consulaires de Berne qui le renvoient, le 11 août, au Département d'Etat à Washington. À Berne, un responsable précise ne pas avoir d'autres informations et que celles-ci semblent avoir les caractéristiques d'« une rumeur » suscitée par la peur.

Cette appréciation est amplifiée par le Département d'Etat qui transmet l'information à l'OSS en parlant de « rumeur sauvage inspirée par les peurs juives ». L'OSS ne réagit pas. Pourtant les services secrets américains auraient dû être sinon alertés du moins sensibilisés par le rapport de l'évadé britannique du ghetto de Varsovie.

Un deuxième rapport adressé, lui aussi, à Allen Dulles, daté de la frontière allemande : 7 novembre 1942, ne laisse pourtant plus de doute sur l'Holocauste[1] :

> « On ignore la date exacte à laquelle Hitler a décidé d'effacer les juifs de la surface de l'Europe au sens propre du terme, en les tuant. Les évacuations et les déportations accompagnées d'exécutions remontent à la campagne d'automne [1939, *nda*]. Mais le massacre sur une large échelle de communautés entières et les convois de juifs n'ont pas été pratiqués avant l'attaque de la Russie par l'Allemagne. Je me souviens, en octobre 1939, dans un train de nuit entre Budapest et Berlin, d'avoir écouté dans un compartiment une conversation entre deux responsables des chemins de fer allemands et leur compagnon de voyage. Ils pensaient que j'étais endormi, ou ne se souciaient pas que j'écoute leur conversation. Les deux responsables des chemins de fer étaient montés à bord lors d'un arrêt dans une gare dont je n'ai pu lire le nom, mais qui doit être un carrefour entre les lignes de Pologne et celle qui relie Vienne à Berlin. Ils ont commencé par parler des difficultés à remettre en route les trains polonais après les attaques de stukas, puis ils sont passés au sujet de l'évacuation des juifs : c'était un sacré travail pour les cheminots allemands qui suivaient l'armée allemande. Les évacuations devaient avoir lieu à des moments précis. Des villages entiers et des petites villes devaient être vidés de leurs juifs en vingt-quatre ou quarante-huit heures. Un des compa-

1. Nara RG 226, B 257, doc. 27275.

gnons de voyage se demanda comme une telle chose était possible ; il fit remarquer qu'il y avait certainement parmi les évacués des vieillards et des malades qui ne pouvaient pas marcher. Les responsables des chemins de fer sourirent et dirent : "Ceux qui ne pouvaient pas marcher étaient abattus, on ne pouvait pas s'encombrer d'eux."

J'ai quitté mon compartiment pour prendre le frais dans le couloir. Un jeune homme à lunettes m'a rejoint, un étudiant sans doute ; après avoir hésité à parler, il a explosé : "Vous savez, dit-il sans même se présenter, j'ai toujours été national-socialiste, mais ce n'est pas du national-socialisme ça, c'est du sadisme." Après cette confession, il redevint silencieux ; je n'ai pas essayé de lui dire qu'il se trompait, que ce qu'il avait entendu n'avait rien à voir avec le sadisme – s'il était un étudiant en médecine il l'aurait compris de lui-même –, ce n'était rien d'autre que l'efficacité prussienne au service de la mentalité nazie.

Dans un journal clandestin polonais, j'ai lu un autre compte rendu de l'évacuation des juifs qui a eu lieu en automne 1942, trois ans plus tard. Un témoin direct cité par le journal a vu une longue colonne de chars sur la route reliant Radzymin et Wyszkov. Sur les chariots, des femmes juives étaient assises avec leur bébé dans les bras, les hommes de la famille marchaient sur la route, suivis par des SS en armes. De temps à autre, on entendait des coups de feu et le témoin a compté pas moins de vingt cadavres sur quelques mètres seulement. Le journal explique que ce groupe provenait de la petite ville de Pluszcz. Sur les six cents juifs qui ont quitté la ville, deux cents sont arrivés à Radzymin, leur destination. Il n'y a pas de raison de douter de l'exactitude de l'histoire rapportée par le journal polonais. (...)

La chasse aux juifs et aux communistes a commencé dès que les armées rouges ont reflué des pays baltes. Comme il ne restait pratiquement pas de communistes, la plupart ayant suivi l'Armée rouge, les juifs ont fait les frais de l'orgie de revanche qui a suivi le règne communiste dans les pays baltes. Nombre d'entre eux ont eu le malheur de s'associer de trop près aux régimes communistes dans l'espoir d'être protégés de Hitler. Leur mauvais calcul a hâté leur destruction.

Les fascistes lituaniens et lettons, assistés par les détachements spéciaux SS, ont massacré, en quelques jours, des milliers de juifs en Lituanie et en Lettonie.

Cette orgie de sang qui peut être décrite comme un véritable pogrom a été le signal d'un massacre général des juifs dans les trois pays baltes, en Pologne, en Russie blanche et en Ukraine. Les Lituaniens et les Lettons ont été employés comme bourreaux, mais même les plus assoiffés de sang d'entre eux se sont lassés du travail et ont laissé la place à des professionnels venus d'Allemagne.

Dans les mois qui suivirent, en Lituanie et en Lettonie, les scènes de pogroms demeurent un des modes d'exécution favoris de Himmler. »

L'OSS n'est pas sensible à ce rapport, pas plus qu'au précédent. Dans les archives déclassifiées par la CIA, on ne trouve pas trace des réactions des responsables qui les ont eus entre les mains. Pourtant, ce type de rapports figurent parmi les premières sources d'information des services secrets américains sur l'Holocauste. La presse américaine n'accorde encore que peu d'importance à la destruction des juifs. De son côté, le Département d'État fait tout pour que les informations ne filtrent pas. Dans une note rédigée en 1943 par un fonctionnaire du Département d'État, on peut lire : « Jusque très tard en 1942, le Département d'Etat a pour politique de retenir les informations concernant les atrocités en provenance d'Europe sous prétexte d'une absence de confirmation. »

Les informations de Riegner n'échappent pas non plus à la censure. Le télex adressé au Département d'Etat par l'ambassade américaine à Berne fait part de la demande de Gerhart Riegner de transmettre l'information au représentant américain du Congrès juif mondial, le rabbin Stephen Wise. Embarras des diplomates américains. Au Département d'État, les plus timorés redoutent les réactions de Wise. S'il venait à apprendre d'une autre source la demande de Gerhart Riegner ? Finalement il est décidé de ne pas lui communiquer l'information en raison de sa nature « fantastique » et de « l'impossibilité » d'intervenir si elle se révélait exacte. Les fonctionnaires du Département d'État donnent ordre à l'ambassadeur américain de ne plus transmettre de messages provenant de simples particuliers.

Prudent, de son côté Gerhart Riegner a aussi alerté les services diplomatiques britanniques en Suisse, les priant de transmettre l'information aux représentants britanniques et américains du Congrès juif mondial. Ce que les Britanniques font. Stephen Wise reçoit quand même l'information, mais avec quelques semaines de retard.

Il alerte à son tour le sous-secrétaire d'État Sumner Welles. Celui-ci prend son temps pour vérifier l'information. Il contacte le Vatican qui lui fournit un début de confirmation. Il reçoit d'autres éléments en provenance de Suisse. Ceux-ci ne font que confirmer les informations de Riegner. Des semaines plus tard, après maintes hésitations, il ordonne une enquête.

L'ambassadeur américain à Berne, Leland Harrison, en est chargé. Harrison rencontre Riegner en octobre 1942. Le représentant allemand du Congrès juif mondial se montre convaincant. Il remet à l'ambassadeur, sous scellés, l'identité de son informateur ainsi qu'un dossier d'une trentaine de pages détaillant les plans d'extermination allemands. Au terme de son enquête, Leland Harrison conclut au sérieux de l'information.

Welles convoque le rabbin Wise pour lui dire qu'il est au regret de confirmer la véracité des dires de Riegner. Le sous-secrétaire d'État ajoute qu'il ne peut pas en informer la presse mais que son interlocuteur est libre de le faire. Dès le lendemain de cet entretien, Wise convoque une conférence de presse.

Fureur du responsable des réfugiés au Département d'État, Robert Border Reams : « Ces rapports ne sont pas confirmés. Il est impossible d'obtenir des confirmations en provenance des pays occupés par l'Allemagne. Il est incontestable que les juifs d'Europe sont opprimés, il est certain qu'un nombre considérable de juifs sont morts d'une manière ou d'une autre depuis le début de la guerre. Que le nombre de morts soit de plusieurs dizaines, ou milliers, ou, comme ce rapport le dit, se compte en millions n'entre pas en ligne de compte face à notre problème principal. Notre principale considération est de gagner la guerre ; toute considération doit lui être subordonnée. »

Robert Border Reams reflète la pensée qui prédomine à l'intérieur du Département d'État, à commencer par Cordell Hull qui ne souhaite pas que l'on rende publiques les informations sur l'Holocauste. Et encore moins que l'on fasse pression sur le président Franklin Roosevelt.

Pourtant, le 8 décembre 1942, le rabbin Wise et une délégation de la communauté juive américaine sont reçus par le président Roosevelt à la Maison Blanche. Au cours de la réunion, ils lui remettent un certain nombre de documents établissant la réalité de l'Holocauste. Roosevelt reconnaît être au courant de ces infomations, mais avoue ne pas savoir quelles mesures prendre pour empêcher la destruction des juifs d'Europe. Les dirigeants de la communauté suggèrent un geste : un communiqué du gouvernement dénonçant le massacre. Roosevelt accepte. En dépit des objections du Département d'État et du Foreign Office, les États-Unis, la Grande-Bretagne et leurs alliés dénoncent enfin publiquement la Shoah. Nous sommes le 17 décembre 1942.

Dix-huit mois ont passé depuis que les *Einsatzgruppen* ont déferlé sur le front de l'Est et que le consul chilien a envoyé ses premières dépêches. Depuis dix-sept mois, grâce aux casseurs de codes de Bletchley Park, les services secrets britanniques savent avec précision que les nazis massacrent une partie des juifs de l'Europe de l'Est (Pologne et pays baltes).

C'est en mars 1942 que les Américains ont reçu la première transcription des dépêches du consul chilien décrivant avec précision les plans des Allemands. L'OSS détient le premier des trois rapports détaillés sur « l'extermination des juifs » depuis plus de six mois.

Il y a sept mois que les premiers articles de presse sur l'Holocauste sont parus. Le 2 juin 1942, la BBC a rendu compte de l'enquête d'une organisation syndicale polonaise juive, le Bund, sur la Shoah. Ce rapport détaille les massacres, parle du premier des centres d'extermination, cite Chelmno et ses camions à gaz – « mille personnes sont gazées tous les jours » – et fournit un premier bilan : sept cent mille juifs sont déjà morts. Soit un dixième du total des victimes de l'Holocauste. C'était deux mois avant le rapport Riegner.

Il est plus que temps de prendre les menaces de Hitler au sérieux : « Il fut un temps où les juifs d'Allemagne riaient de mes prophéties. Je ne sais pas s'ils rient encore ou s'ils ont déjà perdu tout désir de rire. Maintenant je ne puis que répéter : ils arrêteront de rire partout, et j'aurai raison avec cette prophétie aussi. »

Les informations sur l'Holocauste s'accumulent et se recoupent. Les dépêches du consul chilien confirment ce que les services d'écoutes de Bletchley Park ont découvert. Les premières informations de Riegner confirment les rapports de Lisbonne de l'OSS et l'enquête du Bund polonais reprise par la BBC.

Mais il faut cinq mois de tergiversations, d'hésitations, d'atermoiements avant que le rapport Riegner soit pris au sérieux par les États-Unis ; les hésitations de Sumner Welles ont, à elles seules, fait perdre trois mois. C'est épouvantablement long ; les nazis massacrent chaque jour en moyenne près de soixante-dix mille hommes, femmes et enfants.

On sait qu'en mars 1942, soixante-quinze à quatre-vingts pour cent des victimes de la Shoah étaient encore en vie. Or l'année est terrible, c'est celle de la *shechita*, de la boucherie. En février 1943, trois millions de personnes ont déjà été tuées dans les camps d'Auschwitz, Belzec, Sobibor et Treblinka, lors des transports ou dans les ghettos. Pratiquement sous les yeux des services secrets britanniques et américains. Rien n'aurait sans doute pu interrompre l'Holocauste. Mais, on le verra, l'intervention des Américains aurait pu sauver des milliers de vies humaines. Ils sont intervenus trop tard et trop mal... L'Histoire reprochera sans doute aux hommes politiques alliés d'avoir abusé de ce qui leur faisait le plus défaut : le temps.

CHAPITRE 2

Le silence des Bermudes

Le 11 janvier 1943, les casseurs de codes de Bletchley Park interceptent deux morceaux de messages du SS *Sturmbannführer* Höfle à Lublin, à l'attention entre autres du SS *Obersturmbannführer* Eichmann au quartier général du RSHA Berlin. Il s'agit d'un bilan bimensuel de l'*Aktion Reinhardt* et d'un rapport annuel comportant une série de chiffres et de lettres. C'est le bilan à ce jour des victimes de l'*Aktion Reinhardt*, qui a pour fin la destruction des juifs de la partie orientale de la Pologne non incorporée au Reich. Il est de 1 274 166 morts[1].

Peu après, le bureau new-yorkais de l'OSS reçoit un troisième rapport sur l'Holocauste. Il est daté du 15 novembre 1942. Tout comme le précédent, il a été rédigé « à la frontière allemande ». Il se révèle très circonstancié :

> « Le "nettoyage" des pays baltes de leur population juive n'est que le début, le gros du travail d'une Europe sans juifs reste à faire. Pour éviter trop de publicité, en raison de l'antisémitisme virulent dans certaines parties des pays baltes, l'Estonie et la Lituanie ont été choisies pour servir

1. Decoded Radio Messages from the General Government. http ://www.deathcamps.org/lublin/prodecodes.html

d'arrière-cour où l'on peut s'occuper sans problème des juifs importés.

Ce serait une erreur de croire que ce sont les seules arrière-cours employées à cet effet. La Pologne et la Russie occupée ont été elles aussi le théâtre d'au moins autant d'exécutions de masse de juifs, sans parler des Polonais ou des Russes, que les pays baltes, mais le peu d'informations qui a filtré de ces pays permet de conclure que ce qui s'est passé en Lituanie, en Estonie et en Lettonie sert d'exemple aux procédures suivies ailleurs.

Il semble que Himmler ait divisé les victimes en trois grands groupes. Les juifs de l'Allemagne du Nord, de la Hollande et de la Belgique sont envoyés dans les pays baltes. Les juifs de Berlin, de l'Allemagne du centre et de la Ruhr sont destinés au centre de la Pologne. Enfin, les juifs du sud de l'Allemagne, de la Tchécoslovaquie, de la Slovaquie et de l'Autriche sont envoyés au sud de la Pologne. Cette division a pour but de soulager autant que possible les chemins de fer allemands qui desservent le front de l'Est.

Les premiers convois de juifs étrangers sont arrivés tard, en octobre 1941, en Lituanie et en Lettonie. Les premières cargaisons de ces juifs, originaires généralement de Westphalie, ont été remises aux tueurs de juifs locaux, habitués à l'époque aux pogroms, mais même les plus endurants d'entre eux se sont fatigués du travail et les SS ont dû entrer dans le jeu. Les bourreaux amateurs locaux ne comprenaient pas pourquoi ils devaient tuer des juifs qu'ils n'avaient jamais vus de leur vie et qui ne ressemblaient même pas aux juifs de leurs ghettos.

La figure émaciée d'un vieil avocat de Hambourg de soixante-dix ans, tremblant et frissonnant dans son costume d'été, la femme d'un homme d'affaires d'Oldenburg avec son bébé de trois mois et ces deux fillettes d'Amsterdam aux yeux noirs, l'air terrifié, serrées l'une contre l'autre, suscitent seulement de la pitié chez ces Lituaniens, et non de la haine.

Seule exception, le lieutenant-colonel Aleis et ses vingt-cinq hommes, tous des Estoniens. Leur soif de vengeance est inextinguible. Certains d'entre eux prétendent avoir perdu plus de vingt proches à cause de l'activité de commissaires politiques juifs du temps des communistes. Mais à la fin, quand les exécutions sont devenues une routine quotidienne, même eux ont abandonné, les uns après les autres. Plusieurs ont déserté, d'autres ont été écartés, leurs mains tremblaient à cause de l'alcool : ils n'étaient plus aptes au travail.

Voici en quoi consistait ce travail : un long train de marchandises entre lentement dans la gare de Spilve, à quelques kilomètres de Riga. Les portes s'ouvrent et un flot de figures pitoyables se répand sur la plate-forme : des vieillards, des femmes, des enfants ; les adultes qui pouvaient servir d'esclaves ont déjà été séparés de leur famille. Des SS, armés jusqu'aux dents, ordonnent aux passagers d'abandonner dans le train manteaux et valises. Ils n'ont le droit d'emmener avec eux que des sous-vêtements de rechange. Les SS les divisent en groupes de cinquante. Chaque groupe s'éloigne sous bonne escorte. Ils peuvent enfin bouger après un long voyage dans les wagons à bestiaux. La colonne s'éloigne vers Kaiserwald, une station balnéaire située à une dizaine de kilomètres.

Les groupes de juifs entendent, avant même d'arriver, des coups de feu. Les échos de rafales de mitraillettes résonnent dans la forêt. Plus ils approchent, plus le but de leur voyage devient clair. Les femmes commencent à crier, les hommes essaient de les calmer. Les enfants pleurent en s'accrochant aux jupes de leurs mères. Les hommes d'escorte, baïonnette au canon, sont mal à l'aise. Leur travail est de livrer leur lot de bétail humain en temps voulu. En hiver, les journées sont courtes, il n'y a pas de temps à perdre. Les exécutions doivent avoir lieu de jour. Dès qu'un groupe arrive à destination, il est remis au peloton d'exécution et l'escorte retourne chercher un nouveau groupe.

À la vue des fosses communes, des hommes avec des mitraillettes, debout derrière des piles de cartouches vides, la foule devient silencieuse. Les cris et les gémissements cessent, on n'entend plus que le murmure des prières et les sanglots des bébés monter des fosses dans lesquelles on fait descendre et s'entasser les arrivants. Dans la plupart des cas, il n'est pas nécessaire de les pousser, une fois qu'ils ont compris ce qui va leur arriver, ils sont pressés d'en finir rapidement.

Dès que le groupe est descendu dans les fosses et qu'elles sont pleines d'une cinquantaine de personnes, les soldats armés de mitraillettes montent sur les remblais. Il y a environ vingt-cinq soldats sur les trente mètres de long et les deux mètres de large des fosses. Au début, ces fosses sont profondes d'environ deux mètres cinquante, mais comme elles servent aussi de tombes, leur profondeur a diminué peu à peu au fil des exécutions.

Tournant le dos à leurs bourreaux, la tête inclinée pour prier, les cinquante victimes attendent la fin. Elles peuvent entendre tout ce qui se passe derrière elles : la respiration des soldats et le cliquetis métallique des sécurités qu'on enlève.

Quatre mètres à peine séparent victimes et bourreaux. Le signal est donné. Dans la fosse, les cinquante victimes ne peuvent pas le voir, une pluie d'acier et de plomb fracasse les têtes, les nuques, les membres et les corps des victimes. Au début, quand les fosses sont profondes, les exécuteurs visaient les têtes. Mais ils se sont rapidement rendu compte que cela présente un inconvénient : les bébés échappent aux premières salves et se retrouvent coincés au milieu des cadavres qui jonchent le sol des fosses. Il faut alors les ramasser et les tuer à part. Ils disent pourtant aux mères de ne pas se pencher pour protéger leurs bébés, que cela ne fera que prolonger le supplice. Elles n'écoutent pas.

Le terrifiant impact des balles de 9 mm tirées d'une distance aussi courte, quatre mètres, fait généralement éclater les crânes et laisse le cerveau à nu. La mort est instantanée dans la plupart des cas.

Une fois la tuerie finie, des croque-morts, généralement des juifs venus de camps de travail, mettent les cadavres en ordre. Ils les placent épaule contre épaule, face au sol, et les recouvrent de sable. Pas trop de sable car chaque fosse doit servir six fois de suite, ce qui signifie six couches de cadavres et six couches de sable. Ce n'est que quand la sixième exécution a eu lieu que la tombe est recouverte d'une couche plus épaisse de sable puis fermée. Creuser des tombes est un travail facile même en hiver : les vastes dunes qui entourent Kaiserwald peuvent contenir des centaines de tombes collectives.

Dès qu'une tombe est fermée, le peloton d'exécution passe à la suivante et la scène se répète. Le nombre de juifs tués chaque jour varie en fonction des facilités de transport, de la longueur du jour. Le record, en cet hiver 1941-42, est de huit mille deux cents en une seule journée.

Les exécutions de Kaiserwald qui m'ont été racontées par un témoin oculaire sont un exemple typique de la manière dont est exterminée cette “race inférieure” au tout début de la campagne de Hitler. En Estonie, à Dorpat, à Minsk, en Russie blanche, et à Kiev, en Ukraine, la procédure est la même à quelques détails près.

Seuls varient le nombre des victimes, celui des bourreaux et la taille des tombes. À Minsk, qui comptait une population juive de plus de cent mille personnes, le nombre incroyable de quatre-vingt mille juifs a été tué en quelques jours. La note officielle du gouvernement soviétique sur les atrocités allemandes de janvier 1942 parle de cinquante-deux mille tués à Kiev, dont une majorité de juifs.

La procédure d'exécution est décrite comme suit : le plus grand nombre possible de juifs de tous âges, y compris les enfants, est rassemblé dans la cour d'une synagogue. Le premier groupe à être exécuté est forcé à s'allonger par terre au fond d'une fosse ; ils sont tués à coups de mitraillettes, les cadavres sont recouverts d'une fine couche de terre, puis un second rang s'allonge au fond de la fosse (...).

La similarité des deux rapports est frappante mais il y a un détail important qui les différencie. Le rapport de Kiev (que je n'ai pas cité in extenso) mentionne aussi que les victimes ont été forcées de se déshabiller avant d'être exécutées. Il ressort des rapports émanant de sources complètement différentes que le fait de faire déshabiller les victimes est plus la règle que l'exception. Il y a des raisons de penser qu'en ayant eu le droit de garder leurs vêtements, les juifs de Kaiserwald ont bénéficié d'un privilège. Leurs manteaux et leurs vêtements chauds laissés derrière eux dans le train ont été, bien sûr, réquisitionnés et ajoutés à la "collection de laine".

Diverses méthodes ont été employées pour forcer les juifs à livrer leurs vêtements sans faire trop de problèmes. On dit aux juifs orthodoxes qu'ils vont être tués et que selon leurs rites funéraires ils doivent être enterrés dans un drap ou une chemise de lin ; à ceux qui ne croient pas au Talmud, on dit tout simplement de se dévêtir. On les conduit dans des baraques où ils se déshabillent puis on les amène dans une autre baraque où se trouvent des cabines dans lesquelles ils peuvent quitter leurs sous-vêtements. La baraque est en fait ouverte sur l'extérieur, un peloton d'exécution les y attend. (...)

En Lituanie et en Pologne, la grande majorité des juifs ont été exécutés sans leurs vêtements. Les hommes ont été autorisés à garder leurs caleçons et parfois leurs chemises, les femmes ne portent que des petites culottes et des soutien-gorges.

On n'a que très peu de détails sur les dernières méthodes employées pour tuer des juifs, comme celle des chambres à gaz ou celle des trains, ou encore celle de l'électrocution dans des bassins remplis d'eau. Mais si ces méthodes se révèlent plus satisfaisantes d'un point de vue technique que celles précédemment employées, la raison veut qu'elles remplacent les anciennes méthodes. »

Ce rapport terriblement précis sur les massacres de masse dans les pays baltes n'a pas alerté l'OSS. Le détail des tueries s'est depuis vérifié, y compris l'histoire des vêtements. Au moment où l'OSS reçoit ce rapport, les responsables allemands chargés de redistribuer les vêtements confisqués aux juifs se plaignent aux autorités compétentes : dans bien des cas les habits sont maculés de sang et portent encore l'étoile jaune...

Avec le recul, l'auteur de ce rapport paraît remarquablement bien informé en dépit de quelques inexactitudes (chambres à gaz dans les trains) et d'erreurs parfois compréhensibles – ce n'est pas la première fois qu'il est question d'assassinats par électrocution. L'auteur du rapport ignore à cette époque que les anciennes méthodes ont déjà été complétées par l'emploi massif de chambres à gaz dans les grands centres de destruction. Quand le rapport arrive sur les bureaux des responsables de l'OSS, dans les centres de Chelmno, Belzec et Sobibor le massacre a momentanément ralenti, faute de juifs.

Le 15 janvier 1943, les Allemands vident le camp de concentration de Zaslaw, les juifs sont entassés dans des trains afin d'être gazés à Belzec. Le voyage dure trois jours. Sans eau, sans nourriture, à l'arrivée les Allemands ne ramassent que des cadavres.

À Birkenau, le commandant vend les chevelures humaines à la firme Alex Zing, qui les rachète au prix d'un demi-mark le kilo.

Himmler écrit au ministre des Transports : « Il me faut des trains. » Les convois de déportés affluent vers Auschwitz. Le 18 janvier, 387 hommes et 81 femmes arrivent de Belgique. Ce même jour, 1 558 juifs sont envoyés dans les chambres à gaz. En trois semaines, quinze trains arrivent de Belgique, Hollande, Berlin, Grodno et Bialystok. Vingt mille juifs sont tués dès leur arrivée. Les fours existants ne suffisent pas. Les Allemands en construisent quatre nouveaux. Le 11 février 1943, 123 enfants âgés de moins de douze ans arrivent à Birkenau en provenance de Paris. Eux aussi sont envoyés directement dans les chambres à gaz.

Le 6 février1943, Himmler reçoit un rapport en provenance de Birkenau sur le nombre de vêtements récemment récoltés. 97 000 vêtements d'hommes, 76 000 vêtements de femmes, 132 000 chemises d'hommes, 155 000 manteaux de femmes, 3 000 kilos de cheveux de femmes (de quoi remplir un wagon entier). Pour les enfants : 15 000 manteaux, 11 000 vestes de garçons, 9 000 robes, 22 000 paires de chaussures. Le tout remplit 825 camions.

Au Royaume-Uni, la presse publie des informations de plus en plus précises sur la Shoah. L'opinion publique anglaise s'émeut du sort des juifs d'Europe. Le 3 février 1943, les parlementaires britanniques rédigent une motion demandant « des mesures immédiates et sur une vaste échelle compatible avec les besoins des opérations militaires afin d'aider et de fournir asile temporaire aux personnes en danger de massacre ». Vingt jours plus tard, deux cent soixante parlementaires ont signé la motion, un débat doit avoir lieu le mois suivant. L'archevêque de Canterbury doit prononcer le discours d'ouverture.

Le mouvement de protestation gagne les États-Unis. Le 1er mars 1943, soixante-quinze mille personnes se pressent devant l'entrée du Madison Square Garden où a lieu la manifestation « *Stop Hitler Now !* ». Seulement vingt mille manifestants peuvent entrer. C'est la plus grande manifestation antinazie aux États-Unis. Les gouvernements britannique et américain se doivent de réagir. Les Britanniques proposent aux Américains de tenir une conférence sur les réfugiés placée sous les auspices des Nations unies.

Début mars, avant de s'envoler pour Washington, Anthony Eden prévient ses services qu'il ne compte pas parler de la question juive. En fait, il ne sera question que de cela.

Le 18 mars 1943, le sous-secrétaire d'État au Parlement, Richard Law, écrit à Eden pour l'alerter : « Je suis désolé de vous déranger à propos des juifs, mais nous allons nous retrouver en mauvaise posture si Cranborne [porte-parole du gouvernement] n'a rien à dire à propos de la conférence quand le sujet sera débattu devant la Chambre des lords le 23 mars. Ce sera un débat de haut vol avec l'archevêque de Canterbury en personne et des représentants d'autres Églises. Je sais que c'est la barbe *[« what a bore »]* mais quinze jours ont passé depuis que nous avons accepté l'invitation et il sera très difficile d'avouer que rien n'a été fait. »

Law rassure Eden : « Vous n'avez pas besoin d'entrer dans le détail », il suffit que le porte-parole du gouvernement fasse savoir « que le ministre des Affaires étrangères a le problème à l'esprit ».

Quatre jours plus tard, Eden rencontre son homologue américain, Cordell Hull, à Washington. Objet des discussions : la conférence sur les réfugiés. Eden demande à Hull s'il peut annoncer officiellement la tenue d'une conférence sur les réfugiés devant le Parlement britannique qui doit se réunir le lendemain afin de discuter du sort des juifs d'Europe. Le débat s'annonce houleux. Hull accepte. Reste à trouver le lieu ; l'ambassadeur britannique, Lord Halifax, a l'impression que le gouvernement canadien ne souhaite pas que la conférence ait lieu au Canada. Finalement, le choix se porte sur un endroit isolé, difficile d'accès : l'archipel des Bermudes.

« M. Eden dit qu'un des principaux problèmes est celui des juifs dans les pays d'Europe occupés par l'Axe et que ce problème n'est pas près d'être réglé, même s'il y a des aspects dont on peut s'occuper immédiatement. C'est le but des entretiens entre les deux gouvernements. Eden dit que lors de cette réunion les Britanniques pourraient annoncer qu'ils sont prêts à transférer trente mille juifs de l'Europe de l'Est en Palestine. Les détails font l'objet de discussions par l'intermédiaire du gouvernement suisse. » Un membre de la délégation américaine qui conseille Cordell Hull demande quelle serait l'attitude des Arabes face à un tel mouvement. Eden répond que ce quota peut être accepté par les Arabes.

23 mars : l'Agence télégraphique suisse annonce la déportation de douze mille juifs bulgares et macédoniens en Allemagne. Les juifs sont entassés dans vingt trains. À chaque arrêt, les Allemands ouvrent les portes et jettent les cadavres dehors. Chaïm Weizmann, président de l'Agence juive pour la Palestine, écrit à Lord Halifax, ambassadeur britannique à Washington, implorant les Britanniques d'ouvrir les frontières de la Palestine aux juifs de Bulgarie : « L'idée que des milliers de ces gens qui pourraient être sauvés soient laissés à leur destin est tout simplement insupportable. Quand nous avons plaidé pour le sauvetage – pas simplement pour de la pitié –, on nous a dit qu'il était impossible d'atteindre les juifs de Pologne, que Hitler ne les laisserait pas sortir, qu'ils étaient trop nombreux pour être gérables, que les juifs n'étaient pas les seuls à être tués, etc. Mais dans le cas de la Bulgarie, il y a une proposition définitive et pratique. Chaque millier de personnes admises, c'est un millier de moins qu'on assassine et il n'est pas trop tard pour sauver ceux qui restent[1]. »

Ce même jour, William Temple, archevêque de Canterbury, s'adresse aux lords pour qu'ils sauvent les juifs d'Europe. Il déplore les mois perdus et demande une action immédiate. « Nous avons une énorme responsabilité. Nous sommes devant le tribunal de l'histoire de l'humanité et de Dieu. » Le porte-parole du gouvernement Cranborne répond en annonçant la tenue d'une conférence sur les réfugiés, aux Bermudes.

---

1. Weizmann Papers, *in* Martin Gilbert, *Auschwitz and the Allies*, New York, Holt, Rinehart & Winston, 1981.

Le 27 mars 1943, Anthony Eden est à Washington. Il rencontre le rabbin Wise et Joseph Proskauer de l'American Jewish Committee. Wise et Proskauer proposent que les Alliés demandent à Hitler la libération des juifs d'Europe. Eden répond : « C'est une idée "fantastiquement" impossible. » Les deux dirigeants juifs lui proposent d'intervenir pour que des réfugiés juifs puissent gagner la Palestine.

Eden rejette l'idée d'envoyer les juifs d'Espagne et du Portugal en Palestine par bateau pour des questions de sécurité, en raison des dangers en Méditerranée. Il balaie l'idée que les juifs bulgares puissent trouver refuge en Turquie : « La Turquie n'en veut pas, pas plus que votre pays », dit-il aux deux Américains.

Plus tard ce même jour, Eden rencontre le président Roosevelt, son secrétaire d'État Cordell Hull et Sumner Welles pour discuter de la conférence sur les réfugiés. « Hull a soulevé la question des soixante à soixante-dix mille juifs qui sont en Bulgarie et qui sont menacés d'extermination à moins de les faire sortir, peut-on lire dans le compte rendu de la réunion. Il presse Eden de trouver une solution au problème. Eden répond que le problème des juifs en Europe est très difficile et que nous devons faire très attention en proposant de prendre tous les juifs d'un pays comme la Bulgarie. Si nous faisons cela, alors tous les juifs du monde voudront que nous fassions des offres semblables à la Pologne et à l'Allemagne. Hitler pourrait bien nous prendre au mot sur ces offres et il n'y a pas assez de bateaux et de moyens de transport au monde pour s'occuper d'eux. (...) Eden a dit que les Britanniques étaient prêts à prendre soixante mille juifs supplémentaires en Palestine mais que le problème de transport était très difficile, même de la Bulgarie à la Palestine. De plus, de tels mouvements seraient très dangereux pour la sécurité car les Allemands pourraient en profiter pour infiltrer des agents au milieu des réfugiés. Ils ont déjà eu recours avec succès à cette technique en Amérique du Nord et du Sud. (...) Eden dit qu'il espère que de notre côté nous ne ferons pas de promesses trop onéreuses que nous ne pourrions pas tenir en raison du manque de bateaux[1]. »

Dans son Journal, le secrétaire particulier d'Anthony Eden note : « Hélas, AE est inébranlable sur la Palestine. Il adore les Arabes et déteste les juifs[2]. »

Il y aurait eu urgence à intervenir. En Pologne, les grands centres de destruction allemands fonctionnent désormais à plein régime. Le 3 avril 1943, deux mille huit cents juifs grecs de Salonique arrivent à Auschwitz. Deux mille deux cent huit sont gazés dès leur descente du train. Le lendemain, pour faire face à la demande, les autorités du camp décident la construction d'une cinquième chambre à gaz et d'un nouveau crématorium.

Pendant ce temps, aux États-Unis et en Grande-Bretagne, on s'affaire aux préparatifs de la conférence des Bermudes. L'heure est aux déclarations optimistes. Recevant des délégués des organisations juives, le secrétaire d'État Sumner Welles leur déclare : « J'espère que la question de l'évacuation des juifs en Égypte et en Turquie sera rapidement résolue. J'ai espoir que la Turquie accepte aussi les réfugiés juifs d'Espagne. Je veux que la conférence soit un succès. Elle sera un succès si on peut sauver cinquante mille personnes[3]. »

---

1. « Memorundum of conversation by Mr Harry Hopkins, Special Assistant to the President Roosevelt », *in* FRUS, 1943, vol. III.

2. Oliver Harvey, *Journal*, 25 avril 1943, in *Britain and the Jews*, Waserstein ; voir aussi Richard Breitman, *Officiel Secrets*, New York, Hill & Wang, 1999.

3. David S. Wyman, *The Abandonment of the Jews*, New York, Pantheon, 1984 ; *L'Abandon des Juifs : les Américains et la Solution finale*, trad. Claude Blanc, Paris, Flammarion, 1987.

Mais l'optimisme est de façade. Dès lors qu'il est question des moyens de sauver les juifs d'Europe, les responsables avouent leur impuissance. Sumner Welles affirme que les gouvernements britannique et américain ne veulent pas lancer un appel à Hitler pour qu'il libère les juifs d'Europe promis à l'extermination. Seul le président Roosevelt peut les faire revenir sur cette décision. Il ne le fera pas.

Le président a un autre problème dont rend compte un mémorandum secret déclassifié par le FBI en 2001. Daté du 13 avril 1943, le document fait état d'une conversation entre un responsable du FBI et Robert C. Alexander, conseiller juridique de la division Visas du Département d'État, un des assistants techniques de la délégation américaine à la conférence des Bermudes.

Alexander se confie à l'agent du FBI. Les Américains ont eu du mal à composer leur délégation. Leur principal problème a été de savoir qui allait la diriger. Le choix naturel était Myron Taylor qui a conduit la délégation américaine à la conférence d'Évian[1]. Mais il a refusé, convaincu de l'inutilité de la conférence. Taylor a essayé en vain de convaincre le Département d'État de la nécessité de conclure un accord avant l'ouverture des travaux sur un programme opérationnel d'accueil. Deux autres refus : Owen J. Roberts de la Cour suprême, et Charles Seymour, président de l'université de Yale, qui accepte puis refuse. « Ce n'était pas une bonne saison pour trouver des Américains distingués susceptibles de consacrer du temps à la tragédie des juifs en Europe[2] », conclut amèrement Wyman.

1. Conférence convoquée en juillet 1938 à l'initiative du président Roosevelt pour traiter du problème des réfugiés juifs expulsés d'Allemagne et d'Autriche. Aucun des trente-deux pays participants n'accepta d'accueillir ces réfugiés.

2. David S. Wyman, *The Abandonment of the Jews*, *op. cit.*

Robert Alexander est un homme de Breckinridge Long. Conseiller au Département d'État chargé des problèmes « spéciaux » de la guerre, tout ce qui concerne la question juive finit entre les mains de Breckinridge Long. Hélas... Ancien ambassadeur à Rome, Long est convaincu, comme son collègue Joseph P. Kennedy, que rien ne peut arrêter les nazis. Sans aller jusqu'à leur donner raison sur la question juive, il est de ceux qui s'ingénient à mettre des barrières à l'immigration des juifs d'Europe au prétexte que parmi les réfugiés pourraient se trouver des éléments plus que douteux. Pour lui, l'Holocauste est inévitable et les juifs qui en réchappent ne doivent pas être un fardeau pour les États-Unis et doivent encore moins les empêcher de gagner la guerre. « Long a été jusqu'à essayer de bloquer les rapports en provenance de Suisse sur la Solution finale et à falsifier des informations[1] », écrit l'historien Shlomo Aronson.

Mais Breckinridge Long a un candidat idéal pour diriger la délégation américaine des Bermudes : le président de Princeton, Harold Dodds, un de ses amis. Alexander rassure le responsable du FBI, Dodds est « un républicain conservateur et un restrictionniste en matière d'immigration ». Pas de risque donc qu'il se batte pour faire passer l'idée d'un appel à Hitler dans le but de lui demander de libérer les juifs d'Europe.

L'un des plus importants conseillers de la délégation n'est autre que l'informateur du FBI, Robert Alexander. Il n'est pas un ardent partisan des juifs. « Il était convaincu, écrit Wyman, que les nazis, pour leurs propres raisons, avaient créé certaines des organisations juives et que Hitler était derrière les groupes de pression juifs[2]. » Lors de sa conversation secrète avec le responsa-

1. Shlomo Aronson, *Hitler, the Allies and the Jews,* Cambridge, Cambridge University Press, 2004.
2. David S. Wyman, *The Abandonment of the Jews, op. cit.*

ble du FBI, Alexander rassure son interlocuteur. La délégation américaine ne se battra pas pour lancer un appel à Hitler.

Les deux autres membres de la délégation ne présentent pas plus de danger que Dodds, leur président. Scott Lucas, sénateur de l'Illinois, est un homme de compromis qui ne se mouille pas. Breckinridge Long a aussi nommé Sol Bloom, député démocrate de Brooklyn, qu'il pense pouvoir manipuler à sa guise[1]. Le rapport du FBI précise : « quoique de race juive », Bloom ne devrait pas se battre pour augmenter le flux des réfugiés.

Aux côtés des trois délégués américains, le secrétaire de la délégation n'est autre que R. Border Reams, un des fonctionnaires du Département d'État ; c'est l'un de ceux qui a le plus œuvré pour censurer les informations sur la destruction des juifs.

Les délégués britanniques sont d'un autre calibre. Leur président est Richard Law, fils d'un ancien Premier ministre. Avant de partir pour les Bermudes, Richard Law rencontre Anthony Eden qui rentre spécialement de Washington pour préparer la réunion. Tous les membres de cette délégation connaissent parfaitement le dossier. Un des rares journalistes autorisés à se rendre dans l'île est frappé par la disparité des deux délégations.

19 avril 1943 au matin. Plus de deux mille soldats allemands armés jusqu'aux dents pénètrent dans le ghetto de Varsovie. Les juifs résistent avec pour seules armes dix-sept pistolets, quelques fusils, des milliers de cocktails Molotov et autres grenades. Ils ouvrent le feu sur les troupes de la Wehrmacht qui battent en retraite

1. Henry L. Feingold, *The Politics of Rescue : The Roosevelt Administration and the Holocaust, 1938-1945*, New Brunswick, NJ, Rutgers University Press, 1970.

après une fusillade d'une heure. C'est le premier jour de la Pâque juive. Le soir venu, dans les familles juives du ghetto, un enfant famélique en haillons demande, comme le veut la tradition, « pourquoi cette nuit est-elle différente des autres nuits ? ».

Au même moment, dans l'archipel britannique des Bermudes, des messieurs en costume-cravate se retrouvent dans une grande salle de réunion de la résidence The Horizons, « quintessence » des complexes balnéaires des Bermudes ; c'est une bâtisse « romantique » du XVIIIe siècle, construite au milieu des ibiscus et des lilas en fleurs. Les travaux de la conférence britannique et américaine sur les réfugiés placée sous l'égide des Nations unies débutent.

Le choix du lieu n'est dicté que par un souci de discrétion. Situé dans l'Atlantique, il est impossible d'accéder à l'archipel des Bermudes sans l'autorisation des Britanniques. Les organisateurs craignent avant tout l'irruption des partisans d'une intervention en faveur des juifs. Les travaux ont lieu à huis clos. Leur contenu est classé confidentiel. Pour éviter les fuites, et afin de ne pas conférer trop d'importance à cette réunion, les journalistes des quotidiens anglo-saxons n'ont pas été accrédités. Seuls cinq d'entre eux, représentants des agences, sont autorisés à couvrir l'événement.

Cinq jours avant l'ouverture des travaux de la conférence, le Congrès juif mondial lance une supplique aux gentlemen des Bermudes censés discuter du sort des juifs d'Europe. Le ton est modéré (le Congrès juif « mendie » le droit de pouvoir soumettre le mémorandum). D'entrée, le Congrès s'émeut de la persécution des non-juifs en Europe, mais c'est pour signaler la spécificité de la persécution nazie contre les communautés juives en citant la déclaration du 17 décembre 1942, signée par douze États membres des Nations unies : « Les autorités allemandes mettent en œuvre l'intention souvent répétée de Hitler d'exterminer le peuple juif en Europe. »

« Le nombre de victimes de ces cruautés sanglantes s'élève à des centaines de milliers d'hommes, de femmes et d'enfants totalement innocents (...). Le processus d'extermination s'est accéléré en dépit des condamnations, constate le Congrès juif mondial qui lance un cri d'alarme. Quatre mois ont passé depuis que l'existence du problème a été publiquement reconnue par la déclaration des douze. » Sans doute mû par un souci de crédibilité, le Congrès juif mondial chiffre le nombre quotidien des victimes en milliers alors que des rapports parlent déjà de soixante-dix mille morts par jour. Informé par diverses sources, il parle de la famine comme de la méthode « la plus efficace de destruction des juifs ». Il est vrai qu'en 1941, pour le seul ghetto de Varsovie, on compte 47 428 juifs morts de faim. Le Congrès revient aussi sur une autre cause de mortalité : les conditions de transport des centaines de milliers de juifs déportés vers l'Est. Il n'ignore rien des différents modes d'extermination mis en place par les Allemands (camions à gaz, chambres à gaz, exécutions de masses, etc.). Pourtant il ne les mentionne pas. Pourquoi ? Peut-être par souci de crédibilité, afin que son appel soit entendu...

« Les Nations unies devraient approcher le gouvernement allemand et les gouvernements des États qu'il domine en partie, par l'intermédiaire du Vatican ou bien de pays neutres comme la Suisse, la Suède, la Turquie ou l'Argentine, afin qu'il accepte de relâcher les victimes juives et permette l'émigration des juifs vers des zones refuges. » En clair, le Congrès juif mondial appelle les Alliés à négocier avec les nazis la libération des juifs.

Les Américains ne sont pas prêts à l'accepter. Il ne

faut pas que la conférence soit centrée sur la question juive. « Le problème des réfugiés ne doit pas se limiter aux personnes d'une race ou d'une confession particulière. » Les Américains ne veulent pas que les nazis puissent accuser les Nations unies d'être au service des juifs. « Les membres de la conférence doivent éviter toute proposition susceptible de donner raison à la propagande nazie-fasciste. »

Le gouvernement américain fixe deux objectifs à la conférence des Bermudes : encourager les pays neutres européens à accepter plus de réfugiés ; créer de nouveaux centres d'accueil sur les territoires des Nations unies en Europe.

Le 20 avril 1943, Richard Law, le représentant britannique, prend la parole en tant que président de séance devant les délégués de la conférence des Bermudes. Il revient sur trois idées « exagérées » à propos de ce qui peut être fait pour les réfugiés : « La suggestion que les Nations unies passent un accord avec Hitler pour le cas où il serait prêt à relâcher les juifs et les autres réfugiés d'Allemagne ou des autres pays occupés. (...) L'échange de prisonniers nazis ou d'autres personnes aux mains des Alliés contre des réfugiés. (...) L'envoi de ravitaillement en Europe. »

« Pour la délégation britannique, poursuit Law, tous ces problèmes sont *"fantastic"*; nous ne pouvons pas nous embarquer là-dedans sans compromettre le cours de la guerre. » Conclusion provisoire de Law : la conférence doit aborder le problème dans un cadre bien délimité. Law est prêt à discuter du sort des réfugiés qui risquent le moins, à savoir les vingt mille personnes parquées en Espagne composées pour moitié de juifs, ou encore les Grecs qui croupissent à Chypre ou en « Perse ». Seule concession à l'horreur de la situation :

Law est prêt à discuter du sort des milliers d'enfants qui essaient de quitter les Balkans.

« Je suggère que la conférence étudie les trois propositions extrêmes les unes après les autres, lance Dodds, le chef de la délégation américaine. D'abord l'éventualité d'un appel des Nations unies à Hitler.

– Cela implique de négocier avec Hitler, commente Law, la délégation britannique est fermement convaincue que les nazis n'accepteraient que ce qui est à leur avantage. Or c'est impossible. À Londres, nous pensons qu'au mieux on ne peut attendre de l'ouverture de négociations avec Hitler qu'il ne réponde que par la négative ou le silence à toute proposition faite par les Nations unies. Si Hitler accepte de relâcher ces millions de personnes indésirables [*unwanted*], nous nous trouverons dans une position très difficile. D'abord Hitler pourrait bien envoyer un nombre très important d'agents en même temps que les réfugiés. Nous serons alors obligés de les prendre dans nos pays. D'autre part il pourrait dire : "D'accord, prenez-en un million ou deux." Dans ce cas, en raison de problèmes de transport, nous aurions l'air particulièrement idiots [*exceedingly foolish*]. »

Une voix s'élève pour contrer Law. À la surprise générale, c'est celle de Sol Bloom, le représentant de Brooklyn, qui était censé ne pas se battre sur la question, « quoique de race juive » : « Nous devrions au moins négocier et voir ce que l'on peut faire. »

Le chef de la délégation américaine reprend le député de New York : « Nous ne devrions même pas essayer de négocier avec des pays ennemis. »

Les arguments volent. Face aux Britanniques qui font part de leur incapacité à accueillir les millions de juifs menacés d'extermination, Bloom suggère de demander à Hitler la libération d'un nombre limité de réfugiés par mois. Impossible, répond son chef de délégation, nos capacités d'accueil tournent déjà à plein régime (ce qui est faux). Un délégué britannique jette de l'huile sur le feu en faisant remarquer qu'il ne faut pas considérer le problème « uniquement comme un problème juif ».

Dodds essaie alors de calmer le jeu en lançant diplomatiquement : « Le congressman Bloom essayait de voir quelle était la chose la plus intelligente à faire et laquelle des deux approches était la meilleure. Je pense qu'il vaut mieux ne pas négocier. »

Bloom renchérit : « Il vaut mieux négocier, comme cela nous pourrons déterminer ce que les Allemands sont résolus à faire. »

Dodds se fâche :

« Votre proposition va complètement à l'encontre de la politique de notre gouvernement. Officiellement, nous sommes contre toute négociation avec l'Allemagne nazie.

– Tout ce que je voulais, lâche Bloom avant de battre en retraite, c'était ne pas fermer la porte. »

« Bloom n'est pas le genre de politicien qui a pour habitude de se lancer dans des croisades solitaires », constate l'historien américain Richard Breitman avant de se demander si le député n'a pas été manipulé par quelqu'un de haut placé, peut-être le sous-secrétaire d'État Sumner Welles, adversaire farouche des non-interventionnistes du Département d'État, voire le président Franklin Roosevelt qui tentait peut-être un ballon d'essai. « Les preuves sont circonstanciées mais la possibilité existe », conclut Breitman. Bloom n'a sans doute pas agi sans de sérieuses garanties. Il agit en tout cas pour quelqu'un de très puissant en essayant de bouleverser l'abominable équilibre du triangle Alliés, Hitler, juifs.

Y a-t-il eu un « complot » afin d'inciter les Alliés à lancer l'appel à Hitler ? On peut se le demander, à la lecture du rapport du FBI du 13 avril 1943 dans lequel

Robert C. Alexander évoque l'existence d'un plan secret destiné à faire voler en éclats la chape de silence imposée par le Département d'État sur la destruction des juifs d'Europe : « Alexander m'a informé de manière strictement confidentielle que le plan était de demander à Hitler, via des intermédiaires neutres, de libérer plusieurs millions de juifs actuellement retenus dans les territoires occupés. Si Hitler refuse, sa position morale sera aggravée. (...) J'ai demandé à M. Alexander, poursuit le responsable du FBI : si [Hitler] acceptait, les États-Unis et les autres nations représentées à la conférence des Bermudes ne se retrouveraient-ils pas face à l'obligation inacceptable de prendre en charge immédiatement plusieurs millions de personnes ? »

Le gouvernement américain a bien des raisons de ne pas en appeler à Hitler. Dans la note d'intention soumise à la délégation américaine, on peut lire un autre argument : les États-Unis ne veulent pas donner l'impression à leurs citoyens que les *boys* qu'on envoie se faire tuer en Europe seront remplacés par des réfugiés juifs européens.

Faisant preuve d'un cynisme inoxydable, un délégué britannique lance un autre argument : les réfugiés sont des « bouches à nourrir » dont Hitler n'a que faire, « il serait donc ravi de s'en débarrasser ». Bref, poursuit le Britannique, sauver les juifs, « c'est relever Hitler de l'obligation de prendre soin de ces bouches inutiles ». « Si Hitler accepte de relâcher un nombre important de vieillards et d'enfants, nous serons placés dans une position ridicule car nous ne pouvons pas en accepter plus de cinq cents ou mille par mois. »

Un autre délégué britannique suggère que la Grande-Bretagne et les États-Unis acceptent plus de réfugiés en provenance des pays neutres, afin que ceux-ci à leur tour fassent entrer sur leur territoire d'autres juifs en provenance d'Allemagne.

Tout plutôt que de s'adresser à Hitler pour stopper l'Holocauste.

Un appel à la libération des juifs européens aurait-il pu enrayer l'Holocauste ? Richard Breitman parle d'une illusion mais corrige : cela « aurait pu influencer l'attitude des pays satellites du Reich qui, après les revers militaires nazis, commençaient à douter des chances allemandes dans la guerre et cela aurait pu encourager les pays neutres à accepter plus de juifs. Un vaste appel aurait aussi alerté de nombreux pays et citoyens sur la nature du régime nazi [1] ».

Après la retraite précipitée de Sol Bloom, la conférence expédie d'un revers de main les deux autres questions « extravagantes ». Pas question de proposer d'échanger les juifs d'Europe contre des Allemands détenus par les Alliés. Quant au ravitaillement, la conférence botte en touche : tant que les Alliés imposeront un blocus des territoires contrôlés par les Allemands et leurs satellites, c'est aux militaires de décider.

La conférence se recentre sur un « cadre bien délimité », à savoir comment « soulager » les pays neutres (Espagne, Portugal, Turquie et, dans une moindre mesure, la Suède). Le but de la manœuvre est de faire place nette pour que d'autres réfugiés puissent remplacer les partants. Un problème de vases communicants en quelque sorte. Comment déplacer les réfugiés des pays neutres. Un expert, M. Foster, est appelé à la barre de la conférence.

« Il n'y a aucune possibilité pour que des navires américains soient disponibles avant de longs mois.

---

1. Richard Breitman, « Other Responses to the Holocaust », in *US Intelligence and the Nazis,* Nara, Washington, 2004.

– Qu'entendez-vous par de longs mois ? demande Sol Bloom.

– Au plus tôt entre douze et dix-huit mois. »

Selon Foster, les seuls bateaux disponibles sont ceux des pays neutres. Il les divise en deux groupes : les possibles et les probables. En Espagne, il compte vingt-cinq bateaux, au Portugal, quinze, en Turquie et en Suède, une petite poignée. Tous « possibles » à condition d'être couverts par un double sauf-conduit : celui des Alliés et celui de l'Axe.

Aux Bermudes, dans la douceur d'un après-midi printanier, dans une demeure coloniale noyée dans l'éclosion des lilas, les délégués américains et anglais jouent à un drôle de jeu, déplaçant sur le papier les réfugiés d'un point à l'autre du globe. Leurs problèmes sont les suivants : sachant que le Portugal dispose de cinq paquebots susceptibles de transporter entre deux mille et deux mille cinq cents réfugiés, combien de temps faudrait-il pour acheminer les quinze mille réfugiés d'Espagne en Angola ou dans les colonies portugaises de l'Afrique orientale situées à cinq mille miles, compte tenu d'une période de rotation de sept semaines ? Question subsidiaire : combien de navires faudrait-il pour acheminer les trois mille tonnes de nourriture nécessaires à la survie des mêmes réfugiés, et d'où viendraient-ils ? Autre problème : combien le Portugal peut-il accepter de réfugiés en provenance de l'Espagne ?

Sachant que le camp de transit britannique de Karachi peut contenir sept mille réfugiés et qu'il n'y en a que cinq mille, calculez le nombre de juifs d'Espagne que l'on peut déplacer en Inde. Un problème élémentaire. Pour le compliquer, la conférence a ensuite imaginé la possibilité de déplacer une partie des réfugiés juifs d'Europe vers l'Inde ou le... Mexique.

« Il y a quarante mille réfugiés en Perse et en Afrique orientale, lit-on dans le compte rendu de la première journée de la conférence des Bermudes. L'Inde et le Mexique ont accepté d'en prendre certains, un grand nombre d'entre eux ont déjà été envoyés en Inde. D'autres doivent aller au Mexique. Si on bouche tous les trous, le problème sera réduit à huit mille (...). »

Certains délégués ont cru avoir réglé le problème en proposant la détention de réfugiés dans des camps en Algérie. Opposition des Américains qui ne veulent pas de réfugiés sur un théâtre d'opérations. Pourquoi pas le Maroc ? Le secrétaire d'État Cordell Hull fait remarquer dans un câble « hautement confidentiel » qu'il faut tenir compte de la « situation Giraud-De Gaulle ». L'influence politique du premier se faisant sentir au Maroc, il convient de demander au second s'il accepterait de prendre des réfugiés dans un de ses territoires, en l'occurrence Madagascar[1].

Pendant ce temps, la nuit est tombée sur les ruines du ghetto de Varsovie. Après avoir essuyé la résistance inattendue de combattants dépenaillés et mal armés, les forces allemandes repliées aux abords du ghetto préparent un nouvel assaut.

Quelques heures plus tard, le 21 avril 1943, au cœur du ghetto de Varsovie, un opérateur radio envoie un message désespéré :

> « Les trente-cinq mille derniers juifs du ghetto de Varsovie ont été condamnés à être exécutés.
>
> Une nouvelle fois, Varsovie résonne des échos des salves d'artillerie.
>
> Le peuple est assassiné.

---

1. Noon to Hamilton (Bermuda) 28 avril 1943. RG 59. Lot 52 D-408, Misc. subject files 1942-47. Bermuda Conference Recommendations and Reports.

Les femmes et les enfants se défendent à mains nues. Sauvez-nous... »

L'émission est brutalement interrompue. Ce seront les dernières nouvelles en direct de l'horreur de Varsovie. La veille, les soldats allemands ont fait irruption dans un des hôpitaux du ghetto, l'hôpital Czykte. Ils ont massacré tous les patients qui s'y trouvaient. Le ghetto subit le feu des mortiers ; dans les rues, les soldats allemands tirent à la mitrailleuse lourde sur tout ce qui bouge. Le seul espoir des combattants et des survivants est dans leurs prières. Depuis des siècles, celles de la Pâque juive tournent autour d'une phrase : « L'an prochain à Jérusalem. »

L'an prochain à Jérusalem... Les combats font rage dans le ghetto quand les travaux de la conférence des Bermudes reprennent. Thème du jour : la Palestine. Richard Law, le chef de la délégation britannique, prend la parole pour annoncer que dans les cinq ans à venir, les Britanniques qui contrôlent la Palestine sont prêts à admettre vingt-neuf mille réfugiés juifs d'Europe centrale.

« Comme d'habitude, dit Law, le problème, c'est le transport. Les Turcs autorisent le passage de cent cinquante réfugiés seulement par mois. Les autorités britanniques cherchent d'autres moyens pour acheminer les réfugiés en Palestine. Nous avons reçu un télégramme de Londres qui nous apprend que nous avons récupéré deux navires roumains qui peuvent embarquer des passagers à Istanbul.

– D'où les réfugiés viennent- ils ?

– Les quatre mille premiers viennent de Bulgarie, ils arriveront à Istanbul par rail. »

Nous sommes loin des soixante mille réfugiés juifs

dont Anthony Eden avait promis qu'ils seraient admis en Palestine. L'inertie des Turcs fait le jeu des Alliés qui ont pour principal souci de ne pas admettre trop de juifs en Palestine. Pour preuve, cet échange entre le conseiller technique américain George Baker et le sénateur américain Lucas :

« Les juifs de Palestine sont prêts à accepter cinq cent mille réfugiés si on les leur donne, dit Baker.

– Ils auront alors de sérieux problèmes avec des millions d'Arabes là-bas », répond le sénateur Lucas.

Selon les Britanniques, depuis 1939, environ quarante mille réfugiés ont été admis en Palestine ; ce chiffre représente un peu plus du dixième des personnes qui sont entrées légalement en Palestine depuis 1919.

Ce même jour, la conférence se penche sur un des dossiers aussi délicats que bouleversants de ses travaux. Ce dossier, c'est celui des cinq mille enfants juifs bloqués en France, dans l'attente d'être envoyés vers les chambres à gaz d'Auschwitz alors qu'ils auraient pu être sauvés et se trouver à l'abri aux États-Unis.

Alexander, l'expert du Département d'État, fait le point. Il répond en technocrate : « Les quotas de visas précédemment alloués n'ont plus cours. Il faut en allouer de nouveaux. Les enfants en bénéficieront dans les limites prévues par la loi, à savoir 10 %. L'émission de visas pour des enfants pose des problèmes particuliers, entre autres celui de leur prise en charge par les États-Unis. Les enfants en dessous de quatorze ans ne sont pas considérés comme des étrangers ennemis, explique Alexander. Mais l'admission des enfants de moins de seize ans est à la discrétion du ministère de la Justice. »

Le drame s'est noué en juillet 1942 par une série de grandes rafles brutales des juifs réfugiés en France dans la zone Sud. Les Allemands n'avaient pas assez de troupes, la police française s'est chargée de faire le sale travail. En contrepartie, les juifs français ne furent pas livrés aux Allemands. Leur heure viendra plus tard. Restaient soixante-quinze mille juifs étrangers réfugiés en France à livrer aux Allemands. On sait avec quelle violence la police française se jeta sur eux.

« La possibilité fut accordée de laisser les enfants les plus jeunes, écrit David Wyman. Nombre d'entre eux furent cachés, mais des milliers d'autres, trouvés dans des appartements, errant dans les rues ou pleurant devant les portes closes furent rassemblés par la police française. Près de quatre mille, âgés de deux à quatorze ans, furent envoyés "vers des destinations inconnues" sans adultes pour les accompagner, entassés dans des wagons de marchandises sans fenêtres, sans vivres, sans eau et sans équipement d'hygiène, sans un peu de paille sur laquelle s'allonger[1]. »

Serge Klarsfeld parle de plus de six mille enfants (dont 1 032 de moins de six ans) déportés vers Auschwitz en 1942. Une note des autorités françaises précise le sort des juifs déportés à Drancy : « Le triage sera opéré pour envoyer les parents par wagons plombés de cinquante vers l'Est après avoir été séparés de leurs enfants. La question des enfants se posera donc très prochainement[2]. »

Lindsley Noble, un responsable de l'association quaker American Friends Service Committee, rencontre Pierre Laval le 6 août 1942 pour protester contre les rafles. Le chef du gouvernement français lui signifie que « les juifs étrangers ont toujours été un problème pour la France » et qu'il est satisfait de s'en débarrasser[3]. Laval

---

1. David S. Wyman, *The Abandonment of the Jews*, *op. cit.*

2. Cité par Michael Marrus et Robert Paxton, in *Vichy et les juifs*, Paris, Calmann-Lévy, 1981, rééd. Le Livre de poche, 2004, p. 372-373.

3. The Second Secretary of Legation in Switzerland (Thompson) to the Secretary of State, Vichy, 7 août 1942, minuit, *in* FRUS, vol. I.

demande à son interlocuteur pourquoi les États-Unis ne prennent pas « ces juifs ». Le lendemain, Donald Lowrie, responsable de l'association caritative américaine YMCA, est reçu par le maréchal Pétain. L'Américain proteste contre les déportations de juifs. Pétain répond que l'on ne peut rien y faire. Toutefois, il consent à demander à Laval « de permettre à huit cents juifs adultes et trois cents enfants de rester en France afin d'émigrer aux États-Unis[1] ».

Parmi les juifs étrangers raflés par la police française se trouvent des ressortissants américains. Le 13 août 1942, le secrétaire d'État Cordell Hull écrit à son chargé d'affaires en France, Pinckney Tuck : « Vous devez demander un entretien avec Laval et attirer son attention sur le point suivant : le gouvernement des États-Unis, via son ambassade, a informé le gouvernement français à plusieurs reprises de l'importance qu'il attache au traitement non discriminatoire des citoyens américains quelle que soit leur race ou leur croyance. Le gouvernement des États-Unis a noté avec une préoccupation grandissante l'application continue des lois antisémites sur la propriété aux ressortissants américains en zone non occupée. Pour des raisons qui ont déjà été exposées au gouvernement français, les États-Unis ne peuvent pas admettre le droit d'un gouvernement étranger quel qu'il soit de discriminer ses citoyens à cause de leur race ou de leur religion. » Le secrétaire d'État menace en conséquence le gouvernement français de prendre toutes mesures nécessaires afin de protéger ses propres ressortissants, à commencer par la saisie pure et simple des fonds français bloqués aux États-Unis[2].

Le 25 août, 1942, Pinckney Tuck est reçu par Pierre

---

1. *Ibid.*
2. Cordell Hull to Pinckney Tuck, Washington, 13 août 1942, 9 h., *in* FRUS, vol. II, p. 709.

Laval ; il va délibérément aller au-delà des instructions de son ministre : « Au cours de ma conversation avec Laval, écrit-il dans son compte rendu, j'ai soulevé autant que j'ai pu la question du traitement des juifs étrangers en France. Je lui ai demandé s'il réalisait à quel point les derniers événements survenus à Paris ont choqué l'opinion publique à travers le monde civilisé. On a rapporté, ai-je ajouté, que ces mesures inhumaines ordonnées par les autorités d'occupation n'en ont pas moins été exécutées sur le sol français par la police française (il m'a interrompu pour me dire qu'il a protesté énergiquement auprès du général Oberg sur la manière dont ces arrestations ont eu lieu). Son gouvernement, lui ai-je dit, devra certainement endosser toute la responsabilité des mesures en cours dans la zone non occupée où ces malheureux – qui ont demandé et obtenu l'asile en France – ont été livrés à leurs persécuteurs. Des responsables américains d'organisations caritatives m'ont signalé des faits tellement révoltants que je me suis senti pleinement justifié de lancer un appel. Je veux parler de la séparation d'environ quatre mille enfants entre deux et quinze ans d'avec leurs parents ; ils sont maintenant dans des camps de concentration à Pithiviers, Drancy et Beaune-la-Rolande, en zone occupée. Il semblerait que leurs papiers d'identité aient été détruits délibérément[1]. »

Pinckney Tuck revoit Pierre Laval début septembre. Le chargé d'ambassade est de plus en plus inquiet du sort des enfants juifs. « Leur situation est désespérée, de nombreux enfants de la zone occupée passent au sud de la France, écrit-il. On estime que pour la seule zone non occupée, entre cinq à huit mille de ces enfants seront bientôt à la charge des associations caritatives. » Sarcastique, Laval parle « du ton particulièrement moralisa-

1. The Charge in France (Tuck) to the Secretary of State, Vichy, 26 août, 7 h., *in* FRUS, vol. II.

teur » employé par certains gouvernements qui dénoncent le traitement des juifs étrangers en France tout en refusant de les admettre chez eux. À ce jour, la seule offre qu'il ait reçue provient du gouvernement dominicain qui se dit prêt à accueillir trois mille enfants juifs. Le 11 septembre 1942, Pinckney Tuck demande à son ministre de faire une proposition concrète à Laval afin que les États-Unis recueillent autant d'enfants juifs que possible. « Je réalise les difficultés inhérentes à une telle proposition, entre autres du point de vue des transports. Rien ne doit faire oublier que le destin de ces tout-petits est dans la balance. Si le gouvernement allemand décide de les déporter en deçà de la ligne de démarcation, dans la zone occupée, ils peuvent être considérés comme perdus. »

Le 28 septembre 1942, le Département d'État fait savoir à Laval qu'il autorise son consul à délivrer mille visas pour des enfants juifs dans les délais les plus brefs et que des dispositions concernant cinq mille autres enfants juifs doivent rapidement être prises. Pinckney Tuck est reçu par Pierre Laval dans l'après-midi du 30 septembre. Il lui demande s'il est prêt à l'aider à faciliter le départ des enfants : « Mon accord vous est acquis en principe », répond Laval. « Il a ajouté qu'il ne serait que trop content de se débarrasser [des enfants] », note Pinckney Tuck.

Coup de théâtre dans l'après-midi du 3 octobre 1942 : l'attaché d'ambassade est convoqué par Jean Jardin, chef du cabinet de Laval : les Allemands craignent que les Américains ne se servent des enfants comme moyen de propagande antinazie dès que ceux-ci seront arrivés aux États-Unis. Avant d'accepter la proposition des États-Unis, Laval a désormais besoin de l'autorisation des Allemands.

« Je me suis difficilement contenu, écrit Pinckney Tuck. J'ai dit à Jardin que mon gouvernement avait agi mû par un souci humanitaire et que sous-entendre que nous utilisions ces enfants à des fins de propagande était indigne. Cela ne m'étonne pas des Allemands. »

Pinckney Tuck revoit Laval le 9 octobre 1942. Le chef du gouvernement français lui demande l'assurance que Washington ne se servira pas des enfants comme instrument de propagande. Le chargé d'affaires proteste. On transige. Pinckney Tuck accepte de recommander à son gouvernement d'être le plus discret possible lors de l'arrivée des enfants aux États-Unis, dans la crainte de représailles contre les juifs restés en Europe. Laval se tourne ensuite vers René Bousquet, secrétaire général de la police au ministère de l'Intérieur qui assistait à la rencontre, et lui demande de commencer à recenser les enfants.

Un convoi de trois cent cinquante enfants est formé à grand-peine et prend la route de Marseille. Ils doivent y recevoir leur visa américain avant d'être conduits à Lisbonne où un paquebot doit les acheminer vers les États-Unis. Hélas... Les enfants arrivent à Marseille le 8 novembre 1942, jour du débarquement allié en Afrique du Nord. Vichy rompt les relations diplomatiques avec les États-Unis. Le consulat américain de Marseille est fermé, et les enfants ne peuvent pas récupérer leurs visas. Le piège se referme définitivement sur eux le 11 novembre 1942 avec l'invasion allemande de la zone Sud[1].

Nous sommes le dimanche de Pâques 25 avril 1942. Les rencontres bipartites américano-britanniques se sont terminées la veille. Les jeux sont faits, la conférence a décidé de ne pas décider. Rien ne sera fait pour sauver les juifs d'Europe. Il n'y aura pas d'appel à Hitler, pas de pression sur les pays neutres pour qu'ils jouent le

1. David S. Wyman, *The Abandonment of the Jews*, *op. cit.*

rôle d'intermédiaires. Les échanges prisonniers-déportés sont à exclure ; il n'est pas non plus question de ravitailler les juifs qui meurent littéralement de faim dans les ghettos d'Europe centrale. La délégation américaine se réunit une dernière fois. Les trois représentants ont convoqué leurs conseillers techniques afin de donner la parole à ceux qui ne se sont jamais exprimés. L'après-midi a été consacré à refaire le tour du monde des juifs que l'on peut sauver, dont les cinq mille enfants juifs piégés en France. La soirée est consacrée à l'audition d'un homme qui n'est pas intervenu jusqu'alors, George Baker. La conversation, d'une liberté de ton étonnante, va se poursuivre jusque tard dans la nuit. « Pour la première fois, écrit l'historien David Wyman, Dodds et dans une moindre mesure Lucas et Bloom commencent à percevoir le problème dans des termes humains plutôt que d'une manière bureaucratique[1]. »

Parmi les sujets abordés : les enfants juifs en France. Les délégués évoquent le nombre total d'enfants juifs en France : vingt mille. C'est trop, disent-ils, impossible d'en accueillir autant sans nuire à l'effort de guerre des Alliés :

« Je note que le gouvernement des États-Unis a fait l'effort d'en prendre cinq mille, dit Baker, de la délégation américaine.

– Venant de France, ajoute Dodds, président de la délégation américaine.

– Au total, seulement trente-huit sont arrivés, précise Baker. Il y en a encore quarante-cinq à Barcelone qui remplissent les critères et, à ma connaissance, ils n'ont pas encore été sortis de là. Je ne veux pas discuter de ce point, sinon qu'il me trouble sur la manière dont les lois de l'immigration s'appliquent à la question.

– Concernant ces enfants, répond Alexander, l'expert

1. *Ibid.*

américain en matière de visas, je dirais que nous avons levé les mesures de sécurité imposées par la guerre. De Madrid et de Barcelone, on me dit que nos officiers délivrent des visas dès que les moyens de transport sont disponibles. Mr Baker nous dit qu'il n'y a qu'à les sortir d'Espagne. Les sortir d'Espagne c'est autre chose que d'émettre des visas.

– Ce n'est pas ce que je voulais dire. Je sais que les clauses de sécurité ont été levées pour ces quarante-cinq enfants. Mais je ne pense pas que vous arriverez à les sortir.

– Nous émettons les visas, reprend Alexander, quelque chose d'autre doit faire défaut.

– Ce qui nous amène au problème des transports, interrompt Dodds.

– Il n'y a pas de problème de transports. Le transport est toujours disponible. (...)

– Les transports ne dépendent pas de la section visas, explique Alexander. La veille de notre départ de Washington, notre consul à Barcelone nous a informés qu'on avait émis des visas pour ces enfants et les parents qui les accompagnaient avec un certificat de prise en charge par des organisations caritatives représentées en Espagne. Toutefois il a pointé des cas où il y a des ajouts ou des libertés prises par rapport aux certificats et a mentionné trois cas limites d'enfants de douze ou quinze ans vivant en Espagne. À ma connaissance, leur départ dépend des moyens de transport.

– Permettez-moi d'intervenir, dit le sénateur américain Scott Lucas. Il n'est pas question que les États-Unis reviennent sur ce qu'ils ont dit : nous prendrons cinq mille enfants, nos représentants en France et en Espagne s'en occupaient quand Hitler a envahi toute la France.

– Les visas sont délivrés chaque mois, reprend Alexander. Avant que nous ayons pu nous servir de notre quota mensuel, Hitler a envahi la France [zone Sud] et nous avons dû reporter notre quota sur le mois suivant.

– Ensuite notre gouvernement a essayé d'obtenir la libération de ces enfants par l'intermédiaire d'un gouvernement neutre, la Suisse, dit Lucas.

– Ça a raté.

– Ça a raté, reprend Lucas. Je ne sais pas s'il y a un espoir de faire quelque chose pour ces enfants. Je sais qu'en raison des problèmes de transport, ce n'est pas parce que l'on envoie vingt enfants un jour qu'on peut en envoyer vingt autres le lendemain.

– Nous ne les envoyons pas, ajoute Alexander. Je ne sais pas s'il y en a un nombre suffisant pour que ce soit intéressant d'envoyer un bateau les chercher.

– Vous voulez parler de ça maintenant ? dit Warren. De mémoire je ne crois pas que les enfants aient été empêchés de voyager en raison du manque de bateaux. Les bateaux portugais ont toujours été disponibles pour ces réfugiés dûment munis de visas qui quittent Lisbonne en provenance d'Espagne. Les cinq mille autorisations ont été octroyées un mois avant l'occupation des ports du sud par l'Allemagne. Seuls quatre-vingts enfants étaient prêts à partir quand la France a été occupée et la porte fermée.

– Via le gouvernement suisse, nous avons essayé d'obtenir la libération d'au moins cinq cents des cinq mille enfants, comme Laval s'y était engagé (...). Le Département d'État a mis sur pied de nouvelles restrictions : n'auront de visas que les enfants du Portugal ou d'Espagne dont les parents ont été déportés à l'Est. Aucun des enfants, que ce soit en Espagne ou au Portugal, ne remplit cette condition ; tous sont accompagnés de leurs parents. Informé, le Département d'État a donné, à la mi-décembre 1942, instruction d'accorder des visas pour les enfants qui sont des réfugiés *bona fide.* Résultat, trente-deux ont eu leurs visas et ont quitté Lisbonne pour les États-Unis. Quand j'ai quitté Washington, rien d'autre n'avait été fait pour que les enfants aient leurs visas. Je ne sais pas pourquoi. »

Vaines discussions qui s'enlisent. Il ne s'agit même pas de sauver les quelque vingt mille enfants juifs de France promis à une destruction inexorable. Le massacre a déjà commencé, c'est par centaines qu'ils sont envoyés à Auschwitz. Rien ne les sauvera. Les délégués concentrent leurs efforts uniquement sur les enfants réfugiés en Espagne, c'est-à-dire quelques dizaines déjà sortis d'affaire. On remarque que même dans ce cas, les Américains ont du mal à les acheminer aux États-Unis. Que dire alors des dizaines de milliers d'autres raflés par les Allemands dans toute l'Europe, eux aussi voués à la destruction. Les délégués évoquent leur sort pour ainsi dire en passant :

Baker : – Ce serait un succès s'il était possible de caser vingt mille enfants entre la Suisse et la Suède.

Reams : – La Suède ! c'est absolument hors de question.

Alexander : – Les Allemands ont refusé [que des juifs] émigrent en Suède.

Reams : – Une partie du problème vient de l'attitude du gouvernement suédois.

Le conseiller technique américain a tort : la situation n'est pas le fait de la Suède. Le 15 avril, quatre jours avant l'ouverture de la conférence des Bermudes, le gouvernement suédois s'est dit prêt à recevoir vingt mille enfants juifs (plutôt des Hollandais que des Polonais) à condition que les Américains et les Britanniques s'occupent des frais de leur subsistance et s'engagent à les rapatrier à la fin de la guerre. Les Suédois ont déjà demandé aux Allemands de récupérer les juifs hollandais et norvégiens, les Allemands ont refusé. Ils étaient toutefois prêts à faire exception pour les juifs susceptibles d'être libérés contre versement d'une très forte rançon.

La discussion se poursuit jusque tard dans la nuit. Baker indique que selon lui la conférence devrait se fixer pour but de sauver cent vingt-cinq mille juifs d'Europe :

Dodds : – Quels ports devraient-ils atteindre ?

Baker : – Cela dépend entièrement des Britanniques. Ils contrôlent les transports maritimes dans le monde aujourd'hui.

Lucas : – Comment arrive-t-on au chiffre de cent vingt mille ?

Baker : – Il y a trois sources. Je crois que le gouvernement bulgare serait désireux, pour des questions d'intérêts, d'autoriser les juifs à quitter le pays.

Reams : – Que voulez-vous dire ?

Baker : – En accord avec le principe imposé par les Allemands en 1933, il est possible d'avoir ce que l'on appelle un « départ taxé ».

Reams : – Payé ou rançon ?

Baker : – Ils paieraient eux-mêmes, c'est ce qui s'est passé en Allemagne.

Dodds : – Où seraient-ils disponibles, à supposer qu'il y ait des moyens de transport ? D'où partiraient-ils et pour quelle route ?

Baker : – De Bulgarie. Ils devraient aller à...

Reams : – À Istanbul. Quel est leur nombre total en Bulgarie ? En avez-vous une idée ?

Baker : – Je dirais vingt mille.

Reams : – J'ai entendu dire environ vingt-six mille.

Lucas : – Votre chiffre comprend-il les quatre mille ?

Baker : – Cinq mille cinq cents dont les Anglais se débarrassent, soit quatre mille enfants et cinq cents adultes. Le gros vient des juifs apatrides actuellement en Roumanie. Je viens de recevoir un câble qui indique que tout juif apatride qui se trouvera encore en Roumanie le 1er mai prochain sera déporté en Transnistrie.

Reams : – Qu'est-ce qui vous fait penser que les Roumains les laisseraient partir ?

Baker : – La promulgation de lois aujourd'hui indiquant que cela ne les gênerait pas de s'en débarrasser.

Bloom : – Des décrets roumains.

Reams : – Vous voulez faire allusion à l'affaire des soixante-dix mille ?

Dodds : – Sont-ils en Roumaine ? Je veux dire, s'agit-il de nationaux ou de juifs résidant en Roumanie ?

Baker : – Un nombre considérable de juifs est arrivé en Roumanie quand les Allemands ont occupé la Pologne. Le plus possible de personnes se sont enfuies de Pologne et un grand nombre est arrivé en Roumanie. Certains juifs allemands sont arrivés là en passant par la Hongrie. Il est aussi possible qu'un certain nombre soient considérés comme apatrides car ils n'étaient pas roumains avant 1924. Les Roumains changent tout le temps les règles qui régissent la nationalité.

Reams : – Combien y a-t-il de juifs apatrides en Roumanie ?

Baker : – Pas énormément. J'ai une déclaration qui dit que sur les neuf cent mille juifs résidant en Roumanie, il en reste deux cent soixante-quatorze mille. Le processus d'extermination semble être en cours.

Baker : – Le gouvernement britannique devrait négocier avec Hitler, directement ou indirectement.

Lucas : – Oui, et vous savez ce que Churchill et Roosevelt ont dit sur ce point.

Baker : – Mais je crois que dans cette affaire de Roumanie, un effort doit être fait pour sortir de là une partie de ces gens. Avant la guerre, il y avait deux cent mille personnes à Sukovina. Aujourd'hui, il n'y en a plus du tout. Certains ont été déportés en Transnistrie, qui est le nouveau nom de la portion de Russie prise de l'autre côté de la Bessarabie.

Reams : – Comment pouvez-vous en être certain ?

Baker : – Je me fonde sur les chiffres des organisations juives roumaines officielles. Je ne doute pas de leur authenticité.

Reams : – Comment ont-ils ces chiffres ? Leur système d'espionnage doit être meilleur que le nôtre.

Bloom : – Je comprends ce que M. Baker veut dire. Leur nombre exact importe peu. Qu'ils soient dix mille, vingt mille ou deux cent mille, ce qui compte c'est ce que nous pouvons faire pour soulager la situation en Roumanie.

Reams : – J'essaie juste de déterminer l'ampleur du problème.

Baker : – Je fais confiance aux intéressés. Quand ils me disent plus de six cent mille, ma conscience me dit que c'est le chiffre. Je pense que dans le cas de la Pologne, de la Roumanie, de la Bulgarie, il faut faire un effort, voir de manière formelle ce qu'on peut faire.

Dodds : – Quelle est votre idée ?

Baker : – Ces apatrides qui sont en Roumanie, comme les juifs qui se sont échappés de Pologne, sont sous la domination directe des Allemands. Les Roumains et les Bulgares n'ont pas le même statut. En l'état actuel des choses, il est inconcevable que les Britanniques et les États-Unis négocient avec les Italiens [une paix séparée, *nda*] ; ils ne veulent rien avoir à faire avec Hitler. J'ai cru comprendre que MM. Churchill et Roosevelt ne négocieront pas avec Hitler. Cela n'exclut pas la possibilité d'une forme de négociation avec la Roumanie et la Bulgarie. Cela n'exclut pas de négocier avec les Italiens. Laissez-moi vous dire ceci : le problème est d'une telle nature qu'il nous autorise à prendre des libertés avec la définition du mot négociation telle que l'entendent Churchill et Roosevelt. J'aimerais en venir au point de la négociation avec Hitler : je ne crois pas qu'il soit possible de négocier avec les Allemands la libération des juifs en âge de faire leur service militaire. Le destin des juifs m'a l'air scellé. Mais ce serait une erreur de la part des Nations unies, de la part de cette conférence, de ne pas demander aux pays neutres et au Vatican de faire pression sur Hitler pour qu'il libère les enfants. Que cela réussisse ou que cela échoue, cela doit être fait. Un refus de votre part implique de rendre des comptes devant l'Histoire. Je ne vois pas en quoi l'effort de guerre des Nations unies aurait à pâtir d'un appel à sauver les racines d'un peuple qui a vécu près de deux mille ans en Europe. Face à l'agonie de ce peuple, il est nécessaire de déployer tous nos efforts pour empêcher son annihilation. Il n'est pas question de dix mille en Espagne, il n'est pas question de cent mille qui pourraient venir en Palestine. Il faut sauver du désastre ceux qui sont sans aide et ne peuvent nuire à personne. C'est un acte de force morale. Messieurs, vous aurez plus que justifié vos efforts si vous montrez au monde votre détermination à accueillir les enfants d'un monde qui agonise. »

Les accents de sincérité de Baker ont-ils ébranlé les délégués américains ? Personne ne lui répond cette fois qu'il est hors de question de s'adresser à Hitler directement ou indirectement pour sauver les juifs d'Europe de l'anéantissement. Au contraire, le plus farouche des adversaires des négociations, le sénateur Lucas, lui demande s'il croit exact le chiffre de trois millions et demi de juifs européens menacés d'extermination dans les pays de l'Axe, chiffre avancé par le Congrès juif mondial dans son appel. Le chiffre est incroyable. Prudemment, Baker concède : « Je ne crois pas qu'il y en ait autant. Je ne crois pas qu'il soit du devoir de cette conférence de sauver d'autres personnes que celles qui sont en danger d'extermination. »

Commence alors un sinistre décompte : celui des juifs qui ne courent pas le risque d'être anéantis. L'opération est hasardeuse. Baker retranche les quatre-vingt mille juifs italiens. Il est vrai qu'au moment où il parle, les juifs italiens ne sont pas encore déportés. « Ils ne sont pas particulièrement maltraités même s'ils sont sous le coup des lois de Hitler », précise Baker. Ce n'est qu'une question de mois avant que les Allemands n'obtiennent de Mussolini leur déportation vers les camps de la mort de l'Est. Une fois retranchés les juifs italiens et d'autres communautés moins exposées, les délégués arrivent au chiffre de deux millions sept cent soixante mille juifs à sauver. Baker sait que ce chiffre inadmissible est en dessous de la réalité. Son évocation du destin des juifs polonais en est la preuve : « La Pologne compte la population juive la plus importante, explique Baker. Il y avait trois millions cent mille juifs en Pologne avant l'invasion allemande. Selon un membre du gouvernement polonais en exil, il reste exactement 10 % de la population juive en Pologne. Il est difficile voire impossible de croire un tel chiffre. J'ai commencé à le croire lorsque j'ai appris que le ghetto de Varsovie est descendu sous les quarante mille habitants. »

Le sénateur Lucas est inquiet. Il essaie de se faire une idée sur le nombre de juifs à sauver :

Lucas : – À supposer qu'il y en ait un million six cent cinquante mille, dit-il, que se passerait-il si Hitler en poussait cent mille de l'autre côté de la frontière ? Y avez-vous pensé ? Je sais que c'est pure spéculation, mais c'est important d'y répondre.

Baker : – Je vous ai répondu en vous disant que Hitler ne jetterait pas hors d'Europe les juifs en âge de prendre les armes. Vous voulez parler des enfants et des vieillards. Que se passerait-il s'ils étaient expulsés ? Une grande partie mourrait de maladies, une autre de faim et il faudrait sortir ceux qu'on peut.

Reams : – Vous avez un quart de million d'enfants.

Baker : – Deux cent mille maximum.

Reams : – Comment les transportez-vous ?

Baker : – Cela dépend d'où ils partent. Ceux de Turquie...

Reams : – Ils ne peuvent pas aller en Turquie, c'est hors de question. Mais vous devez les prendre...

Baker : – C'est la première fois qu'on me présente cette vision du paradis. Je comprends votre argument.

Lucas : – En d'autres termes, nous savons que Hitler veut exterminer tous les juifs, il l'a redit à la radio hier soir. Et s'il dit aux Nations unies : "Je vous donne cent mille enfants, par exemple en Sicile, ou à Gênes en Italie. Amenez vos bateaux et les vivres pour les prendre au jour dit" ? C'est ce que ces gens [le Congrès juif mondial, *nda*] veulent. Si Hitler a cette idée, cela compliquera la situation en Angleterre et dans notre pays. Si vous prenez en charge cent mille personnes, vous devez stopper la guerre contre cet homme.

Lucas : – Ces gens [le Congrès juif mondial, *nda*] attendent l'impossible. Ils tiennent des meetings de masse qui nuisent à leur cause. Ils font pression sur les sénateurs, sur le Congrès. Leurs propositions impliquent de changer totalement nos lois sur l'immigration. Tôt ou tard, les groupes de pression et les gens qui leur sont proches iront trop loin. Ce gouvernement, le gouvernement britannique fait son possible pour soulager les juifs d'Europe... Je ferai tout ce que je peux, les Anglais feront tout ce qu'ils peuvent, pour arracher de gré ou de force chaque juif possible. Mais la conférence des Bermudes ne peut pas répondre aux demandes de ce groupe. Cela nuit à leur propre cause. M. Baker sera d'accord avec moi, tôt ou tard ce sera un problème : si nous n'y prenons pas garde, le peuple américain croira que si on essaie de récupérer cent ou deux cent mille personnes, cela stoppera l'effort de guerre et mettra en danger la vie de cent mille de nos boys.

Baker : – Ce soir, je vous demande un programme. Je ne discute pas cette question sur la base du non-intérêt de mon propre pays, mais au nom d'un intérêt supérieur.

Lucas : – Je crois qu'ils demandent l'impossible.

Reams : – C'est malhonnête ou stupide.

Baker : – Je crois que c'est stupide. Je connais le désespoir qui l'engendre. Je ne le justifie pas. Sénateur, je voudrais répondre à votre question de savoir si en demandant cent mille enfants, nous abondons dans le sens de Hitler... Il n'attendra pas notre invitation pour les jeter au caniveau. Je ne crois pas qu'en demandant ces enfants vous fassiez naître dans l'esprit de Hitler une nouvelle manière de se conduire.

Reams : – Vous lui facilitez la tâche. Où va-t-il les mettre pour que nous puissions les récupérer ? De sa propre initiative, pas sur notre invitation.

Baker : – Je ne vois pas.

Reams : – Il ne va pas nous faciliter la tâche.

Baker : – Je dirais qu'il prendra [des enfants, *nda*] d'une région à forte concentration, comme la Roumanie ou la Pologne, et qu'il les enverra en Turquie où ils seront refoulés ou tués.

Reams : – Refoulés en Turquie. Nous n'avons pas de responsabilité directe, mais si nous demandons et qu'il accepte de les livrer, alors c'est notre responsabilité et plus la sienne.

Une nouvelle aube d'horreur se lève sur l'Europe et sur les ruines fumantes du ghetto de Varsovie où les soldats allemands puissamment armés sont tenus en échec par des combattants faméliques aux mains presque nues. La nuit est tombée depuis longtemps sur les Bermudes. La délégation américaine a du mal à se séparer :

Dodds : – Il se fait tard, M. Baker doit être fatigué après avoir tant parlé.

Bloom : – Laissez-nous faire ce que nous pouvons. Renvoyons à plus tard les choses problématiques (...).

Les délégations rentrent chez elles en se sentant mieux qu'à leur arrivée.

Les historiens ne retiendront de la conférence des Bermudes que son échec[1]. Il leur manquait certains documents déclassifiés par l'Inter Work Group à partir

1. Le grand historien de la Shoah Raul Hilberg parle d'un forum inutile. Richard Breitman, dans *Official Secrets*, y consacre une dizaine de pages ; David S. Wyman, dans son remarquable *Abandonment of the Jews*, et Martin Gilbert, dans son non moins passionnant *Auschwitz and The Allies*, s'y attardent sur un chapitre.

de l'an 2000, documents qui donnent la mesure de l'inaction des Alliés. Une plongée dans les archives personnelles du directeur du FBI, J. Edgar Hoover, révèle ainsi la nature des enjeux aux États-Unis. Le directeur du FBI suivait avec une attention particulière les travaux de la conférence. Le FBI veut savoir quelle position adopter « dans la période actuelle au cours de laquelle différents groupes de pression déploient d'énormes efforts pour introduire aux États-Unis de très nombreux groupes de réfugiés ». Un agent du FBI se procure le rapport du secrétaire d'État. Hoover, qui a pour mission de veiller à la sécurité du territoire américain, peut être rassuré : comme on pouvait s'y attendre, le secrétaire d'État plaide pour une politique très conservatrice en matière d'immigration. Quelques jours plus tard, le président Roosevelt renvoie à Cordell Hull son texte annoté dans la marge. Là encore, Hoover pousse un soupir de soulagement... Dans sa réponse, le président affirme que « les lois ne doivent pas être changées » et qu'il ne faut pas toucher à l'actuelle politique d'immigration. Le président a également souligné : « Les États-Unis ne sont pas en mesure de pouvoir s'occuper d'un grand nombre de personnes munies de visas temporaires, d'autant que ce pays a déjà accepté plus que sa part de résidents temporaires. »

Pourtant, le gouvernement américain peut intervenir autrement qu'en accordant des visas temporaires. Il peut même le faire sans modifier la répartition des quotas qui limitent à cent cinquante-trois mille le nombre d'étrangers autorisés à entrer aux États-Unis en faveur des personnes les plus en danger. Il lui suffit tout simplement d'accueillir le nombre de réfugiés prévu par le législateur. Entre 1941 et 1945, les quotas sont remplis à peine à 10 %. S'ils avaient fonctionné à plein durant l'Holocauste (1941-1945), ils auraient permis de sauver des dizaines de milliers de vies humaines. Pour cette période, les quotas enregistrent un déficit de cent quatre-vingt-dix mille places. Mais Breckinridge Long, de la section visas du Département d'État, a donné pour instruction aux services consulaires : « Différez, différez la délivrance des visas[1]... »

Le 7 mai 1943, jour où Cordell Hull adresse son rapport au président Roosevelt, de l'autre côté de l'océan, cent vingt combattants juifs se battent avec l'énergie du désespoir au 18 rue Mila, en plein cœur du ghetto de Varsovie. Une pluie d'obus à gaz a raison de leur résistance. Ils sont tous massacrés : c'est la fin de la révolte du ghetto de Varsovie. Sept mille juifs sont morts les armes à la main, trente mille sont déportés au centre de destruction de Treblinka. Huit jours plus tard, un des dirigeants du Bund, Shmuel Zygielbom, se suicide à Londres, laissant derrière lui une lettre datée du 11 mai 1943 :

> « Les dernières nouvelles qui nous sont parvenues de Pologne prouvent sans l'ombre d'un doute que les Allemands assassinent maintenant les derniers juifs de Pologne et ceci en faisant preuve d'une cruauté déchaînée. Derrière les murs du ghetto, le dernier acte de cette tragédie est maintenant joué.
>
> La responsabilité du meurtre de la totalité de la nation juive de Pologne repose d'abord sur ceux qui l'ont perpétré. Mais indirectement cette responsabilité incombe également à la totalité de l'humanité, à ses peuples, aux nations alliées et à leurs gouvernements, qui jusqu'à ce jour n'ont pris aucune vraie mesure pour stopper ce crime. En regardant passivement le meurtre de millions d'individus sans défense – des enfants, des femmes et des hommes tortu-

1. http://www.wymaninstitute.org/action/ et David S. Wyman, *The Abandonment of the Jews*, *op. cit.*

rés –, en s'associant à ce meurtre, elle en est devenue complice.

Je suis obligé de déclarer que, bien que le gouvernement polonais ait contribué en grande partie à réveiller l'opinion publique dans le monde, il n'a pas fait assez. Il n'a rien fait de plus que d'informer, malgré l'ampleur de la tragédie qui se jouait en Pologne

Sur les trois millions et demi de juifs polonais et les sept cent mille juifs qui ont été expulsés d'autres pays vers la Pologne, selon les chiffres officiels du Bund transmis par le représentant du gouvernement, il en restait seulement trois cent mille encore vivants en avril de cette année. Et le meurtre continue à se perpétrer.

Je ne puis continuer à vivre et rester silencieux tandis que les derniers juifs polonais, dont je suis le représentant, sont assassinés. Mes camarades du ghetto de Varsovie sont tombés les armes à la main dans la dernière bataille héroïque. Je n'ai pas pu tomber comme eux, avec eux, mais j'appartiens à la même fosse commune.

Par ma mort, j'élève une protestation contre l'inaction dans laquelle le monde observe et permet la destruction des juifs.

Je sais que la vie d'un homme n'a pas, aujourd'hui, grande valeur. Mais ce que je n'ai pas réussi de mon vivant, peut-être pourrai-je, par ma mort, contribuer à réveiller de leur léthargie ceux qui peuvent et doivent agir pour que même maintenant, peut-être au dernier moment, la poignée de juifs polonais qui sont encore vivants puisse être sauvée d'une destruction certaine.

Ma vie appartient aux juifs de Pologne, je la remets entre leurs mains. J'aspire à ce que ce qui reste des millions de juifs polonais puisse vivre pour voir, avec le peuple polonais, la libération. Pour qu'ils puissent respirer librement en Pologne et dans un monde de liberté et de justice socialiste, qui compensera les douleurs et les tortures inhumaines qui leur ont été infligées.

Je crois que la Pologne va se lever et que le monde va réagir. Je suis certain que le président et le Premier ministre enverront ces mots à tous ceux à qui ils sont adressés, et que le gouvernement polonais intentera immédiatement une action diplomatique pour exposer la situation, dans le but de sauver le reste des juifs polonais encore vivants de la destruction.

Je prends congé de vous, de tout ce qui m'était cher et que j'ai aimé.

S. Zygielbom »

La Pologne ne s'est pas levée et le monde n'a pas réagi. Pas plus que n'a réagi le président Roosevelt en juillet 1943 en entendant Jan Karski, un jeune Polonais échappé de l'enfer du ghetto du Varsovie, lui demander de détruire les centres d'extermination des juifs en Europe. Roosevelt a écouté poliment Karski. Peut-être croyait-il qu'il exagérait ou peut-être ne le croyait-il pas.

Le jour de Noël 1943, Josiah Dubois, du Département d'État, met la dernière main à la version finale d'un document de dix-huit pages intitulé « Rapport au secrétaire sur ce que le gouvernement sait de l'assassinat des juifs ». Josiah Dubois a découvert que certains hauts fonctionnaires du Département d'État ont censuré systématiquement toutes les informations concernant l'Holocauste à destination des membres de l'administration américaine depuis près de deux ans. Breckinridge Long, un de ces responsables du Département d'État dénoncés par Dubois, est parvenu de justesse à bloquer au Congrès une résolution inspirée par des militants juifs (les bergsonites) demandant la création d'un Bureau des réfugiés de guerre.

Josiah Dubois menace de démissionner et de rendre public son rapport si rien n'est fait pour venir en aide aux juifs d'Europe. Trois jours plus tard, le secrétaire au Trésor rencontre le président Roosevelt afin de lui remettre le rapport Dubois et deux documents à charge pour le Département d'État signés de Breckinridge

Long. Le premier, daté de 1942, demande à ses services de ne plus transmettre de rapports sur l'Holocauste émanant de particuliers. À l'époque, faute de rapports officiels, les témoignages directs constituaient les seules sources d'information sur la Shoah. Le deuxième recommande à ses services de différer le plus possible la délivrance des visas.

Le 22 janvier 1944, le président Roosevelt crée un organisme d'aide aux victimes du nazisme, le War Refugee Board (WRB). C'est un précédent qui ne fera pas d'émules : de toutes les nations alliées, les Américains sont les seuls à avoir tenté de soulager les victimes de l'Holocauste. « Trop peu, trop tard », dira après-guerre le directeur du WRB.

Le War Refugee Board s'occupera de deux cent mille réfugiés et sauvera des milliers de vies humaines. Le plus grand succès des Américains : la Roumanie, avec l'évacuation de mille deux cents juifs à bord de trois petits bateaux bulgares et avec l'accord du gouvernement roumain de mettre hors de portée des nazis quarante-huit mille juifs. Leur plus grande défaite : la Hongrie où ils sont pourtant aux premières loges.

CHAPITRE 3

Les occasions manquées

Jeune juif de Lodz, David Milgrom n'aurait jamais dû retenir l'attention de Cordell Hull, secrétaire d'État du gouvernement de Franklin Roosevelt. Mais le consulat américain d'Istanbul, jugeant son dossier important, fit de son témoignage un rapport expédié toutes affaires cessantes au Département d'État le 13 janvier 1944. L'histoire de David Milgrom est banale. Le jeune homme quitte le ghetto de Varsovie peu après le suicide d'Adam Czerniakow, président de la communauté juive après le début des déportations vers les centres de destruction. Arrêté par les Allemands à Censtochau, il est conduit avec cent neuf autres prisonniers juifs jusqu'à la gare la plus proche où attend un train de cinquante-neuf wagons bourrés de déportés. Placé dans le dernier fourgon, il tente de s'évader peu après le départ du train, ses compagnons l'en empêchent en le rouant de coups.

Quelques heures plus tard, le train s'arrête peu après la gare de Treblinka.

> « Soudain, les portes s'ouvrent. Le long du train, des hommes avec des barres de fer et des gourdins nous hurlent dans toutes les langues, en polonais, hébreu, allemand : "Sortez du train !" Puis ils nous sont tombés dessus

tandis que tous les gens quittaient le train aussi vite que possible ; certains ont été battus à mort. Derrière la chaîne humaine, il y avait des Ukrainiens, les armes chargées, derrière eux quatre SS armés de revolvers et tenant de gros chiens. On nous a fait mettre en rang près de la gare avant de nous compter. »

Des ordres fusent. Les hommes d'un côté, les femmes de l'autre ! Déshabillez-vous ! Les femmes s'éloignent et disparaissent derrière une palissade. Puis c'est un cri. Terrible. Un hurlement collectif qui dure près de deux interminables minutes. Milgrom est terrifié. Que faire ? Un des hommes au gourdin lui glisse : « Essaie de t'habiller. » Un premier groupe d'hommes s'éloigne à son tour. Puis c'est de nouveau le même hurlement de foule, à glacer le sang.

Heureusement pour Milgrom, les SS ont besoin de main-d'œuvre. Dix détenus dont le jeune juif se rhabillent et suivent les soldats en armes jusqu'aux voies de chemin de fer. Milgrom s'aperçoit qu'il est en fait dans une grande cour d'un kilomètre carré, entourée de barbelés dissimulés par les frondaisons. Du fond de la cour s'élève un long nuage de fumée noire. Un nouveau convoi arrive. Le train s'arrête, les portes s'ouvrent et tout recommence. Deux vieux juifs peinent à marcher.

« "Emmenez-les à l'hôpital", ordonne un SS à Milgrom et à un autre déporté. Familier des lieux, ce dernier fait signe à Milgrom et au vieillard de le suivre. Le trio se dirige vers le nuage de fumée. "Quand je me suis approché, j'ai vu une tranchée profonde de dix mètres et longue d'autant qui s'étendait jusqu'aux barbelés. Au fond brûlait un énorme feu et j'ai su immédiatement qu'on y brûlait des cadavres. Près de nous, un SS et dix Ukrainiens en armes. Le SS donne un ordre : "Déshabillez et préparez." Afin de ne pas me tromper je regarde mon compagnon ; nous déshabillons les vieux juifs et les faisons asseoir au bord du fossé. Entre-temps d'autres vieillards sont envoyés à "l'hôpital". Quand dix juifs sont assis au bord du fossé, les Ukrainiens leur tirent dans le dos : ils tombent automatiquement dans le feu.

« Quelque temps après, j'ai essayé d'en savoir le plus possible et d'explorer les possibilités d'évasion. J'ai interrogé mes compagnons de souffrance, mais quand je leur ai parlé de mes intentions ils m'ont dit que j'étais fou. Ces gens me disent tous que l'idée même de s'évader est folle, que c'est impossible, et qu'ils refusent même de l'envisager. » La durée moyenne du séjour est de dix jours, rares sont ceux qui restent plus de trois semaines. Chaque matin les Allemands emmenaient un contingent de déportés qu'on ne revoyait plus jamais et qui étaient remplacés par les nouveaux arrivants. Et toujours ces hurlements peu après les départs.

« De l'autre côté de la palissade il y avait le "camp de la mort" où nous n'avions pas le droit d'entrer. Deux garçons sont arrivés à s'en évader pour arriver jusqu'à nous. »

Les deux évadés du camp de la mort ont révélé à Milgrom ce qu'il est advenu de ses compagnons de voyage. Ils ont connu le sort de ces colonnes d'hommes, de femmes et d'enfants que les Allemands ont forcés à se déshabiller à leur descente de train pour les suivre de l'autre côté de la palissade jusqu'aux baraques où on les faisait rentrer par groupes.

« Ceux qui étaient restés dehors essayaient de battre en retraite quand ils réalisaient ce qui se passait à l'intérieur. Les SS et les Ukrainiens, avec leurs chiens policiers, entraient en action et les forçaient à entrer à l'intérieur. Les cris que l'on pouvait entendre venaient des foules au moment d'entrer. Quand un groupe était à l'intérieur, les portes se fermaient et le restaient environ quinze minutes. »

Le temps que le gaz fasse son effet.

« Quand les portes s'ouvraient, tous ceux qui étaient à

l'intérieur étaient morts. Les cinq cents juifs qui travaillaient là devaient jeter les cadavres dans des brasiers au fond de fosses. Ces cinq cents juifs étaient dans des conditions physiques et psychologiques épouvantables. Ils avaient très peu de nourriture, et dix ou douze se suicidaient chaque jour. À cause de leur travail, il se dégageait d'eux une odeur de cadavre et c'est cette odeur qui a trahi nos informateurs, qui ont été découverts et emmenés par les gardes. »

Milgrom est resté quatre jours à Treblinka... durant lesquels « cent dix mille juifs ont été envoyés au camp de la mort de la manière que j'ai racontée. Les transports arrivaient de France, Hollande, Vienne et de la Pologne ». Au soir de *Hoshana-raba* (le septième jour de la fête juive des Tabernacles), avec deux autres compagnons de malheur, Milgrom s'évade en profitant d'une relève de la garde. Son périple le ramène à Varsovie à la veille de l'insurrection du ghetto avant de passer par Cracovie ; de là, des contrebandiers le conduisent en Slovaquie, à Bratislava où il rédige son témoignage le 30 août 1943.

Cinq mois plus tard, la déposition de Milgrom sur les chambres à gaz de Treblinka parvient au consulat américain d'Istanbul. Le témoignage est pris très au sérieux, il est immédiatement envoyé à différents responsables gouvernementaux américains dont le secrétaire d'État Cordell Hull. Le vice-consul américain responsable de l'envoi reste vague sur la manière dont il s'est procuré l'information. Il évoque « une source juive fiable » résidant à Istanbul.

L'historien américain Richard Breitman a identifié cette source, il s'agit d'un des responsables du principal réseau de l'OSS en Europe centrale, Dogwood. Un réseau qui plonge ses racines au cœur même des territoires de l'Holocauste. Dogwood a longtemps été une des opérations les plus secrètes de l'OSS. Nulle mention de son existence dans les premières histoires de l'OSS pourtant déjà remarquablement informées sur les réseaux américains pendant la guerre[1]. Ce n'est qu'en 1991 qu'un historien consacre deux chapitres à Dogwood dans un ouvrage intitulé *Istanbul Intrigues*[2]. Mais il n'avait pas accès aux archives que la CIA conservait jalousement par-devers elle. Trois ans plus tard, nouvelle percée, un historien israélien apporte des éléments inédits[3]. Il faudra encore attendre sept ans pour que la CIA se décide enfin à déclassifier les dossiers secrets de Dogwood dans le cadre des travaux de l'IWG (Inter Work Group). Il est enfin possible de raconter l'histoire du plus sulfureux des réseaux de l'OSS. Un réseau qui plonge au cœur de la Shoah et a manqué par trois fois l'occasion d'infléchir le cours de l'Histoire...

L'âme de Dogwood, son chef, c'est Alfred Schwarz, un ingénieur tchèque installé en Turquie depuis quinze ans où il représente différentes grandes firmes d'outillage. Sa spécialité : la vente et l'installation de grues pour les docks, des équipements pour les mines de charbon ou encore des moulins. À ses heures, Schwarz est aussi un agent secret qui a d'abord travaillé sous les ordres du colonel Kompost, chef du Deuxième bureau tchèque à Jérusalem, avant de se mettre au service de Sa Très Gracieuse Majesté britannique. Depuis un an, il travaille pour le MI-6 qui le considère comme un de ses meilleurs agents. Mais Schwarz n'est pas payé. Son supérieur est à Londres afin de lui négocier un contrat avec l'armée

1. Voir par exemple Richard Harris Smith, *OSS*, *op. cit.*
2. Barry Rubin, *Istanbul Intrigues*, New York, Pharos Books, 1991.
3. Yehuda Bauer, *Jews for Sale*, New Haven-Londres, Yale University Press, 1994.

britannique. Schwarz, qui l'ignore, rencontre deux responsables de l'OSS dans la deuxième semaine de juillet 1943 afin de leur proposer ses services. « Lors de nos conversations qui ont eu lieu deux après-midi de suite, [Schwarz] a démontré qu'il en savait beaucoup sur le commerce du renseignement et ses systèmes secrets de communication. Il nous a montré différents engins extraordinairement intelligents et très efficaces », écrit un des responsables de l'OSS, très impressionné par ses connaissances de la situation politique, économique et militaire en Europe centrale[1].

Les officiers de l'OSS sont partagés. Archibald Coleman, ami intime du directeur de l'OSS, est sous le charme de Schwarz. « Il est très capable, intelligent, vif, calculateur. » Son collègue estime pour sa part qu'il est trop bien pour être vrai : « C'est un agent allemand qui tente de pénétrer nos services secrets. » Coleman concède que l'homme est peut-être trop dangereux. Consultés, les services secrets britanniques n'ont pas de doutes sur sa loyauté. Après maintes discussions, les deux agents de l'OSS décident d'essayer Schwarz.

Coleman commence par faire un bilan de l'organisation contrôlée par l'ingénieur tchèque. Il s'installe dans les bureaux de sa société et fait la connaissance des plus proches collaborateurs de Schwarz. Il y a là un jeune Grec, technicien hors pair, une sténodactylo capable de lire, écrire et parler couramment l'anglais, le français, l'allemand, le turc, le grec, l'espagnol, avec de bonnes notions de tchèque et de polonais. L'adjoint de Schwarz est un Polonais né à Istanbul, diplômé de l'Université d'Oxford, évadé de la prison de Varsovie.

De plus en plus convaincu, Coleman embarque tout

1. Archibald F. Coleman, *Narrative Account of the Organisation and Activities of the Dogwood Project*, Nara RG 226, E 214, location 250/64/33/7, Folder 24851.

le monde. Première urgence, trouver des locaux, ce qui à l'époque, dans un Istanbul surpeuplé, est loin d'être évident. Un des amis de Coleman, ex-agent secret britannique durant la Première Guerre mondiale, déniche la couverture parfaite : les bureaux de la compagnie maritime Cunard désertés pour cause de guerre.

Première tâche : assurer la sécurité des communications. Pas de problèmes. Schwarz amène avec lui deux jeunes réfugiés allemands, un oncologue et un gynécologue, qui exercent tous deux à l'hôpital universitaire d'Istanbul. Le premier s'est toujours su juif, le second l'a découvert quand les nazis, enquêtant sur sa famille, ont exhumé un grand-père d'origine israélite. Ils sont en fait les techniciens du réseau ayant fabriqué les « systèmes secrets de communication » qui ont tant impressionné Coleman lors de sa première rencontre avec Schwarz. L'agent de l'OSS les installe dans un bureau en dessous du sien, bureau transformé officiellement en laboratoire d'analyses médicales. « Nous nous servons du laboratoire pour notre installation de codes secrets, microphotographier des documents, entraîner les gens qui vont sur le terrain et fabriquer notre matériel de communication. »

Coleman a une couverture parfaite, il est correspondant de guerre pour des publications américaines, et il s'efforce autant que faire se peut d'aller au moins une fois par jour au petit bureau qu'il loue dans un immeuble du centre ville. Pour plus de précaution, il décide d'isoler totalement l'organisation Schwarz de l'OSS. Aucun de ses membres ne doit être en contact direct avec les agents de l'OSS à Istanbul. Une filiale de la société Western Electric, créée ad hoc, sert de tampon. Un des dirigeants de l'OSS d'Istanbul est aussi le représentant de la firme américaine en Turquie. Pour les Turcs, la filiale est chargée de prospecter les marchés énergétiques de l'Europe centrale de l'après-guerre. Pour Schwarz et ses hommes, c'est la maison mère.

Un mois plus tard, la nouvelle organisation Schwarz est à pied d'œuvre. Schwarz recherche des citoyens des pays de l'Axe susceptibles de pouvoir voyager entre Istanbul et les pays contrôlés par les nazis. Soixante personnes sont contactées, vingt-neuf sont recrutées comme agents [1].

Les agents de Schwarz portent tous des noms de fleurs. La première, c'est lui, le chef, Dogwood : Cornouiller. Il donne son nom de fleur au réseau.

« Nous avons reçu alors, écrit Coleman, une demande du quartier général [de l'OSS] à Washington. La pénétration de l'Europe centrale depuis la Suède, la Suisse et l'Angleterre a échoué. On nous demande de voir ce qu'on peut faire. » Coleman décide que l'organisation Schwarz relèverait le défi en se concentrant principalement sur le cœur du Reich, l'Allemagne, l'Autriche et la Tchécoslovaquie et sa périphérie, la Hongrie. Il leur faut donc recruter des agents qui puissent voyager dans le Reich et hors du Reich. Les agents de l'OSS se méfient des Turcs. « Nous nous sommes concentrés sur les antinazis d'Europe centrale à Istanbul ; avec quelques personnes clés et leurs contacts, nous avons bâti différents réseaux. Le risque de pénétration par les agents de l'Axe est élevé. Nous n'avions pas l'impression que la pénétration de notre groupe par la Gestapo puisse entraîner de sérieuses conséquences tant que nous cloisonnions les réseaux et tant que l'organisation était séparée de l'OSS. »

Le 24 août 1943, un des contacts de Schwarz, industriel de son état lui aussi, est de passage à Istanbul. Joseph Rudiger est directeur général adjoint d'une des plus grosses firmes autrichiennes, Semperit, qui possède

1. The Istanbul Mission, rapport du contre-espionnage X-2 de l'OSS.

sept usines de caoutchouc disséminées dans le Reich, de Duisbourg à Cracovie. Rudiger a ses entrées privilégiées au cœur de l'appareil militaro-industriel allemand. Farouche antinazi, il rencontre à cinq reprises l'agent de l'OSS. Il lui donne un luxe de détails sur la fabrication des armes secrètes de Hitler, les V-1 et les V-2, leur taille, leur rayon d'action, leur vitesse, les usines d'assemblage. L'industriel connaît parfaitement le dossier. Il parle du centre d'essais top secret dans la presqu'île de Peenemunde, au fin fond de la Baltique. Il lui révèle aussi l'existence d'usines d'assemblage près de la ville polonaise d'Oswiecim. « La région d'Oswiecim [Auschwitz] en haute Silésie est en train de devenir le plus important arsenal de guerre de tout le territoire de l'Axe, écrit Coleman dans son rapport daté du 29 août. Notre informateur pense qu'il faut le raser coûte que coûte. » L'industriel autrichien mentionne aussi l'existence d'un camp de concentration gardé par deux mille deux cents SS, sans pour autant identifier le centre de destruction qui s'y trouve.

Ce n'est pas la première fois que l'OSS entend parler du site d'Auschwitz. « Des informations sur Auschwitz et Birkenau ont été reçues à Londres en 1942 et 1943, en partie grâce aux écoutes britanniques et à la Résistance polonaise, explique l'historien américain Richard Breitman. En novembre 1942, les Britanniques interceptent et décodent un message indiquant que les gardes d'Auschwitz ont besoin de six cents masques à gaz. La même année, en décodant les messages radio, ils suivent les variations de la population juive d'Auschwitz ainsi que les déportations par train. Les rapports de la Résistance polonaise arrivent à Londres à l'automne 1942 et ceux sur les nouveaux fours crématoires en mars 1943[1]. » L'OSS en sait déjà beaucoup plus sur le

1. Richard Breitman, « OSS Knowledge of the Holocaust », in *US Intelligence and the Nazis, op. cit.*

centre de destruction qui se trouve à Auschwitz que ne l'indique Rudiger. Pas plus que les Britanniques, les services américains ne s'intéressent au centre de destruction qui se trouve sur le site ; ils préfèrent se concentrer sur les usines militaires situées non loin. La section Recherche et analyse de l'OSS fait parvenir à Rudiger des informations complémentaires sur les usines de fabrication de caoutchouc synthétique de l'IG Farben à Monowitz.

Les informations de Rudiger concernant les V-1 et les V-2 sont envoyées au quartier général de l'OSS au Caire qui les fait parvenir à Washington et les transmet aux services secrets britanniques. Peu après, OSS Istanbul reçoit les félicitations de Londres pour la qualité des informations transmises sur les armes secrètes de Hitler. Par la suite, des mesures disciplinaires seront prises à l'intérieur de l'antenne des services secrets britanniques pour n'avoir pas communiqué l'information avant les Américains.

Le supérieur hiérarchique de Rudiger, le directeur général de Semperit, Franz Messner, est, lui aussi, un antinazi. Il fait partie d'une organisation clandestine autrichienne, le Comité des Quatorze, lequel rassemble des industriels et des hommes politiques qui préparent le retour à la démocratie en Autriche. Messner est l'un des grands spécialistes de la production du caoutchouc ; il n'a pas son pareil pour diriger les dix-huit mille employés du groupe. Lui aussi est au cœur de la machine de guerre du Reich : Semperit Konzern a pour clients les industriels qui fournissent la Wehrmacht ; son service de recherche étudie la possibilité de rendre les sous-marins de la Kriegsmarine invisibles aux radars britanniques grâce à des plaques de caoutchouc.

Pour des questions de sécurité et pour limiter les retombées des bombardements alliés, les stocks des usines du groupe n'excèdent pas une semaine. En conséquence, Semperit entrepose sa marchandise dans une vingtaine d'entrepôts qui vont de Paris à Varsovie en passant par Budapest. Chacun des entrepôts est dirigé par des hommes de confiance de Messner qui « s'est construit son propre réseau de renseignement et de sabotage ». Régulièrement, les hommes de Messner l'informent des mouvements de troupes auxquels ils assistent en se servant de messages codés. « C'était une organisation vaste et dangereuse », écrit Coleman. Dangereuse ou pas, Messner rejoint les fleurs de Dogwood, et devient Cassia.

Certaines fleurs de Dogwood (Magnolia, Gardénia et Coreopsis) ont un accès direct à l'ambassadeur d'Allemagne en Turquie, von Papen. « Cette chaîne a été inactive la plupart du temps, mais à une occasion nous avons travaillé directement avec l'ambassadeur allemand », écrit Coleman qui ajoute cette précision : « Seul le général Donovan était au courant. »

En hiver 1943, une fleur rare éclôt dans le jardin de Dogwood : Camélia, le comte Helmut von Moltke, expert en droit auprès de l'état-major de l'Axe, collaborateur discret de l'amiral Canaris, le chef de l'Abwehr. Fils d'une grande famille allemande, Helmut von Moltke était à la tête d'un groupe clandestin antinazi, le Cercle de Kreisau. Le contact est établi via une des fleurs de Dogwood, Hyacinthe, un professeur allemand réfugié à Istanbul, ami de longue date du comte. La plus grande prudence s'impose. Dans son rapport adressé à l'OSS sur von Moltke, Coleman est imprécis. En le lisant, on en déduit que von Moltke est à la tête d'un groupe d'officiers qui a déjà tenté d'établir le contact avec les Alliés. L'un d'eux, « chargé des troupes d'occupation en France », a déjà essayé de contacter Allen Dulles, le représentant de l'OSS en Suisse, en lui envoyant un message codé. Mais le message a été intercepté. « Les Allemands ont rapidement décodé le message et ont remis à Camélia sa traduction », explique Coleman qui précise qu'il était normal que von Moltke reçoive une copie du document. « Camélia a fait disparaître le document et a pu sauver son subordonné et lui-même, mais l'alerte a été chaude. »

Dans son premier message, von Moltke propose à l'OSS de venir à Istanbul. Mais il demande qu'un garant assiste au début de la rencontre, afin de l'identifier et, sans doute, pour se rassurer. Il propose trois noms. La journaliste Dorothy Thompson, le général sud-africain Smuts ou Alexander Kirk, ambassadeur des États-Unis en Égypte. « Toutes ces personnes étaient de vieux amis de Camélia qui les avait rencontrées à Berlin et en qui il avait toute confiance. De plus ils pouvaient l'identifier. » Le seul disponible, Kirk, ne peut venir du Caire.

Coleman se rend toutes affaires cessantes à Ankara pour discuter avec le général Tyndall, l'attaché militaire américain en Turquie. Les deux hommes tentent de débloquer la situation. « Nous avons essayé de voir si on pouvait envoyer un avion à Kirk ou encore envoyer Camélia au Caire, explique Coleman, mais en raison des réglementations turques et des restrictions militaires, aucun des plans ne marcha. Enfin Tyndall accepte de se rendre à Istanbul afin de rencontrer Camélia. »

Von Moltke/Camélia rencontre le général Tyndall le 17 décembre 1943 à Istanbul. Von Moltke révèle qu'il représente une poignée d'officiers supérieurs allemands antinazis engagés dans un complot qui a pour but d'assassiner Hitler et de renverser le régime nazi. L'affaire est sérieuse. Pendant une heure et demie, l'Allemand parle de son plan. Un maximum de sécurité s'impose, insiste-t-il. Le plan des conjurés est simple : « En échange de la signature d'une paix séparée avec les Anglais et les Américains, le groupe de Camélia, à l'intérieur de la Wehrmacht, s'engage à retirer des forces militaires stratégiques stationnées le long du Mur de l'Atlantique. Cela facilitera le débarquement anglo-américain en France. Le retrait des SS et des troupes pronazies doit permettre l'occupation de l'Allemagne et une défaite militaire de l'armée allemande, conditions nécessaires, selon Camélia, pour que la guerre ne ravage pas davantage l'Europe. Dans le même temps, la Wehrmacht concentrera ses forces contre les Russes et les contiendra sur une ligne qui va de Tilsit à Lvov. »

Prenant un risque insensé, von Moltke révèle à l'attaché militaire américain le nom de certains des conjurés. Il donne quatre noms. Parmi eux, le cerveau de la tentative d'assassinat de Hitler le 20 juillet 1944, Ludwig Beck, ancien chef d'état-major de l'armée allemande jusqu'en 1938, qui, après avoir démissionné de son poste, consacre sa vie à tenter de renverser le régime. « Le seul homme que je craigne, c'est Beck, disait Hitler, lui seul peut agir contre moi. » Von Moltke n'entre pas dans les détails. Aujourd'hui on sait qu'en cas de réussite, Beck, qui a déjà participé à deux complots en 1938 et en 1943, aurait dû occuper la fonction de chef de l'État. Von Moltke mentionne aussi le rôle du Dr Carl Gördeler, ancien maire de Leipzig, l'âme politique du complot promis au poste de chancelier.

Parmi les autres conjurés, il cite aussi le nom du *Feldmarshall* Gerd von Rundstedt, ancien commandant en chef des forces d'occupation en France et aux Pays-Bas. À l'époque, les conjurés plaçaient effectivement leurs espoirs dans ce militaire de la vieille école qui s'était opposé à Hitler en 1938 à propos de la Tchécoslovaquie. Von Rundstedt refusera de prendre part à la tentative de coup d'État qui s'ensuivit. Les espoirs de Camélia et de ses amis seront déçus : von Rundstedt ne se joindra pas à eux. Appelé à la barre du procès de Nuremberg pour témoigner sur le complot, il s'exclamera : « Je n'aurais jamais envisagé une chose pareille, c'est de la trahison pure et simple ! »

Ce n'est pas le seul contact entre les Alliés et les conjurés. Allen Dulles, responsable de l'OSS à Berne, avait un canal à travers le Dr Hans Gaevernitz. Convaincu de l'importance du complot, Allen Dulles tente alors par tous les moyens de les appuyer. William Donovan, chef de l'OSS, partage son enthousiasme. Mais le président Roosevelt refusera d'appuyer ce complot qui va à l'encontre de la doctrine américaine de reddition totale et de capitulation sans conditions du régime nazi, et qui fait peu de cas de l'alliance avec l'URSS. En Grande-Bretagne, le MI-6 est aussi dans la confidence, il reçoit les appels à l'aide de Carl Gördeler. Les messages sont interceptés par le directeur adjoint de la section 5 du contre-espionnage, Kim Philby. Taupe de Moscou, Philby est un farouche adversaire d'une paix séparée qui exclurait l'Union soviétique.

Avant de rentrer en Allemagne, von Moltke remet au général Tyndall une lettre personnelle adressée à son ami Alexander Kirk, lettre dans laquelle il fait vaguement allusion à sa mission. Ce dernier lui répond quelque temps plus tard qu'il ne voit pas au nom de quoi ils renoueraient leurs liens d'amitié passés. La lettre ne sera jamais remise à von Moltke. Il est arrêté par la Gestapo moins d'un mois après son retour d'Istanbul.

La suite, on la connaît. Le 20 juillet 1944, le comte von Stauffenberg place une bombe qui explose en pleine réunion présidée par Adolf Hitler dans la « tanière du loup » à Ratensburg. Hitler s'en sort par miracle. Au même instant, Ludwig Beck est au quartier général de la Wehrmacht à Berlin ; le 20 juillet 1944, il attend de pouvoir enregistrer un message radio anonçant la fin du régime. Après l'échec de la tentative d'assassinat de Hitler, Beck se suicide Bendlerstrasse. Arrêté un mois plus tard, Gördeler est pendu en janvier 1945.

Von Rundstedt, en qui von Moltke et ses amis plaçaient leurs espoirs, préside la cour d'honneur qui expulse de l'armée cinquante-cinq officiers supérieurs afin qu'ils soient jugés et exécutés par un tribunal spécial. Hitler lui rend hommage pour avoir rendu un « grand service à la cause nazie en liquidant le complot du 20 juillet ».

Le comte Helmut von Moltke, l'éphémère Camélia de Dogwood, est pendu à la prison de Plötzensee le 23 janvier 1945 pour avoir été en contact avec les conspirateurs de juillet 1944. Il avait trente-sept ans.

Pourquoi la Gestapo a-t-elle arrêté le comte Helmut von Moltke ? Son arrestation est-elle liée à la rencontre d'Istanbul ? Possible, certains agents de Dogwood sont trop proches des services secrets allemands. Par la suite, le service de contre-espionnage de l'OSS parlera d'infiltration massive : pas moins de quatre fleurs de Dogwood, et non des moindres, sont des agents doubles et travaillent avec ou pour l'Abwehr ou la SD. En rédigeant son rapport un an après les faits, Archibald Coleman remarque avec regret que la tentative d'assassinat du 20 juillet 1944 contre Hitler prouve la sincérité de Camélia. Jamais les services secrets alliés n'ont été aussi près de Hitler et de son commandement militaire. Il n'y aura pas d'autre occasion. L'amateurisme des tout jeunes services secrets américains et le fait de n'avoir pas pris au sérieux la mission de Camélia leur ont coûté un précieux avantage. Ce ne sera pas la seule erreur de Dogwood.

Au début du mois de septembre 1943, Coleman a recruté un jeune militant sioniste responsable des services secrets de l'Agence juive pour la Palestine, Teddy Kollek, futur maire de Jérusalem, Gerbera pour les fleuristes de Dogwood. « Gerbera est un jeune homme blond, d'environ trente-deux ans, très actif, très intelligent et sur qui on peut compter. Il m'a fait une très bonne impression », écrit Coleman. Teddy Kollek est chargé par les organisations sionistes de faire passer clandestinement en Allemagne des pièces d'or destinées aux juifs d'Europe centrale afin qu'ils puissent rejoindre des pays neutres comme la Turquie.

Teddy Kollek se sert d'un contrebandier hongrois, Bandi Grosz, dit Trillium. Dès le départ, la donne est claire. Tout le monde sait que Bandi Grosz est « un salopard de traître » (*a double crossing rat*), pour reprendre l'expression employée par Coleman dans son rapport. « Mais il est très habile dans son travail et se sert de ses missions pour se bâtir une fortune personnelle tout en travaillant pour différentes agences. » Bandi Grosz travaille aussi pour le Deuxième bureau hongrois qui, pas plus que l'OSS ou les organisations sionistes, ne lui fait confiance. Les Américains le soupçonnent d'être à la tête d'un trafic de diamants à destination du complexe militaro-industriel allemand. Difficile de faire avec, impossible de faire sans. Il n'a pas son pareil pour corrompre les responsables de la Gestapo. Il peut ainsi se déplacer en Allemagne avec trente-cinq kilos de pièces d'or. Teddy Kollek propose à Coleman de l'embaucher. Bandi Grosz rencontre Schwarz. Lors d'une réunion, Schwarz a l'impression que le contrebandier veut se confier à lui et à lui seul, loin des oreilles indiscrètes de Teddy Kollek. À la fin de la rencontre, afin de ne pas être compris des autres, Schwarz demande en tchèque au contrebandier de le retrouver plus tard.

Bandi Grosz révèle à Schwarz qu'il est un agent secret hongrois et que l'état-major l'a chargé de prendre contact avec l'OSS.

L'état-major hongrois souhaite établir une liaison permanente avec les Américains. Il est prêt à envoyer un officier à Istanbul. En échange, la Hongrie accueillerait un officier de liaison américain clandestin à Budapest. L'opération est approuvée par le régent Horthy.

Dans une Europe ravagée par la guerre, la Hongrie est une exception dangereuse pour Hitler. Les avions alliés la survolent sans problème, les prisonniers de guerre évadés y trouvent refuge. Pis : avec sept cent cinquante mille membres, la communauté juive hongroise est une des dernières des Balkans à n'avoir pas été décimée. Depuis les revers allemands en Russie, les Hongrois cherchent à tout prix à négocier une paix séparée avec les Alliés. Coleman saute sur l'occasion. Une nouvelle graine est semée.

Début octobre, Bandi Grosz débarque à Istanbul en compagnie de l'envoyé spécial de l'état-major hongrois, le lieutenant-colonel Hatz, et rencontre Schwarz. Hatz fait passer un message à l'OSS : il n'est pas question qu'un envoyé spécial de l'état-major hongrois traite avec un réseau d'agents secrets (Dogwood) dont il ignore tout. Il a besoin d'une preuve que les « fleurs » sont bien américaines. On convient d'une accréditation : Radio Alger fait passer le message suivant en français : « Message pour Trillium. Sincérité avant tout. » En retour, la station radio du gouvernement hongrois annonce que la foire d'Izmir étant fermée depuis une semaine, elle n'est plus d'actualité.

Coleman s'envole pour Le Caire afin de rencontrer le général Donovan ; le chef de l'OSS participe alors à une réunion au sommet, au lendemain de la conférence de Téhéran au Mena House, palace situé au pied des Pyramides. Dans les couloirs de la conférence, Coleman est happé par le chef de la section contre-espionnage (X-2) de l'OSS. X-2 a appris les contacts entre l'OSS Istanbul et Hatz. Le responsable de X-2 tient cette information d'une source allemande, sans donner plus de détails mais non sans mettre en garde Coleman : Hatz est un agent allemand.

Coleman n'ignore rien des contacts entre Hatz et les Allemands. Grosz l'a prévenu que Hatz s'est rendu chez le colonel Otto Wagner (*alias* Delius), responsable de l'Abwehr à Sofia en Bulgarie. Hatz a tout révélé à Wagner de ses rencontres avec les Américains ; il lui a même parlé de l'émetteur radio. « La guerre n'est pas encore finie et je n'ai pas envie de risquer ma vie », dit Hatz pour justifier ses contacts avec les Allemands.

Coleman, qui croit en l'innocence de Hatz, essaie de le couvrir : « Après avoir pris la décision de se rendre à Istanbul pour nous rencontrer, explique Coleman, Hatz a décidé de se couvrir en informant Delius qu'il envisageait de se rendre en Turquie pour infiltrer les réseaux américains. »

Après la mise en garde du responsable de X-2, Coleman rencontre Donovan et des membres de l'état-major interallié pour parler de Hatz/Jasmin. « Nous étions tous d'avis que Jasmin pourrait être un agent allemand, mais qu'il ne pourrait obtenir de nous aucune information militaire d'importance. Nous n'avions donc rien à perdre et tout à gagner », écrit Coleman.

Beckerle, ministre plénipotentiaire allemand à Sofia, est informé des contacts entre Hatz et les Américains, sans doute par Otto Wagner. Le 14 décembre 1943, il envoie la dépêche suivante au ministre von Ribbentrop, à la Wilhelmstrasse : « Le colonel hongrois Hatz, choisi comme attaché militaire en Turquie, a des contacts confidentiels avec les Américains (...). Hatz est un pro-allemand en qui on peut avoir confiance. Mais il a des problèmes d'argent et a de nombreuses affaires avec des femmes. Un rapport non confirmé dit qu'il est en contact avec des juifs payés par les services secrets hongrois avec qui il partage les bénéfices qu'il tire de la contrebande de monnaie. »

Trois jours plus tard, nouveau télégramme de Beckerle à von Ribbentrop pour l'informer que l'amiral Canaris, chef de l'Abwehr, a été officiellement prévenu. Hatz fait part à Beckerle d'une conversation qu'il a eue avec le Premier ministre hongrois Kallay et le chef d'état-major ; ceux-ci lui ont demandé de maintenir le contact avec les Américains d'Istanbul : « Si jamais il se prépare quelque chose de tordu contre les Allemands, Hatz a promis de nous prévenir », écrit Beckerle.

L'attaché militaire hongrois retrouve les Américains à Istanbul le dimanche après-midi 19 décembre à 18 h 30, au domicile d'un agent du réseau, un aristocrate hongrois, Lothar Kovess, nom de fleur Jacaranda.

Archibald Coleman préside la réunion. Le responsable de l'OSS a demandé que l'envoyé spécial de l'état-major hongrois soit nommé attaché militaire auprès de l'ambassade de Hongrie en Turquie. « Nous ne pensions pas que cela serait possible, explique Coleman, mais Jasmin a fait en sorte que cela le soit ; nous avons appris la nouvelle par Jacaranda, un ami personnel de Jasmin. Au moment du rendez-vous de dimanche, la nomination de Jasmin a déjà été rendue publique. »

Otto Hatz ne parle pas anglais. La conversation passe constamment du français (que Coleman comprend) à l'allemand et au hongrois. Le lieutenant-colonel Otto Hatz est mal à l'aise, rapporte Jasmin. « Il était évident que Jasmin n'appréciait guère la personne déléguée par Schwarz, d'abord parce que ce dernier était à moitié juif, ensuite parce qu'il était tchèque. »

Les négociations commencent. Les agents de l'OSS et le représentant de l'état-major hongrois font la même analyse : il faut faire basculer la Hongrie du côté des Alliés, l'obliger à demander leur aide. Pour y arriver, une seule manière : le « sabotage politique et industriel immédiat ».

« Il faut faire attention, souligne l'officier hongrois, les Allemands sont prêts à envahir la Hongrie au premier signe de défection.

– Quelles mesures entendez-vous prendre pour protéger mon pays de la Russie ? demande ensuite Hatz.

– L'Union soviétique fait partie des Nations unies, répond Archibald Coleman. On ne peut pas faire de plan avec les Hongrois sans en informer les Russes. »

La réunion se termine. Hatz annonce qu'il rendra compte à ses supérieurs et qu'il fera part aux Américains de leur réaction lors d'une nouvelle rencontre. À l'issue de la réunion, Coleman note : « Je n'étais pas content du tout de l'attitude de [Schwarz], ses manières étaient plus celles d'un conquérant militaire qui hurle ses conditions à un ennemi défait que celles d'un négociateur soucieux d'instiller la confiance afin d'obtenir des informations. »

Côté allemand, le 22 décembre, Beckerle rend compte à von Ribbentrop de la réunion d'Istanbul : « Les Britanniques sont jaloux parce que Hatz est en affaires avec les Américains (...). Les Américains que Hatz a rencontrés avaient entre quarante et cinquante ans ; l'un d'entre eux est à l'évidence juif. »

Les Britanniques interceptent et décodent les messages de Beckerle grâce aux stations d'écoutes de la région. Ils en transmettent copie aux Américains. Le 3 janvier 1944, la *Section Intelligence* de l'OSS (SI) à Washington câble au responsable OSS d'Istanbul : « Hatz se moque peut-être de nous (...). Prudence. »

Les Américains ne sont pas les seuls à se méfier de l'attaché militaire hongrois. Le 5 janvier 1944, message de Neubacher (« ambassadeur itinérant dans les Balkans et agent de confiance de Hitler », au dire de l'OSS) à l'attention de Ribbentrop, concernant Hatz : « Je suis persuadé qu'il faut beaucoup s'en méfier, même si je n'ai rien sur quoi appuyer ce sentiment. » Trois jours plus tard, message d'un agent secret à Beckerle : « N'en parlez pas à l'Abwehr mais méfiez-vous de Hatz. »

Pourquoi ne pas en parler à l'Abwehr ? Parce que le lendemain du jour où le télégramme a été envoyé, c'est-à-dire le 9 janvier 1944, Hatz rencontre le légendaire amiral Wilhelm Canaris, sans doute à Baden-Baden.

On a des traces de la rencontre dans les télégrammes de Beckerle. Mais le seul compte rendu dont on dispose est celui fait par Grosz en juin 1944 au SIME (*Secret Intelligence Middle East*) britannique : « Canaris lui a donné l'ordre de continuer les négociations avec les Alliés. Désormais, les discussions auraient lieu sous le contrôle allemand et Hatz est tenu de rendre compte aux Allemands. »

Grosz s'inquiète, Hatz le rassure :

« J'ai les moyens de tromper les Allemands tout en continuant les négociations avec les Américains.

– Qu'en pense le Premier ministre Kallay ? demande Grosz.

– Arrête de poser autant de questions. Kallay est un bon politicien, voilà tout. »

En cette fin d'année 1943, Dogwood fait feu de toutes fleurs. Un émissaire est arrivé en Albanie pour contacter le prétendant au trône à Korka. Azalée, une fleur bulgare, a des contacts proches du régent et du Premier ministre qui, après la mort du roi Boris, souhaitent eux aussi une paix séparée avec les Alliés. Un agent de la

Gestapo basé à Berlin, Plumbago, accepte de jouer l'agent triple. Héliotrope et Ibiscus fleurissent en Grèce derrière les lignes allemandes, tandis que Coriandre prend racine en Bulgarie. Ces bourgeons n'écloront pas.

Coleman peut pavoiser. Son tableau de chasse est brillant : en l'espace de quelques mois, Dogwood a donné naissance à un mouvement politique en Autriche, pris contact avec un groupe de conjurés au sein de l'état-major de la Wehrmacht, entamé des négociations pour une paix séparée avec la Hongrie. La pression est trop forte pour Coleman : le jour de Noël, il est admis à l'hôpital américain avec une double pneumonie.

Du fond de son lit d'hôpital, Coleman passe le relais au responsable de l'OSS pour la Turquie, Lanny MacFarland, qui jusqu'alors ne connaissait de Dogwood que son existence. Coleman s'effondre. Un mois plus tard, son ancien assistant, Williams, vient le trouver à l'hôpital. La situation a dégénéré. Rien ne va plus pour Dogwood : « J'ai entendu parler de problèmes pour la première fois quand Williams est venu me voir à l'insu de MacFarland et de [Schwarz], explique Coleman. Schwarz manœuvre pour me sortir du jeu. Il a dit à MacFarland qu'on ne pouvait pas travailler avec moi, que je perdais la raison si j'en avais jamais eu, qu'il lui était impossible de continuer tant que j'étais là, que je devais être écarté. Il a dit à MacFarland que je n'étais pas sûr, que tous mes employés personnels étaient des agents allemands, que je mettais en danger Dogwood et toutes les autres fleurs du réseau. »

Coleman manque s'étouffer : « Il ne fait pas de doute que [Schwarz] est important, dit-il, mais il se prend trop au sérieux. Il a bâti un bon réseau en Europe centrale et a fait du bon boulot. Il n'est pas question qu'il démissionne mais je pense qu'il bluffe. »

Coleman plaide sa cause auprès de MacFarland. La manœuvre de Schwarz est claire, il veut se débarrasser de Coleman, trop présent à son gré, en espérant que MacFarland lui accordera une plus grande liberté de mouvement. « [Schwarz] ne supporte pas d'être contrôlé », explique Coleman à MacFarland. Ce dernier ne veut rien entendre, sa décision est prise. Coleman sort du jeu.

C'est désormais MacFarland qui reprend les négociations avec Hatz. Il sait que ses supérieurs, les responsables du *Secret Intelligence* de l'OSS, se méfient de Hatz. Il a été plus d'une fois averti. Mais le 11 janvier 1944, il reçoit un câble de l'antenne *SI* de l'OSS Alger l'informant que les Américains ne sont pas les seuls à se méfier du militaire hongrois : « Les nazis ne sont pas sûrs [de Hatz]. »

« On suppose qu'après ce télégramme, peut-on lire dans le rapport final de la section contre-espionnage de l'OSS (X-2), "550" [MacFarland, *nda*] s'est senti plus fort et que les précédents avertissements ont été sans effets sur lui. Apparemment encouragé, "550" a continué les négociations et s'est arrangé pour rencontrer directement Hatz. »

La première réunion entre MacFarland et Hatz a lieu le 22 février 1944. « Nous sommes conscients des avertissements que nous avons reçus, écrit le dirigeant de l'OSS. Nous avons l'intention de négocier avec ces gens de manière juste, franche et ferme, et je dirais définitive. »

Washington décide alors de court-circuiter MacFarland en parachutant trois agents (nom de code de la mission : Sparow) afin de négocier directement avec les Hongrois. Fureur de MacFarland qui câble à Washington : « Mes agents ont fait un excellent travail et il sera difficile de leur expliquer. » La mission Sparow quitte Brindisi le 15 mars, munie d'une lettre personnelle du président Roosevelt au gouvernement hongrois. Les trois hommes sont parachutés au-dessus du territoire hongrois. Le piège va se refermer sur eux. Trois jours après leur arrivée, les Hongrois les remettent aux Allemands qui viennent d'envahir le pays. Le dernier acte de l'Holocauste vient de commencer, les réseaux Dogwood sont appelés à y jouer un rôle trouble.

« Tandis que le processus de destruction allemand couvrait l'Europe de l'Axe, écrit Raul Hilberg, les communautés juives disparaissaient l'une après l'autre. Pays après pays, les juifs étaient happés par l'appareil de mise à mort et périssaient, incapables de lui échapper. En 1944, un territoire important seulement n'avait pas encore été touché par les déportations, une seule communauté restait intacte. Ce territoire était la Hongrie, et sept cent cinquante mille juifs survivaient à l'intérieur de ses frontières. S'ils regardaient une carte de l'Europe de l'Axe au début de 1944, les juifs hongrois voyaient que tout autour d'eux, les communautés juives avaient été frappées et anéanties. Le cataclysme allemand s'était abattu jusque sur la Russie à l'est, la Norvège au nord, la France à l'ouest, la Grèce au sud. Inversement, quand un responsable allemand consultait sa carte à Berlin, il constatait que le "problème juif" avait été résolu partout sauf dans une zone relativement limitée : la Hongrie. Et quand il regardait la Hongrie, il y voyait la plus forte concentration de juifs encore en vie dans la sphère d'influence allemande. En fait, les Juifs hongrois vivaient dans une île de terre fermée et protégée par une frontière politique. Ils dépendaient de cette barrière pour leur survie et les Allemands devaient à tout prix l'abattre. En mars 1944, les frontières de la Hongrie commençaient à s'effriter[1]. »

Le 19 mars 1944, en envahissant le pays, les Allemands

1. Raul Hilberg, *La destruction des juifs d'Europe, op. cit.*, p. 694.

sont décidés à appliquer la Solution finale aux juifs hongrois. L'arrivée d'Eichmann et de ses hommes à Budapest en est la preuve. Quelques heures après l'entrée des troupes allemandes dans la capitale hongroise, Hermann A. Krumey et Dieter Wisliceny, deux membres du *Sonderkommando* Eichmann, convoquent les dirigeants de la communauté juive et leur donnent l'ordre de créer un conseil juif (*Judenrat*) chargé de gérer les affaires courantes juives pour les Allemands.

Certaines des fleurs hongroises de Dogwood participent à la Shoah : Iris, Dahlia, Bégonia, Orchidée, pour ne citer qu'elles, sont d'anciens agents de l'Abwehr récupérés par le SD ou la Gestapo depuis la dissolution de l'Abwehr décidée par Hitler six semaines auparavant. Un rapport d'enquête de l'OSS indique : « Dogwood savait que nombre de ses agents étaient des agents doubles, mais il avait tellement confiance en lui-même qu'il pensait que les agents doubles n'étaient loyaux qu'envers lui et ne rendaient que de menus services à leurs autres employeurs. Il n'est pas étonnant que le réseau Dogwood ait été infiltré par des individus à la loyauté et au caractère incertains. »

Le premier de ces agents, Joseph Winninger/Bégonia, est un jeune Autrichien d'une trentaine d'années qui, officiellement, travaille pour l'OKW (ministère allemand de la Guerre) où il s'occupe de l'approvisionnement des pays contrôlés par le Reich. « C'est un membre du parti nazi, écrit Schwarz, mais avant tout c'est un patriote soucieux de la libération de l'Autriche. »

Grosz a mis en garde Schwarz à plus d'une reprise : le contrebandier n'a pas confiance en Winninger, « un demi-juif qui travaille pour l'Abwehr. Il rend très certainement compte de tout à ses supérieurs ». Schwarz lui répond qu'il fait un excellent travail pour lui. En dépit de sa méfiance, Grosz est resté en contact avec Winninger à qui il remet, dès son arrivée à Budapest en mars

1944, un stylo contenant les nouveaux codes du réseau. Grosz a besoin de Winninger. Il n'est pas le seul. Un de ses employeurs, un jeune leader sioniste, Joël Brand, membre du comité de sauvetage des juifs du Poalei Zion (le parti travailliste sioniste), a aussi besoin de l'aide de Winninger/Bégonia.

Jusqu'à l'invasion allemande, Joël Brand s'employait à faire passer en Hongrie des juifs menacés de massacre dans les autres pays d'Europe, à commencer par la Pologne. Entre juin 1941 et mars 1944, il a ainsi sauvé de l'extermination vingt-cinq mille juifs qui vivaient clandestinement en Hongrie. Joël Brand travaillait avec des agents du contre-espionnage de l'Abwehr, « le groupe Canaris » dont le responsable local était le Dr Joseph Schmidt. Son principal contact est Joseph Winninger. Par sympathie mais surtout par appât du gain, l'agent de l'Abwehr protège Joël Brand. Le 19 mars, Winninger prévient Brand de l'arrivée imminente des troupes allemandes : « Vous êtes sur la liste des personnes que le détachement d'Eichmann va arrêter : je vous emmène en résidence surveillée. Il ne vous arrivera rien. Sinon, vous tomberez entre les mains d'Eichmann et de ses hommes, et tout sera perdu[1]. » Joseph Winninger/Bégonia en profite au passage pour « aryaniser » une partie des biens de Brand en le délestant de vingt mille dollars. Trois jours plus tard, le Dr Schmidt lui annonce qu'il est libre, que « le pire est passé ». Une fois dehors, Joël Brand n'a qu'une idée : sauver le maximum de juifs des griffes des Allemands.

Il retrouve une vieille connaissance, Bandi Grosz : « Les agents du contre-espionnage de l'Abwehr ne peuvent plus rien pour toi, explique Grosz à Brand. Ils ne peuvent plus t'aider. Tout ce qu'ils peuvent faire, c'est

1. Joël Brand, déposition au procès Eichmann, Session 56-59, 14 Sivan 5721 (29-31 mai 1961).

prendre ton argent. Tu n'as plus qu'à travailler avec le SD. »

Joël Brand apprend que, parmi les collaborateurs qui accompagnent la virée sanglante d'Eichmann à Budapest, se trouve l'*Hauptsturmführer* Dieter Wisliceny. « Nous voulions à tout prix établir le contact, explique Joël Brand. Nous savions que Gisi Fleischmann [dirigeante sioniste, *nda*] avait négocié avec Wisliceny en Tchécoslovaquie. Nous savions que le marché avait été un succès et qu'en conséquence de nombreux juifs slovaques n'avaient pas été déportés. Nous avions aussi entendu parler d'un deuxième accord, le plan Europa, pour lequel Wisliceny demandait deux millions de dollars. »

Brand réussit à établir le contact en graissant la patte des hommes de Schmidt. Une réunion a lieu le 5 avril 1944. Les sionistes sont représentés par Joël Brand et son responsable politique Rezsö Kasztner. Côté allemand, outre Wisliceny et Schmidt, sont présents le capitaine Klausnitzer et Joseph Winninger/Bégonia. Chaque membre de la délégation a reçu quatre mille dollars « d'argent de poche ».

Brand demande que les juifs de Hongrie soient épargnés : pas de déportations, pas de ghettos ni de pogroms mais la possibilité, pour ceux qui le souhaitent, d'émigrer vers Israël. « À l'époque, explique Brand, nous avions le droit d'envoyer officiellement cinquante enfants par mois en Eretz-Israël. »

Wisliceny est tellement gros qu'il a du mal à se tenir assis sur sa chaise, note Brand. Il s'adresse à la délégation juive en pontifiant. Il est d'accord sur presque tous les points (sauf l'immigration en Palestine en raison des accords passés avec le mufti de Jérusalem, mais on peut trouver d'autres pays). Il parle des juifs comme d'une

« marchandise allemande ». Mise à prix : cher, très cher. En échange, il est prêt à appliquer le plan Europa qui prévoit la suspension de toutes les déportations vers les camps de concentration.

« Wisliceny nous dit que deux millions de dollars ce n'est pas assez, explique Brand, il doit demander des instructions à ses supérieurs. Pour commencer, nous devons payer une première tranche de deux cent mille dollars. Après cela, les discussions pourront commencer. Nous avons payé en plusieurs fois. »

Une première tranche est versée à Wisliceny puis à deux collaborateurs d'Eichmann : Otto Hunsche et Hermann Krumey. Ce dernier est un ancien membre de la police de sécurité, où il a pris une part active dans la déportation de la population du ghetto.

Joël Brand et Kasztner rencontrent les Allemands à quatre autres reprises. Ils ont eu du mal à rassembler les trois millions de Pengoes (l'équivalent de quatre-vingt-douze mille dollars) du premier versement. Les Allemands se disent indignés par « le manque de sérieux des juifs » et annoncent que les déportations sont inévitables.

Les premières déportations de juifs vont commencer. Le 16 avril 1944, les juifs des Carpates, de la Ruthénie et du nord-est de la Hongrie sont parqués dans des ghettos. Cinq jours plus tard, Kasztner remet à Krumey et Hunsche le reliquat des deux cent mille dollars demandés d'avance pour l'exécution du plan Europa.

Dans l'ombre, les Allemands préparent les déportations vers les camps d'extermination de l'Est. Krumey autorise six cents juifs munis de certificat d'immigration pour la Palestine à quitter la Hongrie. Il propose d'autoriser le départ de cent autres juifs à condition que Kasztner et Brand paient trois mille dollars par tête. Les deux dirigeants sionistes remettent à l'Allemand une première liste de trente-cinq mille juifs candidats à l'émigration. Hermann Krumey les avertit qu'il doit en référer à l'*Obersturmbannführer* Eichmann qui se trouve à Budapest.

Le 25 avril, Brand arrive au café Ujpo où se tiennent ses réunions avec les Allemands. Il retrouve Joseph Winninger/Bégonia qui est arrivé la veille de Vienne où il a intercepté un homme de Dogwood, un agent des services secrets hongrois, Ferencz Bagyonyi/Pink, un proche du lieutenant-colonel Hatz. Winninger lui a confisqué le poste radio qu'il transportait, avant de le remettre en liberté... une liberté très surveillée.

Winninger ordonne à Brand de se rendre devant le café Opéra. Entre neuf et dix heures, une voiture doit venir le chercher pour le conduire chez l'*Obersturmbannführer* Eichmann, l'homme qui s'occupe de régler la question juive pour le Reich.

Brand contacte les responsables de son comité de secours. L'un d'eux vient à sa rencontre : « Tu dois obéir à cet ordre. Va voir Eichmann, plaide notre cause. »

Joël Brand sait qu'Eichmann est chargé d'appliquer la Solution finale aux juifs d'Europe. Depuis près de trois ans, son organisation est abreuvée de rapports en provenance d'Europe centrale. C'est bien pourquoi il a une idée très précise du plan de destruction en cours dans les territoires contrôlés par les Allemands.

Toute sa vie, Joël Brand restera hanté par sa rencontre avec Eichmann. La forme de ses yeux, de son visage, son bureau de l'hôtel Majestic. L'*Obersturmbannführer* Becher participe aux discussions. Joël Brand le connaît bien : tout l'argent qu'il a confisqué aux juifs en a fait un millionnaire. Il reste « deux millions de juifs en Europe, dit Eichmann à Joël Brand ; si les Alliés, Roosevelt ou Churchill les veulent, ils n'ont qu'à les prendre et me donner quelque chose en retour. »

Regardant fixement Joël Brand, Eichmann lâche :

« J'ai fait mon enquête sur vous. Vous êtes capable de réussir. Je suis disposé à vous vendre un million de juifs. Des marchandises contre du sang, du sang pour des marchandises. »

Par la suite, au procès d'Eichmann, Joël Brand se souviendra : « Il m'a dit avoir l'autorisation de ses supérieurs pour conduire ces négociations, je ne me souviens pas s'il a dit ordre ou autorisation. »

Les marchandises : dix mille camions, dix pour cent livrables à Budapest, le reste à une frontière neutre. Abattant son jeu, Eichmann ajoute que les camions ne doivent pas servir sur le *Westfall* (le front Ouest) mais uniquement contre les Soviétiques. Eichmann ajoute : huit cents tonnes de café, deux cents tonnes de cacao, huit cents tonnes de thé, deux millions de caisses de savon, et une quantité de tungstène à définir.

Au sortir de la réunion, Brand retrouve le comité de secours. Les nouvelles sont inquiétantes : les grandes rafles de juifs se poursuivent. Le comité veut du concret, pas des propositions pour les années à venir. Il veut des garanties : il n'y aura pas de ghettos, pas de déportations. On remet à Brand des listes interminables de juifs raflés, juifs dont les familles sont sans nouvelles. Peut-il faire quelque chose, demander aux Allemands de les libérer ?

Brand retourne voir Eichmann. Son bureau grouille d'officiers supérieurs. Eichmann voit Brand et lui hurle dessus : « Qu'est-ce que tu fais encore là ? » Les officiers supérieurs dévisagent Brand. Le jeune homme bredouille qu'il a oublié de régler le problème de ses papiers. Il lui faut une carte d'identité spéciale pour pouvoir se déplacer à sa guise. « Voyez ça avec Krumey. » Prenant son courage à deux mains, Brand lui fait part des épouvantables nouvelles qu'il vient d'apprendre, des rafles, des menaces de déportation. « Je rentre juste d'une tournée d'inspection dans le pays, dit Eichmann, je n'ai vu que des wagons pleins à craquer de pain pour vos juifs. »

Avant de revoir Brand, Eichmann fait un aller et retour à Berlin afin d'informer ses supérieurs de ce qu'il trame avec lui. Qui Eichmann a-t-il rencontré ? Brand n'a pas de doute : Eichmann est allé rendre compte au *Reichsführer* SS Himmler, responsable de l'application de la Solution finale. « On a parlé de Himmler, explique Brand. J'ai eu plusieurs conversations avec Eichmann, dont je me souviens parfaitement ; au cours de ces discussions il m'a dit que seul Himmler pouvait sauver les juifs, que Himmler sauverait les juifs. »

Fin avril 1944, Brand se prépare à partir pour Istanbul. Il envoie un télégramme à ses correspondants sur place pour avoir dans les délais les plus rapides deux visas d'entrée en Turquie, un pour lui et un autre pour Joseph Winninger désigné par Eichmann pour l'accompagner. Brand demande aussi à rencontrer de toute urgence de hauts responsables du mouvement sioniste afin de leur faire part de l'épouvantable proposition « marchandises contre sang[1] ».

Au même moment, à l'autre bout de la ville, trois des fleurs de Dogwood se réunissent dans le plus grand secret. Grosz retrouve les agents secrets hongrois Hatz/Jasmin, Bagyonyi/Pink ainsi que Kovess/Jacaranda qui est à Budapest depuis le 11 mars où il devait rencontrer Iris, une autre fleur, dans le but de lui remettre un des stylos truqués de Schwarz. Les trois fleurs savent qu'elles sont piégées, les Allemands peuvent les arrêter à tout moment.

Peu après, les Allemands jettent leurs filets et cueillent les fleurs de Dogwood piégées à Budapest. Grosz, Hatz

1. http://www.kasztnermemorial.com/timeline/time6.htm

et leurs amis hongrois sont arrêtés par les Allemands. Grosz est interrogé par « le *direktor* Schröder », le 1er mai 1944. D'un ton mielleux, le gros homme lui demande :

« Comment va mon bon ami Schwarz ?

– Je ne vois pas de qui vous voulez parler.

– Mais si... Schwarz... Istanbul, faites un effort.

– ?

– Allez, monsieur Grosz, inutile de jouer au plus malin, je suis au courant de tout ce que vous avez fait pour lui à Istanbul et à Budapest. Je sais tout.

– Je ne comprends toujours pas de quoi vous voulez parler.

– Allons, monsieur Grosz, vous me connaissez...

– Non.

– Je suis Fritz Laufer. »

Le ciel serait tombé sur la tête de Grosz qu'il ne serait pas plus abasourdi. Il ne connaît Fritz Laufer que de réputation. Et elle n'est pas bonne. De tous les protagonistes de cette histoire, il est sans doute le plus mystérieux. Son vieil ami Schwarz, le chef de Dogwood, parle de lui dans ses rapports comme d'« un bon reporter ayant accès à des sources d'information fiables ». À lire la présentation de Schwarz, Laufer serait un industriel tchèque implanté en Bulgarie, en Hongrie et en Turquie, spécialisé dans les montages financiers de « compensations » entre les Balkans et la Suisse. Schwarz dit que son ami, qui bénéficie d'une grande liberté pour voyager, est en contacts fréquents avec « les plénipotentiaires allemands pour les différents pays des Balkans ». Or Fritz Laufer est un important responsable de la Gestapo à Budapest, selon un chasseur de taupes de l'OSS.

Fritz Laufer est aussi Iris... sans conteste la plus vénéneuse fleur de Dogwood. Au début, il s'est présenté comme un ancien garçon de café d'origine juive. Mais rapidement les autres fleurs du réseau se méfient. Bandi

Grosz alerte le chef du réseau de l'OSS sur le drôle de jeu de l'agent trouble Iris. En vain. « Nous avons la preuve que Dogwood a été plus d'une fois mis en garde à propos d'Iris, mais a toujours ignoré les avertissements en répondant qu'Iris était un de ses meilleurs agents. »

Comme son collègue Joseph Winninger, Fritz Laufer était un membre de l'Abwehr jusqu'à sa dissolution en février 1944. Depuis, les deux hommes sont rattachés au SD dont ils ont adopté l'uniforme et, pour Laufer, les manières. Si Winninger est resté fidèle à ses principes en continuant de rançonner les juifs qui tombent entre ses griffes, Laufer a décidé de servir avec plus de zèle ses nouveaux maîtres du SD au point de gagner la confiance d'Eichmann. Joël Brand dit l'avoir vu à au moins une de ses rencontres avec Eichmann. Selon Brand, Laufer prenait une part active aux discussions. D'autres responsables sionistes affirment qu'il serait à l'origine de l'idée « marchandises contre sang[1] ».

Quand Laufer interroge Grosz, il a déjà jeté bas le masque. Il vient de faire arrêter le directeur général de Semperit, Franz Messner/Cassia, la fleur à la boutonnière autrichienne de Dogwood[2]. Mais il veut faire plus et mieux pour ses nouveaux maîtres. Grosz va lui fournir l'occasion de donner des gages de sa fidélité.

Fritz Laufer offre un marché à Grosz : « Je vous relâche si vous travaillez pour moi. »

---

1. Voir Yehuda Bauer, *Jews for Sale*, *op. cit.*, et Shlomo Aronson, *Hitler, the Allies and the Jews*, *op. cit.*

2. Franz Messner sera pendu à Dachau, le 23 avril 1945 ; cf. Yehuda Bauer, *Jews for Sale*, *op. cit.* Les deux historiens spécialistes du dossier s'interrogent sur la fin de Fritz Laufer, une fin aussi mystérieuse que sa vie. Yehuda Bauer affirme, en se fondant sur un témoignage oral, que Laufer a été tué en prison en 1945 parce qu'il en savait trop, tandis que Shlomo Aronson se demande si Fritz Laufer n'a pas été récupéré par les Américains à la fin de la guerre. Il aurait été employé dans le cadre d'une opération d'infiltration des services secrets soviétiques en Autriche.

Il lui demande d'espionner ses anciens collègues de l'Abwehr, Schmidt et Winninger, qu'il soupçonne de corruption. Il veut savoir combien d'argent ils ont pris à Joël Brand au début de l'invasion allemande de la Hongrie.

Grosz est libéré le 4 mai 1944. Il se rend au café Biarritz où les agents allemands se retrouvent régulièrement. Il retrouve Winninger, qui est en compagnie de Brand et de son collègue Rezsö Kasztner.

Lors de la conversation, Grosz apprend l'arrestation des trois fleurs hongroises de Dogwood, Hatz, Bagyonyi et Kovess. Grosz demande des explications à Winninger qui s'emporte en lui disant qu'après tout, il doit d'être libre à son intervention et à celle du Dr Schmidt.

Joseph Winninger est arrêté par Fritz Laufer le 7 mai 1944.

De nouveau le SD a eu raison des restes de l'Abwehr. Iris l'a emporté sur Bégonia. Brand n'a plus personne pour l'accompagner. Les nazis ont une solution de rechange : Bandi Grosz. Brand répond qu'il pourrait lui être utile. Il n'est jamais allé à Istanbul tandis que Bandi connaît toutes les ficelles. Les Allemands veulent un chaperon, va donc pour Grosz.

Joël Brand retrouve Eichmann à l'hôtel Majestic. Lors de la dernière conversation, Eichmann lui a demandé d'amener son épouse avec lui. Il veut faire sa connaissance : si jamais Brand doit quitter Budapest, c'est à elle qu'il veut avoir affaire et à personne d'autre. Elle devra venir le voir chaque jour. Le jeune sioniste s'est exécuté, la mort dans l'âme, il est donc ce jour-là accompagné de Hansi. « Eichmann a dit à ma femme qu'elle ne devait pas quitter Budapest, qu'elle et notre enfant devaient rester auprès de lui. Je ne me souviens pas s'il a employé le mot otages, mais son propos était clair. »

Le 15 mai 1944, Grosz rencontre Fritz Laufer. Il est accompagné d'un gros bonnet, le SS *Hauptsturmführer* Gerhard Clages, chef du SD à Budapest.

« Quels sont les meilleurs canaux pour négocier avec les Alliés ? demande Clages au contrebandier hongrois.

– J'ai un excellent contact avec les services secrets américains. Dogwwod, Schwarz.

– Je pense qu'il faut conduire ces négociations avec les Américains et non avec les Britanniques. Car ce seront les Américains qui dirigeront l'Europe après la guerre. Le président Roosevelt n'est pas le président Wilson. Cet après-guerre-ci n'aura rien à voir avec l'autre. »

Laufer n'est pas d'accord : « Les Britanniques sont aussi importants, dit le gros homme. De toute manière, les Américains ne font rien sans l'accord des Britanniques et vice versa, et l'idée de jouer les uns contre les autres est un non-sens. »

« On a aussi discuté de savoir si le SD devait négocier seul avec la Grande-Bretagne, expliquera par la suite Grosz. Mais cette idée aussi a été rejetée parce que les sionistes étaient mieux représentés aux États-Unis qu'en Grande-Bretagne et que l'Amérique trouverait à redire à toutes négociations impliquant les sionistes menées en dehors des représentants américains. » Finalement, les Allemands confient à Grosz la mission de préparer une réunion où Britanniques et Américains seraient représentés.

« À Vienne, Krumey te remettra une mallette, ajoute Laufer. Apparemment elle est vide mais elle contient des papiers, derrière la doublure. Tu dois la remettre à Schwarz à Istanbul. Tu ne dois pas l'ouvrir. Tu ne dois pas dire que je te l'ai donnée. Dis seulement qu'un gros homme te l'a remise à Budapest. Il y a une réponse. Tu dois la déposer au siège d'une de nos sociétés industrielles bidon. Tu ne dois pas dire à Schwarz que la firme n'existe pas et qu'en fait la réponse m'est adressée. S'il te le demande, tu lui diras que tu m'as vu une fois au café Pariset. Tu peux ajouter que tout ce que tu sais de moi, c'est que je suis un homme très puissant à Budapest et que j'ai beaucoup d'influence en haut lieu. Dis-lui que je ne te fais pas confiance. Dis aussi que c'est Kovess qui nous a présentés. »

Apparemment, Laufer ne veut pas que Schwarz sache que le contrebandier connaît son identité.

Ce même jour, Brand rencontre de nouveau Eichmann. La réunion est tendue : « Eichmann m'a dit que je n'avais plus de temps. Je devais partir immédiatement. Ce même jour il commence les déportations, douze mille juifs par jour. Il ne m'a pas dit tout de suite pour où, mais plus tard il me l'a dit d'une manière détournée. Il m'a indiqué qu'il ne pouvait plus attendre, que je devais me dépêcher et revenir rapidement. Il m'a dit : "Je commence aujourd'hui." Il a fait une promesse, celle de ne pas envoyer directement les gens à Auschwitz, mais en Autriche et en Slovaquie, pendant deux semaines. Il ne pourrait pas les garder plus longtemps "dans la glace", c'est l'expression qu'il a employée. Les personnes âgées et les enfants devaient partir ; les jeunes et les sains, on pourra peut-être les mettre au travail[1]. »

Quatorze jours. C'est le temps concédé à Brand pour arrêter le dernier grand compte à rebours de l'Holocauste. Passé ce délai, un million de juifs seront gazés. C'est ce qu'il croit. Il ne sait pas encore que la promesse d'Eichmann n'engage que celui qui la croit, à savoir lui. En fait les déportations commencent bien ce jour-là et les trains prennent la direction du centre de destruction d'Auschwitz.

« Il m'a répété plusieurs fois que je devais me dépê-

1. Déposition de Joël Brand au procès Eichmann, *Nizkor Project*, site internet antirévisionniste; http://www.nizkor.org

cher. Il m'a répété aussi qu'à mon retour il détruirait les installations à Auschwitz. »

Eichmann n'emploie pas l'expression « chambres à gaz », mais les deux hommes savaient bien ce que désigne le mot « installations ».

Eichmann ajoute ensuite cette proposition atroce : « Si vous revenez dans moins de quatorze jours, je vous en donne dix pour cent. » Dix pour cent d'un million de juifs, c'est-à-dire cent mille. Cent mille juifs arrachés aux chambres à gaz... « Je les livre dans un pays neutre, en Espagne, où vous voulez. »

« Cette offre, c'était une catastrophe, explique Brand. Personne dans les pays neutres ne croirait que cette offre était sérieuse. En même temps les déportations commençaient. Il m'a dit qu'il devait le faire. Il a simplement ajouté : "Je commence aujourd'hui." »

Brand pense pouvoir compter sur les représentants des mouvements sionistes à Istanbul. Il a reçu un télégramme encourageant lui annonçant que « Chaïm l'attend ». Il pense qu'il s'agit de Chaïm Herzog, figure de proue du mouvement juif mondial. Il en informe Eichmann qui y voit un signe d'espoir.

Eichmann parle ensuite des modalités de sa mission. Il explique à Brand qu'il a donné l'ordre à Bandi Grosz de l'accompagner à Istanbul. Grosz a pour mission de rendre compte et de surveiller. Brand ignore les connections américaines de Grosz, mais il sait qu'il est entre les mains de la section du SD commandée par le SS *Hauptsturmführer* Gerhard Clages. Ses soupçons vont se confirmer : derrière l'échange « marchandises contre sang » se profile une opération politique menée par Heinrich Himmler en personne.

« Dès le début, j'ai vu les dangers de la transaction proposée par Eichmann, mais j'ai refusé de me poser des questions. Je me suis dit : c'est trop beau pour être vrai. Je suis un très mauvais politicien. Nous savions qu'il y avait toutes sortes d'aspects secondaires, comme la division des Alliés ou encore la paix séparée. Je pourrais vous citer encore une dizaine de points. Il ne demandait rien d'avance, rien, pas même une cigarette. Il était prêt, lui, à faire une avance : "Je relâcherai ces [cent mille, *nda*] juifs." Il mettait un avion allemand à ma disposition. Je devais aller à l'étranger. Comment refuser une pareille offre ? »

En sortant, Joël Brand est sonné : « Eichmann était tellement pressé qu'il a rendu les choses encore plus difficiles, à commencer par mon voyage. Il me demandait l'impossible. » Brand a deux semaines pour sauver un million de juifs. S'il rentre à temps, cent mille hommes, femmes et enfants seront sauvés immédiatement. L'épouvantable compte à rebours commence.

Quelques heures plus tard, Grosz retrouve Clages, Laufer et Krumey. Hermann Krumey prend le passeport de Grosz, l'examine et lui dit de se préparer à partir avec Brand le lendemain pour la Turquie. Il ne lui manque plus que son visa de sortie du Reich que Krumey lui procurera à Vienne.

Grosz est attendu. Schwarz lui a envoyé un télégramme pour lui dire que son visa d'entrée l'attend à l'aéroport d'Istanbul mais qu'il devra payer le double du prix habituel. Il doit accompagner et surveiller Brand.

Mais Clages lui confie une autre mission. Il doit mettre sur pied une rencontre dans un pays neutre entre une délégation d'officiels américains, britanniques et des responsables du SD afin de négocier une paix séparée entre le SD et les Alliés. Grosz doit arranger la rencontre en se servant de ses contacts sionistes. Si cela ne marche pas, il peut avoir recours au réseau de Schwarz.

« Que se passera-t-il si je n'arrive pas à arranger de

rencontre même en passant par Schwarz ? demande le contrebandier.

– Je suis certain que tu y arriveras par toi-même si ces contacts sont purement militaires, répond Fritz/Iris/Laufer. Essaie d'abord de passer par les sionistes. Ils sont certainement intéressés par le sort des centaines de milliers de juifs qui est dans la balance. »

Le 19 mai 1944, l'*Obersturmbannführer* Krumey emmène Brand et Grosz jusqu'à la passerelle d'accès d'un avion de ligne allemand. Leurs noms ne figurent pas sur la liste des passagers. Avant d'embarquer, il dit à Brand : « Dites autour de vous qu'il n'y a pas que des officiers comme Eichmann dans les SS, mais qu'il y a aussi des personnes correctes comme Wisliceny ou moi-même qui ne ménageront pas leurs efforts pour que le marché soit tenu et feront tout pour sauver les juifs. »

Quelques heures plus tard, Grosz et Brand débarquent à l'aéroport d'Istanbul. Là, première surprise. Joël Brand s'attendait presque à voir Chaïm Herzog au pied de la passerelle. En fait, le Chaïm dont il est question dans le télégramme est Chaïm Barlas, leader sioniste local qui n'est pas habilité à lui permettre d'entrer en Turquie. Grosz et Brand n'ont pas de visas d'entrée. Ils sont retenus au poste de police de l'aéroport d'Istanbul.

Grosz perd patience, ses nerfs lâchent : « Nous ne sommes que des pions entre les mains des SS de Clages, hurle-t-il à Joël Brand. Nous ne savons pas la moitié de ce qui se passe. Les choses n'ont pas l'air de ce qu'elles sont. Pourquoi crois-tu que je suis là ? Sais-tu quelle est ma mission ? Je suis chargé de préparer le terrain pour une paix séparée. Cette histoire de juifs, c'est un pourboire, leur sauvetage fait partie des négociations. »

Grosz était attendu à l'aéroport par son épouse et un fonctionnaire de l'ambassade de Hongrie. Ils alertent Schwarz. Le réseau Dogwood entre en action... Peu après débarquent à l'aéroport deux responsables de la société de transports Antalya, deux hommes de Schwarz. Ils se portent garants pour Grosz qui peut entrer en Turquie, mais refusent d'aider Brand.

La femme de Grosz lui explique :

« Schwarz te donne l'ordre de couper les ponts avec Brand.

– Je ne peux pas faire cela. Je ne peux pas le laisser tomber ici », dit Grosz qui a pour mission de surveiller Brand.

Un pot-de-vin incite les autorités turques à plus de souplesse. Grosz et Brand sont admis ensemble sur le territoire turc à condition qu'ils aillent trouver Mehmet Bey, président d'Antalya, pour qu'il s'occupe de leurs visas d'entrée.

Une fois en Turquie, Brand se précipite chez les représentants de l'Agence juive pour la Palestine. Chaque fois, c'est la même réaction : l'incrédulité. « Personne ne voulait croire à ma mission. Mes camarades me disaient : "Joël, les nazis sont-ils vraiment en train de tuer autant de juifs que tu le dis ?" Les gens n'étaient pas prêts à nous croire. J'ai parlé à tous ceux qui le voulaient bien. J'ai mendié, j'ai négocié, j'ai parlé. Il n'y a rien que je n'aie pas tenté. C'était toujours la même chose, encore et encore. »

Au beau milieu des discussions, Brand reçoit un télégramme de Budapest. Il a confirmation que, comme Eichmann le lui avait annoncé, les déportations ont bien commencé le 15 mai 1944. Mais Eichmann n'a pas tenu sa promesse : les juifs sont envoyés directement à Auschwitz.

Après avoir alerté les responsables sionistes, convaincu qu'ils feraient leur possible pour alerter les Alliés, à commencer par l'ambassadeur américain, Joël Brand accepte l'idée de ses interlocuteurs turcs de rentrer en

Hongrie. Il craint le courroux d'Eichmann s'il arrive les mains vides (ce qui est le cas) et de toute façon le compte à rebours touche à sa fin. Il n'est plus question d'éviter que les déportés soient envoyés à Auschwitz ; s'il revient à temps, Brand pourra toujours réclamer les cent mille juifs dus. Grosz, de son côté, est loin d'avoir accompli sa mission. « Il supplie à genoux les Alliés de ne pas le renvoyer[1] », écrit le consul général américain d'Istanbul.

Les Turcs départagent les deux hommes en décidant de les expulser vers la Syrie, sous mandat britannique. Arrêtés à Alep, ils sont expédiés au Caire.

Le consul général d'Istanbul rédige un rapport qu'il envoie à Washington : « Brand dit être venu à Istanbul pour sauver les juifs de Hongrie. Il dit que dans de nombreuses régions du pays, tous les juifs sont parqués dans des camps de concentration ou dans des ghettos, et que dès que possible cette procédure touchera tous les pays. Il ajoute que douze mille juifs sont expédiés chaque jour en Pologne pour y être liquidés. Il est évident, poursuit le consul, que c'est la Gestapo qui est derrière le voyage de Brand. » Un rapport de l'OSS note que le 30 juin 1944, l'OSS Berne est entré « en possession d'informations donnant du poids aux soupçons que le plan Brand est une opération destinée à placer les Américains dans une position embarrassante vis-à-vis de leurs alliés et tout particulièrement l'URSS ». L'OSS Berne vient d'apprendre qu'une trentaine de juifs hongrois issus des meilleures familles du pays sont arrivés à Lisbonne en provenance de Berlin. Même si les deux affaires ne sont pas liées – les juifs hongrois, pour la plupart des industriels, ont été dépossédés de leurs biens avant d'être expulsés –, l'OSS cherche la faille.

La *Section Intelligence* de l'OSS à Washington met en

1. The Istanbul Mission, rapport du contre-espionnage X-2 de l'OSS.

garde ses antennes de Londres et de Madrid : « Des indices [laissent penser] que cela pourrait faire partie d'un plan mis en œuvre par deux agents doubles ; ils sont arrivés à Istanbul [Brand et Grosz, *nda*] avec la proposition incroyable d'échanger des camions américains et d'autres marchandises contre des juifs hongrois. Ce plan a un objectif politique : démontrer que l'Amérique préfère sauver des juifs hongrois plutôt que de gagner la guerre. » Dans un autre télégramme daté du 7 juillet 1944, X-2 Washington écrit à X-2 Caire : « Le projet est fait pour embarrasser les Alliés. Roosevelt est la cible principale, les nazis pourraient dire qu'il compromet son effort de guerre en sauvant les juifs. » Dès lors, aux États-Unis, l'affaire est suivie « au plus haut niveau par les autorités militaires et le Département d'État ».

Au Caire, Joël Brand est détenu dans une prison de luxe. Il passe ses journées à répondre aux questions du *Secret Intelligence Middle East*. Le soir, souvent, les officiers britanniques l'invitent à prendre un verre à leur club. Un soir, il se retrouve dans les jardins d'un club anglo-égyptien au milieu d'officiers. De nouveau, ce sont les mêmes questions : pensez-vous que les nazis les laisseront partir ? Combien sont-ils prêts à en libérer ? Mille ? Deux mille ? Brand est assis à côté d'un Anglais en civil. Il lui a été présenté mais il n'a pas retenu son nom. L'homme lui demande à son tour : « Combien de juifs les nazis laisseront-ils partir ? »

Jusqu'à présent, Brand minimisait. Mais cette fois, il lui annonce le chiffre lâché par Eichmann.

« Un million.

– Que voulez-vous que je fasse d'un million de juifs ! » répond l'homme avant de quitter un Brand pantois.

Son interlocuteur n'est autre que Lord Moyne, ministre résident britannique chargé de tout le Proche-Orient.

Informées le lendemain de l'arrivée de Brand à Istanbul, les autorités juives internationales prennent la proposition d'Eichmann très au sérieux. Moshé Shertok, le secrétaire politique de l'Agence juive, tente de rencontrer Joël Brand à Istanbul. Les deux hommes se manquent de peu pour des questions de visas. Moshé Shertok finit par rencontrer Brand à Alep le 11 juin 1944 après avoir attendu quatre jours avant de le voir. « J'ai vu notre ami, écrit-il, je l'ai interviewé pendant six heures. Je l'ai trouvé cent pour cent fiable. J'ai été très impressionné par la pureté de son caractère et de son esprit. »

Convaincus de la véracité des dires de Brand, les dirigeants sionistes frappent à toutes les portes. Moshé Shertok et David Ben Gourion, autre responsable du parti travailliste sioniste, rencontrent le haut-commissaire pour la Palestine, Sir Harold MacMichel. Le haut-commissaire rejette l'offre allemande en parlant d'une « intrigue nazie ». Quand Shertok fait remarquer que Brand risque de ne pas tenir les engagements pris auprès d'Eichmann, le haut-commissaire répond : « C'est la guerre. »

Le 6 juillet 1944, Chaïm Weizmann, porte-parole du mouvement sioniste mondial (favorable aux Britanniques), et Moshé Shertok rencontrent Anthony Eden. Les deux hommes pensent qu'on « peut encore gagner du temps maintenant que la catastrophe est sur nous ». « Il faut faire très attention, ajoute Eden. L'ennemi joue un jeu diabolique. » Informé de la proposition d'Eichmann, le cabinet britannique a manifesté son hostilité. Il ne faut pas aller trop loin dans les négociations. De plus, il faut entraîner l'Amérique et la Russie. Le cabinet a télégraphié à Moscou et attend une réponse. Une manière hypocrite de faire capoter l'opération : Eichmann ayant annoncé qu'il ne se servirait des camions que sur le front Est, on se doute que les Russes rejetteront la proposition. Ce qu'ils feront quelque temps plus tard.

Chaïm Weizmann et Moshé Shertok proposent un plan en plusieurs points. Ils veulent que les Alliés soient prêts à envoyer un émissaire pour discuter du sauvetage des juifs. Tout en reconnaissant qu'il y a une manœuvre de la Gestapo derrière un tel accord, Weizmann ajoute qu'il serait intolérable de ne pas faire le maximum d'efforts pour sauver les juifs. Si c'est une question d'argent, il faut payer.

Weizmann demande également aux Alliés de bombarder les voies ferrées menant de Budapest à Birkenau, ainsi que les camps de la mort de Birkenau. « Pour ce qui est du bombardement, souligne Eden, c'est du ressort du ministère de l'Air. »

Le 11 juillet 1944, l'Agence juive à Londres demande de bombarder Auschwitz : une telle action prouvera que les Alliés condamnent le meurtre des juifs et pourra entraîner des pressions en Allemagne même en faveur de l'arrêt des massacres.

Ce n'est pas la première fois qu'un dirigeant sioniste demande le bombardement des camps de concentration, à commencer par Auschwitz. Jusqu'à l'arrivée des Américains sur la côte adriatique, un tel bombardement n'était pas faisable. Depuis la base de Foggia, les bombardiers de l'US Air Force ont un rayon d'action suffisant pour atteindre le centre de destruction d'Auschwitz. Des vols de reconnaissance ont eu lieu depuis le mois d'avril 1944. À l'été 1944, les Américains bombardent Auschwitz, mais leur cible est le complexe de fabrication d'essence synthétique de Monowitz, à moins de dix kilomètres des chambres à gaz encore opérationnelles à l'époque. Par erreur, des bombes détruisent une baraque de SS au camp d'Auschwitz I[1]. Les bombardiers américains et britanniques ne prendront pas pour cibles

1. Voir Martin Gilbert, *The Bombing of Auschwitz*, New York, St Martin's Press, 2000.

le centre de destruction d'Auschwitz ni aucun autre : ils ne sont pas et n'ont jamais été des objectifs militaires.

Les délégués des organisations juives proposent également aux Britanniques de parachuter des centaines de combattants juifs en Hongrie afin d'enrayer la machine de mort. Les militaires approuvent mais les autorités font échouer l'opération pour des considérations politiques.

L'affaire Brand fut, dès le mois de juin 1944, un véritable casse-tête pour les Américains. Elle l'est encore.

Afin de résoudre le mystère, l'OSS X-2 s'est penché sur les liens qui pourraient exister entre le plan Brand et l'affaire Hatz. La présence de Grosz au cœur des deux dossiers l'y incite. Dans les deux cas il est question de chercher une paix séparée avec les Américains.

« Le SD était à l'époque le seul véritable pouvoir après avoir pris le contrôle complet de l'Allemagne et de ses territoires occupés, peut-on lire dans le rapport du X-2 déjà cité. Certains Allemands désiraient sincèrement une paix séparée avec les Alliés à la condition que leur sécurité future soit assurée. (...) Le SD pourrait ainsi dire à la Wilhelmstrasse qu'il se sert des juifs comme instrument pour obtenir du matériel de guerre et de l'argent pour l'Allemagne en omettant de mentionner que leur objectif secret était une paix séparée entre eux [le SD], les Anglais et les Américains. »

Le 13 novembre 1944, l'affaire Brand rebondit quand un officier allemand, Karl Marcus alias Carlsen se rend aux Forces françaises libres. Le 7 décembre 1944, après avoir récupéré sa liberté de mouvement, Marcus entre en contact avec les Britanniques par l'intermédiaire de l'attaché militaire chinois à Paris. Il affirme être un assistant et un envoyé spécial de Kurt Jahnke, ancien chef des services secrets personnels de Hitler sous Rudolf Hess puis conseiller politique de Walter Schellenberg, chef du SD.

« Marcus n'est pas un déserteur ordinaire, peut-on lire dans un mémorandum récemment déclassifié[1] adressé au chef de l'état-major interallié. Il se présente comme un émissaire politique de certains éléments allemands dissidents désireux de trouver un compromis avec les Britanniques et les autres alliés. Selon Marcus, ses sponsors croient que l'URSS, les États-Unis et la France souhaitent continuer la guerre pour détruire l'Allemagne, tandis que l'Angleterre est prête à travailler avec l'Allemagne pour contrebalancer l'influence soviétique. »

Personne n'est dupe de la mission de Marcus : « Elle fait partie d'un plan allemand pour casser les relations entre les Alliés. » Churchill autorise personnellement l'émissaire allemand à se rendre à Londres. « En raison du danger encouru si les Britanniques donnaient à Marcus le moindre signe d'encouragement, poursuit le rapport, il sera interrogé au SHAEF par des officiers britanniques en uniforme sur des questions militaires. Ces officiers ont pour instructions de ne pas prêter attention aux suggestions politiques que pourrait faire Marcus. Les autorités américaines, russes et françaises seront informées de l'évolution du dossier. »

Lors de l'un de ses interrogatoires, Marcus parle de Brand : « La mission de Joël Brand a été approuvée par Schellenberg, explique-t-il, et son but essentiel était de diviser les Alliés. Au départ, un certain Tibor von Kolassov s'est arrangé pour que quarante à cinquante juifs soient évacués au Portugal par avion à partir de la Hongrie, non sans avoir cédé tous leurs biens aux SS[2]. »

L'historien Richard Breitman, le premier à étudier ce

1. Memorundum of Information for the Joint Chief of Staff, Nazi Attempt to Contact British, 12/28/44. RG 226 E210 B364 L250/64/28/5.

2. Dictionary Information about the UK and Eire Interrogation 25, 5.4.45. British Document Protect. RG 226 E 109 1 66 190/7/7/3 XX 11587 - XX 11599.

document, explique : « Schellenberg n'avait pas juridiction sur la Solution finale de la question juive ; on ne peut pas affirmer qu'il aurait eu le pouvoir d'arrêter l'exécution en masse des juifs. [Et malgré l'offre d'Eichmann de stopper les déportations et les tueries, les trains de juifs continuaient de quitter la Hongrie pour Auschwitz pendant que Brand était à Istanbul, *nda.*] Mais si le fait d'envoyer Brand et Grosz à Istanbul avait pour but de créer des dissensions entre les Alliés, Eichmann aurait suivi la manœuvre de Schellenberg[1]. »

Joël Brand a longuement évoqué le marché « marchandises contre sang » lors du procès Eichmann qui s'est tenu à Jérusalem en 1961. « C'était une proposition épouvantable. Eichmann a détruit ma vie. Eichmann a mis sur mon dos un million d'êtres humains dont la plupart, je suis désolé de le dire, ont été tués par lui. D'un autre côté, nous ne pouvions pas rejeter l'offre de sauver des vies humaines. » Un document récemment déclassifié par le FBI donne raison à Joël Brand. Daté du 17 mai 1945, ce rapport fut jugé suffisamment important pour être distribué à divers responsables américains, dont le directeur du FBI, J. Edgar Hoover. « La source de l'information, est-il écrit, est un responsable d'organisation sioniste en Hongrie et un représentant de l'Agence juive. Après l'invasion de la Hongrie, il a été chargé par les organisations sionistes et les responsables des juifs hongrois de contacter les autorités allemandes pour alléger le sort des juifs en Hongrie. »

Il s'agit du Dr Rezsö Kasztner qui révèle alors aux Alliés ce qui s'est passé à Budapest lorsque Eichmann comprit que les Alliés rejetaient son offre. Ne voyant pas Joël Brand revenir, Kasztner établit le contact avec Eichmann à travers Hansi Brand, l'épouse de Joël. Devant Kasztner, Eichmann se livre à un numéro dont il est cou-

1. Richard Breitman, *US Intelligence and the Nazis*, *op. cit.*

tumier : « Il donne l'ordre de "démarrer" Auschwitz. » Le leader sioniste ignore-t-il qu'en réalité les chambres à gaz n'ont jamais cessé de fonctionner et que les juifs hongrois y sont gazés depuis mi-mai, contrairement à la promesse qu'Eichmann avait faite ? « En désespoir de cause, dit le rapport, Kasztner a rassemblé une fortune considérable en argent, or et bijoux afin d'arrêter les gazages. Eichmann lui a dit de remettre ce pot-de-vin substantiel à Becher. C'est ainsi que Kasztner est entré en contact avec Becher qui, contrairement à Eichmann, n'était pas intéressé que par l'extermination des juifs. À travers ses accords avec Becher, Kasztner dit avoir sauvé les vies de centaines de milliers de juifs. »

L'*Obersturmbannführer* Becher était avec Eichmann lors des premières discussions avec Brand. Il reprend le flambeau. Les négociations commencent en Hongrie en juin 1944. Kasztner obtient des nazis la libération de mille six cents juifs qui sont mis dans un train en direction... du camp de concentration de Bergen-Belsen. Le 21 avril 1944, Kasztner et Kurt Becher rencontrent Saly Mayer, représentant suisse de l'American Joint Distribution Committee (AJDC), la puissante organisation caritative juive américaine. En préalable, Saly Mayer exige la libération des juifs du train de Kasztner. Ce même jour, 318 juifs quittent Bergen-Belsen pour la Suisse. Cinq réunions plus tard, les dirigeants sionistes obtiennent la libération des 1 368 juifs restant à Bergen-Belsen ; ils arrivent en Suisse le 7 décembre 1944[1].

Le 23 décembre suivant, l'Armée rouge encercle Budapest. Les négociations entre les dirigeants sionistes et les hommes d'Eichmann se poursuivront entre la

1. Au début des années cinquante, Rezsö Kasztner est accusé par un journaliste israélite d'avoir vendu son âme au diable. Il attaque en diffamation. Avant la fin du procès, il est assassiné, le 3 mars 1954, par des extrémistes juifs.

Suisse et l'Autriche jusqu'à la libération de Budapest le 13 février 1945. Brand a retrouvé sa famille après la guerre. Il ne survivra pas longtemps à son témoignage lors du procès Eichmann.

Le 11 décembre 1944, Teddy Kollek, nouveau responsable de la section renseignements de l'Agence juive, revient sur l'affaire Brand dans un plan d'action adressé au responsable de l'OSS du Caire : « La visite de Kasztner en Suisse, au début du mois de novembre 1944, prouve que les contacts avec de hauts responsables nazis existent encore, comme du temps de Joël Brand. Le fait que les nazis tentent encore et encore d'approcher des organisations de secours, juives, neutres ou alliées, nous permet d'être en contact avec des cercles allemands très importants. Des gens comme Krumey, Laufer, Clages, qui sont considérés comme des responsables du mouvement clandestin nazi après la défaite allemande, sont derrière ces négociations. Sous le couvert de telles négociations sur l'aide ou l'échange de juifs, nous pouvons obtenir d'importantes informations pour les organisations alliées de sécurité [contre-espionnage, *nda*]. Il n'est pas impossible aussi d'arriver à attirer en Suisse, sous prétexte de négociations, des Allemands qui intéressent particulièrement les organisations alliées de sécurité. Nous sommes en possession de listes de nazis qui ont pris une part active dans la persécution et l'extermination des juifs, et on peut supposer que ces criminels trouveront refuge dans des pays neutres, comme cela s'est déjà passé [1]. »

Les Américains s'intéressent aux membres de cette liste. Pas pour punir les nazis. Pour surveiller leur nouvel ennemi... l'Union soviétique.

---

1. OSS USAF Middle East, Swiss Plan Submited by Jewish Agency, 24 décembre 1944.

DEUXIÈME PARTIE

Crimes sans châtiments

CHAPITRE 1

Gehlen et la CIA

La guerre n'est pas encore finie. Les premiers soldats américains pénètrent dans l'horreur concentrationnaire. Le 29 avril 1945, ils libèrent Dachau ; le 5 mai, c'est au tour de Mauthausen. Mauthausen où les chambres à gaz fonctionnaient encore le 28 avril 1945. L'opinion publique découvre enfin l'Holocauste. Mais la tragédie continue ; après être passés à côté de l'événement majeur de la guerre, les Américains sont confrontés à une épineuse question : que faire des bourreaux ? John Boker est l'un des premiers militaires américains à s'être trouvé en position de devoir y répondre.

Rien ne prédestinait John Robert Jr Boker au métier d'agent secret. New-Yorkais de bonne famille, diplômé de Yale à l'âge de vingt ans, ce grand diable d'Américain au visage ouvert, rieur, bien dans sa peau, se retrouve en 1945 capitaine de l'US Air Force chargé de conduire les interrogatoires des officiers allemands au camp de prisonniers de guerre de Wiesbaden. Un travail aux antipodes de celui qui l'attend aux États-Unis dans la prospère coutellerie familiale. « J'avais compris en avril 1945 que la situation politique et militaire allait donner aux Soviétiques le contrôle des pays de l'Est et des Balkans, et que pour nous commençait une période d'occupation militaire de part et d'autre de frontières communes[1]. »

Chargé d'interroger un certain nombre de pilotes de la Luftwaffe affectés à des missions de reconnaissance au-dessus de l'Union soviétique, Boker prend conscience que seuls d'anciens nazis, adversaires farouches des Soviétiques, pourront aider les Américains à combattre l'Union soviétique lors d'un conflit qui s'annonce inévitable. Il se heurte toutefois aux limites du système : les pilotes de la Luftwaffe n'ont pas été regroupés. Ils sont interrogés par des officiers qui n'ont aucun contact entre eux, et leurs archives ont été éparpillées.

Les armées américaines se préparent à poursuivre la guerre contre l'ennemi communiste. Déjà on parle de troisième guerre mondiale. Du côté des officiers américains, tout le monde se méfie de tout le monde, Boker voit des agents soviétiques partout. Ayant appris que certains de ses pilotes allemands ont été interrogés par des officiers de renseignement du Counter Intelligence Corps (CIC), Boker proteste auprès de ses supérieurs : « C'est une dangereuse brèche dans la sécurité, écrit-il, plusieurs membres du CIC sont pour le moins prosoviétiques. » Un argument qui aujourd'hui prête à sourire, quand on sait que ce corps d'armée spécialisé dans le contre-espionnage, à l'origine des opérations clandestines les plus échevelées de la guerre froide, est réputé pour son anticommunisme.

« De cette expérience, écrit Boker, il m'apparaît évident que c'est le moment idéal pour rassembler des renseignements sur les Soviétiques. [Au sein de l'armée américaine, *nda*], nombreux sont ceux qui s'opposent à

---

1. John Boker, « Report of Initial Contacts with General Gehlen's Organisation, 1er mai 1952 », in *Forging an Intelligence Partnership : CIA and the Origins of BND 1945-1949*, Nara, CIA Name Files, RG 263, vol. I, doc. 6.

la collecte du renseignement sur les Soviétiques. Il faut donc surveiller le personnel américain lui-même. Il est ridicule de tenter d'être plus efficace en matière de renseignement, si on sépare les documents des hommes qui les ont produits. »

Et voilà Boker bombardé expert en matière d'Union soviétique au sein du camp de Wiesbaden. Début juin 1945, il est chargé d'interroger un général allemand détenu à « la maison des généraux », Bodestedstrasse à Wiesbaden. Le nom du général, Reinhard Gehlen, ne lui dit rien ; en revanche, il n'ignore pas que sa fonction de général commandant en chef des *Fremde Heere Ost*, les armées de l'Est, a fait de lui l'espion numéro un d'Adolf Hitler à l'Est, donc contre l'Union soviétique.

En raison de leurs grades, les généraux allemands ne sont pour ainsi dire pas surveillés. Ils sont installés dans deux bâtiments. Le soldat américain à qui Boker demande de lui indiquer les quartiers de Gehlen fait plus fonction de concierge que de planton. Le général fait la sieste à l'étage après le déjeuner.

À lire le rapport de Boker, la première rencontre entre les deux hommes a un côté surréaliste. On imagine que la scène se passe dans l'atmosphère feutrée d'une maison allemande épargnée par les bombardements. À voir la manière respectueuse et courtoise dont l'officier américain traite le général allemand défait, la guerre est loin. L'Américain s'excuse d'avoir réveillé l'Allemand et lui demande de le retrouver sur la terrasse dès qu'il en aura le loisir. Peu après, les deux hommes prennent place sur un banc au soleil.

« Merci de me recevoir, mon général, attaque le capitaine Boker. J'aimerais parler avec vous des Soviétiques. J'ai entendu dire que vous dirigiez les services secrets militaires qui s'occupaient d'eux. Je ne sais pas grand-chose des Russes. J'ai un peu travaillé sur eux, ce qui me vaut la réputation usurpée d'être un expert en la matière. »

Boker ne peut pas mieux tomber. Depuis son arrestation, le 20 mai 1945, douze jours après la capitulation de l'Allemagne, le général tente en vain de convaincre les Américains qu'il possède des informations « de la plus haute importance pour eux[1] ». Il a enfin trouvé le bon interlocuteur. Sans doute ne laisse-t-il pas exploser sa joie. Tous les témoignages décrivent le général allemand comme un petit homme un peu terne et réservé.

Boker et le général partagent la même analyse : le prochain affrontement aura lieu entre les Soviétiques et les Américains et leurs alliés. « J'accepterais volontiers de collaborer avec les Américains dans la lutte anticommuniste », dit Gehlen à Boker.

L'Allemand se lance alors dans la description de son organisation, face à un Américain ébahi :

« Bien avant la fin de la guerre, explique Gehlen, j'étais arrivé à la conclusion que j'allais continuer le combat aux côtés des Américains. Je m'en étais ouvert à mes plus proches collaborateurs. Ces hommes clés de mon organisation ont été chargés de sauvegarder les archives de mon armée qui ont été cachées dans divers lieux, au sud de l'Allemagne, afin de vous les remettre le moment voulu.

– Mon général, j'ai bien conscience de l'importance de votre travail, dit l'Américain. Je pense comme vous qu'il faut reconstituer le plus vite possible votre armée et ses archives. Mais je dois d'emblée vous mettre en garde : il nous faudra d'abord convaincre les plus hautes autorités américaines. Dans de nombreux cercles américains, il y a une très forte opposition dès que l'on parle

1. Ian Sayer et Douglas Botting, *America's Secret Army*, Londres, Grafton, 1989.

de rassembler de l'information concernant nos alliés soviétiques. »

En quittant le général allemand, le capitaine américain se dit qu'il va devoir agir à la limite de la clandestinité. Pas question de recommencer les erreurs du passé. « Si Gehlen a vraiment l'organisation et les archives qu'il semble avoir, nous devons procéder avec beaucoup de précautions », se dit Boker.

Le soir même, le capitaine monte son équipe dans la plus grande discrétion : trois officiers et sous-officiers en qui il a une confiance aveugle.

Ainsi commence une des plus étonnantes affaires de l'après-guerre au terme de laquelle des centaines de criminels de guerre nazis vont contrôler un des rouages essentiels de l'État allemand. Avec l'aide de l'armée américaine, malgré la CIA. Car, dans cette affaire, le rôle des Américains est loin d'être simple. Sont-ils victimes, dupes ou complices de l'irrésistible recyclage des nazis de Gehlen ? Sans doute les trois à la fois. Le dossier Gehlen recèle encore bien des secrets. Les archives de la CIA, déclassifiées à partir de 2002, en livrent quelques-uns.

« L'histoire secrète de l'implication de la CIA dans l'organisation Gehlen a commencé dans les dernières heures de la Seconde Guerre mondiale, écrit l'historien de la CIA [1]. Au printemps 45, de nombreux officiers allemands avaient réalisé que leur cause était perdue, tandis que les Soviétiques se battaient dans les rues de Berlin et que les Américains et les Anglais se précipitaient au cœur du IIIe Reich. Le *Generalmajor* Reinhard Gehlen,

1. *Forging an Intelligence Partnership : CIA and the Origins of BND 1945-1949*, Nara, CIA Name Files, RG 263, vol. I, doc. 6.

ancien chef des *Fremde Heer Ost,* les armées étrangères de l'Est, le service de renseignements de l'Armée allemande chargé du front Est et des forces soviétiques, a planifié de survivre au *Götterdämmerung* de Hitler alors que le IIIe Reich s'effondrait. »

Né en 1902, Reinhard Gehlen est entré dans la Reichswehr, l'armée de la République de Weimar, au lendemain de la Première Guerre mondiale. Après avoir gravi tous les échelons, en 1942 il prend le commandement des *Fremde Heer Ost* (FHO), où il centralise les opérations de renseignements à destination de l'Union soviétique.

Quand le général Gehlen a-t-il compris que l'Allemagne avait perdu la guerre ? 1942 ? 1943 ? Son bras droit, Gerhard Wessel, situe cette prise de conscience très tôt. Le général n'en continue pas moins son combat pour le Reich. Mais, animé d'un anticommunisme viscéral, il prépare déjà l'après-guerre.

Mars 1945 : dans les ruines du IIIe Reich, le général Gehlen poursuit son combat contre les Russes. En mars 1945, il propose à Walter Schellenberg, responsable du SD, le service de renseignements des SS, d'organiser des poches de résistance en Pologne afin de gagner du temps et de préparer une reddition inévitable. Le général a déjà son plan d'action. Schellenberg soumet le plan de Gehlen au *Reichsminister* Himmler ; celui-ci le balaie d'un revers de main : « Je ne serai pas le premier capitulard du IIIe Reich. »

Peu après, Gehlen est présenté pour la première fois à Hitler qui lui demande son estimation sur la situation militaire à l'Est. Hitler n'aime pas la réponse de Gehlen, qui est relevé de son poste le 9 avril 1945.

Contraint de démissionner, le général Gehlen se voit offrir le commandement d'une division ou le titre de *Führereserve* des OKH. Il choisit cette dernière fonction qui lui permet de rester au sein des FHO. Il a trouvé une porte de sortie grâce à laquelle il ne renoncera en rien à ses convictions.

Dès le printemps 1944, peu de temps avant l'attentat contre Hitler, le général avait fait part à son bras droit Gerhard Wessel de son intention de mettre de côté les archives des FHO afin de les remettre aux Alliés après leur victoire.

Entre le 26 avril et le 2 mai 1945, Gehlen se rend chez le lieutenant-général Winter, chef du *Führergestaben* sud de l'OKW/OKH. « Le général Gehlen explique à Winter que la fin des hostilités n'est plus qu'une question de jours, et qu'en conséquence ses précieuses archives sur l'URSS courent le risque de finir entre les mains des Soviétiques ou d'être détruites par les Occidentaux. Dans le cadre d'un futur conflit inévitable entre les systèmes soviétique et occidentaux, Gehlen juge de son devoir de préserver le moindre dossier significatif de l'armée allemande sur l'Est. Il entend laisser passer les premiers jours de violences qui ne vont pas manquer de se produire après la capitulation, afin de préserver les archives et les hommes de la division FHO en se cachant dans les montagnes. »

Au mois d'avril 1945, les archives microfilmées ou photographiées quittent le quartier général de Gehlen à bord de camions bâchés qui se dirigent vers le sud de l'Allemagne.

Boker a-t-il pensé avoir entre les mains un des futurs fers de lance de la guerre froide ? Il réalise également que, côté américain, les choses ne vont pas aller de soi : « J'ai dit au général Gehlen qu'il me fallait "vendre" son organisation. » Dans un premier temps, Boker met Gehlen et ses hommes au travail : il les charge de rédiger un rapport sur leur activité de renseignement contre les Soviétiques.

Une première menace plane sur l'opération. Les Alliés ont accès aux listes de prisonniers, les Français les ont déjà réclamées. Boker se précipite chez son supérieur, le colonel Philip, et obtient que les noms de Gehlen et de ses hommes soient retirés des listes de prisonniers de guerre.

Boker obtient aussi l'autorisation de récupérer les hommes de Gehlen éparpillés dans divers camps de prisonniers de guerre. Il lui faut agir discrètement afin que les alliés des Américains ne réalisent pas qu'il est en train de reconstituer à Wiesbaden, au cœur du Reich défait, une division de l'armée allemande dans un but opérationnel immédiat. Muni des autorisations nécessaires et de lettres d'accréditation signées du général Gehlen, il se charge lui-même d'arracher les hommes de Gehlen à leurs gardiens en les prenant sous son autorité.

Basé au quartier général de la IIIe armée américaine à Bad Toelz, Boker sillonne les camps de prisonniers. En trois semaines, il rassemble l'état-major de Gehlen et surtout met la main sur les archives des armées de l'Est. Ou du moins ce qu'il en reste. Les archives avaient été disséminées dans huit caches. Trois d'entre elles ont déjà été découvertes. Le premier lot, comprenant des coupures de journaux soviétiques et des photos de personnalités, a fini brûlé. Boker récupère un deuxième lot au centre de documentation du XIIe corps d'armée juste avant qu'il ne soit expédié au centre de documentation anglo-américain de Hoescht où se trouvait déjà la troisième partie des archives Gehlen qui avait échappé à Boker.

« Nous avons volé ces documents au centre de Hoechst », confesse Boker qui reconnaît également avoir par la même occasion fait main basse sur des centaines de documents officiels de l'armée soviétique, vrais ou faux, mais surtout vierges de toute inscription. Un rêve d'agent secret. Dans la foulée, Boker rafle tous les livres en russe qui traînent dans les archives et constitue ainsi l'une des principales bibliothèques russes de l'Allemagne de l'après-guerre. Une bibliothèque classée secret-défense à disposition des hommes de Gehlen. Mi-juillet 1945, l'état-major de Gehlen est reconstitué et la plus grande partie des archives des FHO récupérée. « Nous avons trouvé une mine d'or », écrit Boker.

Après avoir reconstitué les services de renseignements des armées de l'Est en un temps record, Boker entreprend de transformer l'ancienne division nazie en unité active de renseignements de l'armée américaine. Un rêve fou mais réalisable. À partir de leurs archives, les hommes des FHO rédigent rapport sur rapport à l'intention de l'armée américaine : une monumentale histoire du renseignement allemand en Union soviétique, mais aussi des fiches sur l'armée soviétique, la production de tanks ou encore la démobilisation en URSS. Mieux, le général indique à Boker que les réseaux d'agents secrets allemands implantés en territoire soviétique sont toujours opérationnels. Leur chef, Hermann Baun, un Allemand né en Ukraine, chef d'une des sections du renseignement nazi (Stab Walli 1), était la coqueluche de la Wehrmacht. Mais Hermann Baun est introuvable. Gehlen sait qu'il est vivant, mais qu'il se terre quelque part en attendant de se rendre ou d'être capturé par les Américains.

Fin juillet le colonel Philip, le supérieur de Boker, est invité au nouveau quartier général de Gehlen pour un dîner informel au cours duquel, autour de quelques bonnes bouteilles de vin, Gehlen lui fait un exposé sur l'artillerie soviétique – une délicate attention, Philip étant officier d'artillerie. La soirée est douce, les hommes de Gehlen détendus ; ceux qui habitent non loin du quartier général ont désormais le droit d'aller voir seuls leurs familles. Pour les autres, Boker fait envoyer à leurs proches courriers et produits achetés dans des magasins américains.

Le colonel Philip est conquis. Il approuve l'idée de

transformer les anciens services de renseignements des FHO en unité opérationnelle de l'armée américaine. Reste à convaincre le général Sibert qui s'apprête à coiffer les services secrets de l'armée américaine pour le théâtre européen (G-2). Le premier contact entre Boker et Sibert est prometteur. Le général en chef du G-2 Europe est intéressé par l'offre de Gehlen. Par prudence, Boker et Gehlen ne lui ont pas parlé de Hermann Baun et des réseaux dormants des FHO en Europe et en Union soviétique. Tant que Baun n'a pas été retrouvé et mis à l'abri, ils jugent inutile de divulguer son existence.

Après avoir appris l'existence de Gehlen et de ses hommes, l'état-major de l'armée américaine tente de retirer l'opération des mains de Boker et la propose aux responsables de l'OSS[1], les services secrets américains. Ils sont certes les mieux équipés pour gérer une affaire aussi délicate, mais refusent : non seulement l'OSS est sur le point d'être liquidé, mais surtout les risques politiques inhérents à « l'emploi d'une unité de renseignements d'un ennemi déclaré contre une nation alliée déclarée[2] » les font reculer.

Un lieutenant-colonel affecté au quartier général du G-2 à Washington explique alors à Boker qu'il compte recommander à ses supérieurs au Pentagone d'expédier toutes affaires cessantes aux États-Unis les archives de Gehlen. Boker répond que le général Sibert a donné l'ordre de ne pas séparer les hommes de leurs archives. En vain. Il tente de raisonner le lieutenant-colonel, prétendant qu'il faudrait des mois pour rassembler des

---

1. Office of Strategic Services, l'ancêtre de la CIA.

2. « Memorundum for the Director Central Intelligence Group, subject Operation Rusty », 27 mai 1947, in *Forging an Intelligence Partnership : CIA and the Origins of BND 1945-1949*, Nara, CIA Name Files, RG 263, vol. I.

documents qui risquent fort de disparaître dans les flots de paperasse qui submergent Washington. Sans plus de succès. Il lui semble avoir marqué un point en invoquant une intervention politique d'un sénateur de l'Oklahoma.

Boker et Gehlen se préparent alors au pire et décident de continuer de taire l'existence de réseaux opérationnels sur le terrain.

Peu après, Boker reçoit l'ordre officiel de Washington de conduire Gehlen, ses hommes et leurs archives à la boîte postale 1142 à Washington, nom de code d'un des plus gros centres d'interrogatoires du G-2, situé au fort Washington Overlook, à Alexandria en Virginie. Boker tente de faire intervenir le général Sibert qui ne peut que s'incliner tristement face à un ordre écrit de Washington. À l'évidence, le lieutenant-colonel du G-2 a dû faire jouer ses relations pour parvenir aussi vite à ses fins. Seule consolation : on ne séparera pas Gehlen de ses archives. Boker décide alors d'abattre un de ses atouts et informe Sibert de l'existence de Baun et des réseaux opérationnels de Gehlen. Le départ de tous les hommes de Gehlen pour les États-Unis risque de faire perdre à tout jamais la possibilité d'intercepter Baun dès qu'il refera surface. Sibert accepte que Boker laisse un homme de Gehlen à Wiesbaden pour tenter de rétablir le contact avec Baun.

Le 21 août 1945, près de quatre mois jour pour jour après sa reddition, le général des armées de l'Est, suivi de ses six officiers d'état-major, de vingt caisses d'archives et du capitaine Boker, s'envole de l'aéroport de Francfort à bord de l'avion privé d'un général américain.

Deux *black maria*, gros camions noirs aux vitres teintées de sorte que personne ne puisse rien voir à l'intérieur, les attendent à l'aéroport national de Washington. Un pour Gehlen et ses hommes, l'autre pour les archives. Boker a ordre de se présenter le lendemain au Pentagone, au bureau du colonel chargé de la section documents. Boker réalise qu'en fait l'armée américaine n'est intéressée que par les archives.

L'après-midi de leur arrivée, Boker se rend au camp 1142. Il connaît bien l'endroit pour y avoir exercé la fonction d'officier interrogateur avant son départ pour l'Europe en juin 1944. Heureusement pour lui, c'est dimanche, la base vit au ralenti. Après avoir montré ses papiers à la sentinelle, il pénètre dans le vieux bâtiment réservé aux prisonniers à interroger. Le sergent de garde est une connaissance, Boker n'a aucun mal à rencontrer Gehlen qui a été placé dans une cellule d'isolement. Boker ne lui cache pas que la situation est terriblement confuse. « Je vais faire intervenir des contacts politiques, lui dit-il. Je vous promets de faire mon possible pour vous sortir de là. Il se peut que j'aie des difficultés à vous voir pendant un certain temps. Mais je vous ferai contacter par des amis qui travaillent ici. Vous allez être interrogé ; refusez de répondre à leurs questions, dites que vous ne voulez avoir affaire qu'à moi. Tenez bon. »

Boker ignore que Gehlen, ses hommes et leurs archives dépendent du German Documents Center Project, une vaste opération de collecte du renseignement et d'archivage menée dans le plus grand secret sur le territoire américain. Quatre cents prisonniers de guerre allemands y travaillent déjà ; parmi eux six généraux, trente colonels, une centaine de capitaines et de lieutenants, et deux cents soldats chargés des tâches subalternes. Gehlen et ses hommes font figure de pièce rapportée dans cette opération construite autour d'un noyau d'officiers d'état-major capturés par l'armée américaine alors qu'ils s'enfuyaient dans un train blindé à destination de l'Autriche.

Après avoir bataillé, Boker obtient que Gehlen et ses hommes soient extraits de leurs cellules d'isolement pour être placés dans une baraque vide du camp 1142, où ils vont passer près d'un an à rédiger des rapports sur l'armée soviétique. De son côté, à bout de forces, Boker finit par présenter sa démission et retourne à la vie civile.

Le Département d'État ayant décrété, en juin 1946, que tous les prisonniers de guerre allemands détenus sur le territoire américain doivent rentrer chez eux, Gehlen et ses hommes sont rapatriés et rassemblés à Oberursel, dans une bâtisse rapidement surnommée « la Maison bleue », le futur berceau de l'organisation Gehlen.

En Allemagne la situation a évolué. Hermann Baun, chef de la section Stab Walli 1 chargé de manipuler les réseaux d'agents secrets derrière les lignes soviétiques, a été arrêté par des soldats de la IIIe armée américaine. À l'annonce de son arrestation, les Russes demandent son extradition ainsi que celle de... Gehlen.

Pas question que les Américains obtempèrent. Baun quitte rapidement la Maison bleue pour se réfugier dans un pavillon de chasse, propriété de la famille Opel dans les monts Taunus. L'Armée américaine autorise Baun à ouvrir une station d'écoute des transmissions radio derrière le Rideau de fer et l'autorise à conduire des opérations de contre-espionnage à l'intérieur même du territoire ouest-allemand. Les Américains se heurtent rapidement à Baun qui a tendance à les considérer comme des clients alors qu'ils voudraient qu'il soit leur employé.

L'espionnage coûte cher. Très cher. Le général Sibert, qui chapeaute l'opération Gehlen, a obtenu une rallonge de deux millions et demi de dollars dont il sait qu'elle s'épuisera rapidement et qu'elle ne sera pas renouvelée. En conséquence, Sibert essaie de se débarrasser du problème en suggérant que les SSU[1] récupèrent Gehlen, Baun et leurs hommes.

1. Les Strategic Services Unit, bras armé des services secrets américains depuis la disparition de l'OSS.

Crosby Lewis, un officier des SSU, se rend donc au pavillon de chasse afin d'interroger Baun. Là, il a la désagréable surprise de découvrir que ce dernier n'est pas traité comme un prisonnier ordinaire mais comme un « hôte » et qu'il ne saurait être question de l'interroger[1]. Par la suite, l'officier des SSU s'aperçoit également qu'une partie de l'équipe de Baun est prisonnière des Soviétiques, ce qui n'est pas sans poser de sérieux problèmes de sécurité. Des agents de Baun ont même été arrêtés avec des documents compromettants.

Dès lors, Crosby recommande de ne pas se servir des réseaux de Baun, sauf à avoir un contrôle total de l'opération, ce qui est impossible. Pour lui, les projets de Baun sont « grandioses mais vagues », et surtout trop chers et impossibles à contrôler. « En se servant de ce groupe, écrit Crosby Lewis, [nous] reconstruirions une portion non négligeable des services secrets allemands, mais en suivant les conditions imposées par Baun. » Il n'est pas entendu.

L'armée fusionne les réseaux Gehlen et Baun. L'opération est baptisée d'un nouveau nom : Rusty. Le Pentagone raffole de Rusty et de ses rapports, ses demandes sont de plus en plus pressantes. La guerre froide étant déclarée, les Américains s'aperçoivent que l'Union soviétique est *terra incognita*. Ils sont assoiffés d'informations. Rusty les leur fournira.

« Outre l'Europe soviétique, écrit l'historien de la CIA, Rusty effectue des missions en Autriche et dans d'autres parties de l'Europe, en contact avec des émigrés anticommunistes et des Russes de l'armée Vlassov[2]. Les

1. Rapport du chef de mission Crosby Lewis au colonel Galloway 22 septembre 1946, Nara, CIA Name Files, RG 263, vol. I.

2. Andreï Vlassov (1900-1946), général russe. Fait prisonnier par la Wehrmacht lors de la bataille de Leningrad, il accepte de constituer une « armée russe de libération » (dix-huit mille hommes de diverses nationalités de l'URSS) fin 1944, pour lutter contre le bol-

rares officiers américains assignés à la Maison bleue connaissaient à peine l'identité des agents de Rusty[1]. »

On apprécie l'euphémisme : deux officiers américains sont chargés d'encadrer les six cents agents de l'organisation Gehlen. Autant dire qu'ils ne contrôlent absolument pas la situation. Comment assurer la sécurité d'une organisation censée être clandestine mais dont les membres n'hésitent pas à revendiquer haut et fort l'appartenance ? Comment vérifier la véracité des dires d'agents qui par ailleurs se livrent au marché noir et à la contrebande pour assurer leur survie ? La morale ne semble pas étouffer les hommes de Gehlen : un rapport de la CIA mentionne qu'ils pourraient bien avoir récupéré une partie du butin du train de l'or, un convoi chargé de l'or et des diamants des juifs hongrois massacrés à Auschwitz, dont une partie, estimée à plusieurs centaines de millions de dollars de l'époque (aujourd'hui des milliards de dollars), a tout simplement disparu. Jusqu'à peu, l'affaire était un des secrets les mieux gardés de l'après-guerre ; les archives récemment déclassifiées par la CIA lèvent un pan du voile de mystère qui entoure la disparition de cet effroyable convoi[2]. Nous y reviendrons.

Les agents de Gehlen se servaient tous de fausses identités. Un souci de discrétion dû essentiellement à leurs activités passées. La plupart des recrues de Gehlen étaient membres soit des Waffen SS, soit du SD. Certains étaient même recherchés pour crime de guerre en rai-

---

chevisme. Se retournant contre les nazis, Vlassov et son armée participent au contraire à la libération de Prague en février 1945. Ils furent forcés par les Américains de se rendre aux Soviétiques qui les exécutèrent ou les envoyèrent au Goulag.

1. *Forging an Intelligence Partnership : CIA and the Origins of BND 1945-1949, op. cit.*

2. Utility Notes, 7 octobre 1953, Nara, CIA Name File, RG 263, Box 17-18, Reinhard Gehlen.

son de leur participation à l'Holocauste. Combien d'anciens nazis ont-ils été recrutés par Gehlen ? Les historiens parlent de centaines.

Il faut attendre 1954 pour que la CIA se penche sur le problème. Pourquoi aussi tard ? Un rapport de l'époque répond : « Le nazisme dans le gouvernement allemand n'est plus un problème prioritaire. » À l'époque, Gehlen reconnaît officiellement que vingt-huit pour cent de ses hommes sont d'ex-nazis, en indiquant que ce chiffre est inférieur à la moyenne de l'administration allemande. Un chiffre corrigé légèrement à la hausse par la CIA qui, après avoir étudié les dossiers, en ajoute trois pour cent[1]. Mais les chiffres sont imprécis : ils concernent pêle-mêle les anciens membres des SS, du SD, des SA et du NSDAP, sans faire de distinction entre les criminels de guerre et les autres. Trente et un pour cent de nazis et autres criminels de guerre : cela veut dire qu'en 1946 leur nombre s'élevait à près de deux cents pour grimper à plus de mille trois cents quatre ans plus tard. Il y avait parmi eux des agents du SD (*Sicherheitsdienst*), des officiers de renseignements SS dont les méthodes, certes brutales, peuvent difficilement être assimilées à des crimes de guerre. En revanche, les archives déclassifiées par la CIA à partir de l'an 2000 permettent à ces mêmes historiens d'affirmer que certains des hauts responsables du réseau Gehlen ont pris part « aux pires atrocités » commises par le régime nazi[2]. Gehlen agissait en pleine connaissance de cause. Et les Américains ? L'affaire est plus compli-

1. Présentation de Gehlen devant le comité de l'Union occidentale, in *Zipper's Nazi Element,* 20 janvier 1954. Former Nazi and SS Membership in Zipper, Rapport daté de 1954, Nara, CIA Name File, RG 263, vol. I.
2. Tim Naftali, « Reinhard Gehlen and the United States », in *US Intelligence and the Nazis,* Nara, 2004.

quée : difficile de faire la part de la négligence et celle de l'approbation tacite.

Par exemple, la CIA n'ignore rien du passé du responsable de l'organisation pour les Balkans, Otto von Bolschwing. Elle sait qu'il joua un rôle très important dans l'élaboration de la Solution finale aux côtés d'Aldolf Eichmann, et n'ignore rien de ses responsabilités dans les pogroms qui ont décimé la communauté juive de Bucarest en 1941. Engagé par Gehlen en 1948, von Bolschwing était en fait une taupe américaine chargée de contrôler l'organisation pour le compte de la CIA[1].

Nombre d'autres criminels de guerre avaient trouvé refuge au sein de l'organisation Gehlen et tout particulièrement au sein de la *Dienstelle* 114 (ou GV-L), la section contre-espionnage, à commencer par Emil Augsburg, membre d'une unité de la Sipo chargée des *spezialle Aufgaben*, autrement dit des exécutions de masse en Pologne en 1939-40. Au GV-L, Augsburg était entouré d'une dizaine d'anciens de la Gestapo ou du SD.

La Dienstelle 12 (ou GV-C), chargée d'infiltrer des agents dans la zone soviétique de Berlin, était dirigée par Erich Deppner dont le nom reste associé à la déportation de cent mille juifs hollandais. À leurs côtés, d'anciens membres des *Einsatzgruppen*, les groupes opérationnels de Heydrich. C'est le cas de Konrad Fiebieg, ancien membre l'*Einsatzkommando* 9 responsable de la mort de onze mille juifs en Biélorussie.

Le passé des hommes de Gehlen n'a pas échappé aux officiers du Counter Intelligence Group (CIG) chargé d'évaluer l'opération Rusty. « Une des grandes forces du renseignement américain, peut-on lire dans un rapport daté du 16 octobre 1946, provient de la confiance dont

1. Un rapport de la CIA du 2 février 1961 souligne que lors de son passage chez Gehlen, von Bolschwing a montré sa loyauté envers les États-Unis.

ils jouissent dans les démocraties à travers le monde. Les Allemands, les Russes, leurs satellites et, dans une moindre mesure, les Britanniques ont au contraire employé la peur, les pressions directes et d'autres moyens (de coercition) dont l'argent. »

Le fait de se servir d'anciens ennemis pratiquement sans contrôle pose également un problème au rédacteur du rapport qui n'hésite pas à mettre en doute la réalité des réseaux dont Gehlen prétend disposer à l'Est, tant leurs informations semblent provenir de revues de presse. Le tout pour un coût disproportionné : deux millions et demi de dollars par an alors que le plus gros budget des services secrets américains en Allemagne, celui des SSU, est vingt fois inférieur.

Suivant les recommandations du CIG, l'état-major envoie Samuel Bossart, un officier rompu dans l'art du renseignement, procéder à une radiographie de l'organisation Gehlen. La tournée d'inspection de Bossart dure deux mois ; elle lui permet de rencontrer les principaux dirigeants de Rusty. Daté du 17 mars 1947, son rapport décrit une machine d'espionnage en parfait état de marche avec parfois des opérations pour le moins exotiques, comme ce réseau d'informations qui court le long des monastères de la mer Égée avec au centre le fameux monastère du Mont-Athos réputé pour son... silence.

Impressionné par la discipline toute germanique des hommes de Gehlen et par leur anticommunisme virulent, Bossart recommande la poursuite de l'opération Rusty sous la houlette du CIG. Pragmatique, il explique : « Si le groupe est contraint de trouver ses propres moyens de financement et s'il devient indépendant de l'aide financière américaine (...), nous aurions mis en marche une fantastique machine dont nous contrôlerions difficilement le chauffeur[1]. »

1. Rapport Bossart 17 mars 1947, Nara RG 236, Name File, CIA & BND, vol. II.

Au printemps 1947, le CIG est remplacé par la CIA. Son premier directeur, l'amiral Roscoe Hillencotter, réclame la liquidation pure et simple de Rusty, soulignant que « l'opération est très dangereuse du point de vue politique et du point de vue stratégique ; le personnel engagé dans l'opération Rusty forme un réseau très fort, une agence de renseignements très efficace et un groupe de résistance politique doté d'un réel pouvoir ; la poursuite de cette opération pourrait signifier le rétablissement de l'état-major allemand et du système de renseignement allemand [1] ».

Fureur des militaires. On est au bord du clash, le directeur des services secrets de l'armée, le général de brigade Stephen J. Chamberlin, exige que Hillencotter retire sa demande de saisine de l'organisme chargé de chapeauter les diverses activités de renseignements des Américains (NIA) et indique qu'il n'a nullement l'intention de parler de Rusty au secrétaire d'État à la Défense.

Contraint de prendre des mesures, le Pentagone remanie l'organisation Gehlen. Ayant senti le vent venir, le général sacrifie un fusible – Hermann Baun, le chef de ses réseaux à l'Est : non seulement celui-ci commence à lui faire de l'ombre, mais le général lui impute la responsabilité des dysfonctionnements de son organisation. Fin 1947, Rusty quitte Oberursel pour un petit village non loin de Munich, Pullach, où elle se trouve encore en l'an 2005. Un nouvel officier traitant arrive : le colonel Willard Liebel.

En parlant de Liebel, un rapport de la CIA, daté du 10 septembre 1969, précise : « Il n'est pas dans notre intention de soulever de vieux scandales, mais la liste de certains d'entre eux permet de comprendre l'incroyable

1. Big Gen EK Wright, Memorandum for the Record, 20 juin 1947, Nara RG 263, Box 1, CIA & BND, vol. II.

contre-performance des Américains [dans cette opération] et illustre les difficultés rencontrées par la CIA[1]. »

Liebel ne parlait pas l'allemand et détestait les Allemands. À jeun, il passait le plus clair de son temps à expliquer à Gehlen et ses hommes la bêtise de l'état-major allemand. Ivre, il cédait à ses penchants suicidaires : à Pullach, tout le monde savait qu'on l'avait trouvé un jour le canon de son revolver dans la bouche, le doigt sur la gâchette. Difficile dans ces conditions d'être obéi de Gehlen à qui il réitéra maintes fois l'ordre de lui remettre la liste de ses agents. Au bout de quelques mois, impliqué dans des trafics de monnaie et une sombre affaire de marché noir, le colonel Liebel est muté. Gehlen a un nouveau commandant américain, une vieille connaissance et un ami, le colonel Philip, qui était en poste à Oberursel jusqu'en septembre 1947.

La tâche de Philip ne fut pas facile, comme le fait remarquer un rapport de la CIA ; en effet, « l'armée n'avait pas assez d'officiers expérimentés et entraînés en matière d'opération clandestine ». Les rares officiers américains de renseignements affectés à Pullach étaient submergés par les tâches d'intendance. Il leur fallait s'occuper des coupons de ravitaillement, de gaz, du logement des agents et des diverses autorisations auprès des autorités alliées d'occupation, ce qui, à l'époque, dans une Allemagne dévastée par la guerre, n'était pas une mince affaire.

En octobre 1948, l'amiral Hillencotter est informé que l'US Army ne peut plus financer Rusty pour autre chose que la mise à jour de l'ordre de bataille soviétique. Que faire de l'organisation Gehlen ? La CIA hésite à laisser dans la nature ce qu'elle pense être une formidable machine de guerre bâtie sur les cendres des services

1. Débriefing d'Eric Waldmann, 30 septembre 1969, Nara RG 263, Name File Box 1, CIA & BND, vol. II.

secrets nazis. James Critchfield, le nouveau chef de l'antenne CIA de Munich, est chargé à son tour de rédiger un rapport de fond sur l'organisation Gehlen.

Critchfield arrive à la même conclusion que Bossart : impossible de laisser tomber l'organisation Gehlen. Trop risqué. En outre, il est lui aussi impressionné par les potentialités des réseaux Gehlen.

Critchfield se rend sur le terrain, visite différentes antennes de l'organisation, rencontre certains de ses dirigeants. On sait qu'il s'attarde tout particulièrement à la *Dienstelle* 114 (ou GV-L), la section contre-espionnage, où sévit un redoutable criminel de guerre, Emil Augsburg, recruté juste un mois avant l'arrivée de Critchfield sous le nom de Dr Alberti... S'il le rencontre, il ne le mentionne pas dans ses rapports. De même n'est-il fait nulle allusion aux anciens nazis et autres gestapistes qui forment le noyau dur du contre-espionnage de Gehlen. On sait en revanche que le responsable de la CIA rencontre le chef du groupe Hongrie, Paul Hodosy-Strobol, ancien responsable de la gendarmerie mis en place par les nazis après l'invasion de son pays en mars 1944.

« Au final, écrit Critchfield, Rusty marque le rétablissement des services secrets allemands sous la houlette du gouvernement de l'Allemagne, c'est-à-dire les forces d'occupation militaires. Les quelque quatre mille hommes qui composent Rusty sont un souci pour la communauté du renseignement ; il est probable que l'influence de Rusty aille en grandissant. » Pour Critchfield, Rusty est *un fait accompli*, que la CIA le veuille ou non. Même l'amiral Hillencotter, directeur de l'Agence, dont on connaît les réticences, est obligé de le reconnaître ; mais il fait savoir qu'il y va à reculons : la CIA, dit-il, n'est pas demandeur, c'est l'armée qui nous impose Rusty.

C'est ainsi que le 1er juillet 1949, la CIA prend officiellement le contrôle de l'organisation Gehlen avec l'approbation des plus hautes autorités américaines, le Conseil national de sécurité, le chef d'état-major Omar Bradley et le secrétaire d'État James V. Forrestal. L'opération change de nom de code. L'organisation Gehlen perd le nom de guerre de Rusty pour devenir Zipper. Dans les télégrammes de la CIA, les hommes de Gehlen s'appellent désormais les zipperistes.

Les choses se gâtent entre la CIA et Gehlen dès le début. L'Agence entend contrôler toutes les opérations mises au point par l'organisation. Pas question d'augmentation de budget avant d'y voir plus clair, explique Critchfield à Gehlen. En bons gestionnaires, les Américains demandent au général de mettre fin à certaines opérations jugées improductives en Autriche, en Scandinavie et dans les Balkans. Pis, la CIA entend passer l'organisation au crible, et réclame en conséquence les noms de tous ses agents et le détail de leurs opérations.

Ce n'est pas la première fois que les Américains le demandent à Gehlen. Jusqu'à présent, il s'en était toujours sorti sans trop de mal. Mis au pied du mur, il louvoie, temporise et inonde Critchfield de paperasses inutiles au milieu desquelles se trouve une liste soigneusement expurgée de cent cinquante de ses responsables[1]. Les dossiers remis par Gehlen concernent cent vingt opérations.

Par le passé, Gehlen a eu pour interlocuteurs des officiers de l'armée américaine peu rompus aux techniques du renseignement. Il lui était facile de les manipuler. Avec la CIA, les choses ne se passent pas aussi aisément. Critchfield déclare abruptement à Gehlen qu'« il est temps de reconnaître que son organisation est de seconde zone[2] ». Quatre-vingt-dix pour cent des cent

1. Memorandum to Dr Schneider, 20 septembre 1949, Nara RG 263, Name File Gehlen, Box 17.

2. Nara RG 263, Name File, *CIA and the Origin of BND*, Box 2.

vingt opérations dévoilées par Gehlen à la CIA sont jugées inutiles par Washington. Doit-on en conclure à l'inefficacité de l'organisation Gehlen ? À moins que, contraint de montrer ses cartes, le général n'ait choisi les plus faibles...

Après avoir réalisé que Gehlen ne lui révélerait jamais le nom de ses agents, Critchfield infiltre l'organisation. Il nomme Tom Lucid, un ancien officier du CIC, à la tête de la base Opération de Pullach (POB), l'antenne de la CIA établie à l'intérieur du QG de Gehlen. Première opération de Lucid : l'installation d'un appareil photo caché afin de photographier tous les agents de Gehlen [1].

Pour la CIA, l'enjeu est de taille : en mai 1950, une note de synthèse parle de la « position stratégique de la CIA » qui, en contrôlant les futurs services secrets allemands, dispose là d'un instrument majeur pour l'accomplissement de sa mission en Europe. Guerre froide oblige : les États-Unis ont fait de l'Allemagne leur première ligne de défense, ou d'attaque, face à l'Union soviétique. La CIA résume parfaitement son attitude face à Gehlen en lui attribuant un nouveau nom de code plus seyant : Utility.

« Depuis 1945, peut-on lire dans le même rapport, Utility [nom de code de Gehlen], d'obscur membre de l'état-major allemand, est passé à la position de stratège politique de premier ordre avec l'appui des conservateurs allemands et de certains industriels. Dans le même temps, il jouit de relations semi-diplomatiques avec les principaux services secrets occidentaux. Rien dans son passé politique ou sa carrière ne nous donne à pen-

1. Cité par Tim Naftali, « Reinhard Gehlen and the United States », in *US Intelligence and the Nazis, op. cit.*

ser que nous pourrions le contrôler à l'avenir. » À long terme, la CIA le voit même plus puissant que n'importe quel membre du gouvernement allemand. Les conditions sont réunies pour que la créature tente d'échapper à ses maîtres.

En 1950, quoique encore dépendant des autorités d'occupation, le gouvernement allemand se voit autorisé à créer officiellement son propre service de contre-espionnage, le Bundesamt für Verfassungsschutz (BfV), ou Office fédéral de protection de la constitution, aux pouvoirs équivalents à ceux du FBI. Au début du mois de mars 1950, le gouvernement du chancelier Konrad Adenauer crée la stupeur chez les Alliés qui occupent l'Allemagne de l'Ouest en annonçant son candidat pour diriger le BfV : Reinhard Gehlen.

Lors de la rencontre interalliée chargée de débattre du sujet, les échanges sont vifs : « Permettez-moi d'examiner la personnalité de Gehlen, dit le représentant français. Sa candidature ne va-t-elle pas à l'encontre de nos directives en la matière ? Voilà un général qui certes n'était pas membre du NSDAP, mais n'en a pas moins appartenu à la section III *Ost* [FHO]. (...) Donner la direction du BfV à un ancien membre de l'Abwehr laisse craindre une possible réorganisation de l'Abwehr sous une autre forme. »

« Nous non plus n'approuvons pas ce candidat, dit le représentant britannique. Nous sommes d'accord sur le danger représenté par la nomination d'un général qui a été pendant des années membre de l'Abwehr et l'un de ses plus jeunes généraux (...). Il y a un autre point important ; il concerne le domaine du renseignement extérieur : sa spécialité. Or il est proposé pour diriger un service chargé des affaires intérieures, à vocation défensive. (...) S'il obtient le poste, nous courons le risque de voir à l'avenir se développer des services de renseignements intérieur et extérieur combinés. Laisser les services de renseignements extérieurs et intérieurs concentrés dans les mêmes mains est contraire aux pratiques et aux principes britanniques. Voilà pourquoi nous nous opposons à la proposition des Allemands[1]. »

Soulagé par cette ferme objection britannique proférée par le général Haydon, les Américains s'inclinent en faisant remarquer que la nomination du chef du BfV est un sujet si délicat qu'il ne saurait souffrir de veto. Les Américains s'en sortent en rendant hommage au général Gehlen (« un homme capable d'assumer cette fonction »), mais sans avoir à préciser le fond de leur pensée qui ne sera exprimée que quelques mois plus tard dans un rapport top secret : « Utility est trop puissant pour qu'on accepte qu'il occupe ce poste. »

Dans ce même rapport, la CIA fait état d'un allié de poids pour Gehlen : une frange des services secrets français. « Utility est appuyé par une faction de droite des services secrets français [SDECE] avec l'approbation d'hommes politiques français de droite. Utility lui-même a fait des efforts importants pour travailler avec les services français tout en faisant savoir sa foi en l'entente franco-allemande. Nous avons les preuves que les services secrets français ont pénétré clandestinement [dans certains bureaux de Gehlen] et ont leur propre estimation de l'ampleur de l'opération Utility[2]. »

Finalement le chancelier Adenauer est contraint de battre en retraite et désigne le 4 décembre au poste de directeur du BfV le candidat des Britanniques : Otto John.

Un portrait croisé des deux hommes est élaboré par

1. Verbatim de la réunion du 28 mars 1950, *in* RG 263, Name File CIA, Box 1, CIA & BND, vol. II.

2. NIE on GIS, mai 1950, Nara RG 263, Name File, Box 1, CIA & BND, vol. II.

la CIA : « Utility est froid, puissant, déterminé, complètement préoccupé par son ambition personnelle, ambitieux sans talent et ne s'intéresse pas du tout aux choses culturelles ; il manque totalement de chaleur et de personnalité... Et ne boit jamais. Otto John est tout ce qu'Utility n'est pas, il a tous les talents et le charme personnel qui font défaut à Utility, mais il lui manque une certaine profondeur et l'investissement personnel total d'Utility. En dernière analyse, on peut soupçonner que John est le plus moral des deux, mais que là où Utility est un homme simple, résolu et pas compliqué, John est un être très compliqué, irrésolu ; il ne fait pas le poids face à Utility dans la connaissance de la politique du renseignement allemand[1]. »

Enfin, leurs choix mêmes pendant la guerre opposent les deux hommes : tandis que les armées de Gehlen poursuivaient leur combat à l'Est, Otto John trouvait refuge à Londres, fin 1944, après avoir participé au complot contre Hitler.

Sa nomination à la tête du BfV ne peut que susciter la colère de Gehlen qui le fait savoir en des termes crus aux Américains. Vingt-quatre jours après la nomination d'Otto John, Gehlen convoque James Critchfield et se lance trois heures durant dans une violente diatribe anti-américaine dont chaque mot est soigneusement pesé – « Utility parlant à partir de notes préparées », remarque l'agent de la CIA. Après avoir menacé plusieurs fois de démissionner, Gehlen annonce son intention de renvoyer les plus pro-américains de ses agents.

L'officier de la CIA ne répond pas. Dans son rapport, il indique qu'il « est difficile de déterminer s'il s'agit d'une réaction impulsive ou d'un pari calculé sur l'indé-

1. Rapport du 20 février 1952, Nara RG 263, Name File, Box CIA & BND, vol. II.

pendance d'Utility, compte tenu de l'importance vitale de [l'opération] en ces temps de crise mondiale[1] ».

Le 16 février 1951, la crise est à son apogée : deux des adjoints de Critchfield rencontrent Gehlen. À l'issue de la réunion, l'officier de la CIA câble à Washington : « Nous devrions, sans autres considérations, le renvoyer. Tout bien pesé, c'est peut-être la solution et c'est le moment. » Or ce n'était ni la solution ni le moment.

Pour régler la crise provoquée par Gehlen, les Américains envisagent de le « chasser par le haut », en l'envoyant à l'état-major. De fait, la situation politique internationale va sauver la mise du général. Après l'attaque de la Corée du Sud par la Corée du Nord en juin 1950 et le brusque durcissement de la guerre froide qui en résulte, le chancelier allemand Adenauer se pose sérieusement le problème du réarmement de son pays jugé trop vulnérable face à l'Est. Dès lors, la création de services de renseignements extérieurs est un impératif. Difficile, dans ces conditions, de se passer d'un des rares hommes capables de mener cette mission à bien, le général Gehlen, dont l'organisation apparaît comme l'embryon parfait des futurs services secrets ouest-allemands.

Reinhard Gehlen bénéficie en outre d'un appui précieux, celui du plus proche conseiller du chancelier Adenauer, Hans Globke, futur secrétaire d'État. « Éminence grise du gouvernement », pour reprendre l'expression qui figure dans son dossier de la CIA, Globke a un lourd passé. Les historiens lui attribuent un rôle important dans l'élaboration des lois de Nuremberg de 1935, forgées pour destituer les juifs allemands de leurs droits

1. Pullach to Special Operations 30 décembre 1950, Nara RG 263, Name File, CIA & BND, vol. II. On trouvera aussi dans le même dossier le compte rendu in extenso de la diatribe antiaméricaine de Gehlen.

civiques. Son interprétation des lois a même ouvert la voie à l'expropriation puis au massacre des juifs. Durant la guerre il travaillait en contact direct avec Eichmann, sur des problèmes regardant les communautés juives dans les territoires occupés par les nazis. L'ancien général des armées de l'Est de Hitler n'aurait pu trouver meilleur protecteur au sein du gouvernement allemand. Par deux fois au début 1951, Gehlen rencontre le chancelier Adenauer pour lui décrire le fonctionnement de son organisation.

Le 9 août 1951, un envoyé spécial de la CIA, sans doute Critchfield, rencontre Globke. « À la fin de la conversation, nous avons demandé à Globke confidentiellement si la personnalité d'Utility est acceptable pour Adenauer. Il nous a répondu oui de manière directe et chaleureuse. Il nous a dit que lui et Adenauer réalisent qu'Utility n'est pas Canaris, mais qu'Adenauer a été impressionné par l'analyse calme et objective d'Utility en matière de renseignement[1]. »

Dès lors, Critchfield s'emploie à renverser la tendance au sein de la CIA. Il sauve la tête de Gehlen. Mieux, il réussit à faire inviter le général aux États-Unis en octobre 1951 pour une visite semi-officielle de quinze jours. Traitant d'égal à égal avec les autres chefs du renseignement occidentaux, Gehlen demande à plusieurs reprises à rencontrer le nouveau directeur de la CIA, le général Walter Bedell Smith, ancien chef d'état-major d'Einsenhower pour l'Europe. Au final, après maintes négociations, il réussit à obtenir une rencontre de quinze minutes avec le directeur de la CIA, assortie d'une poignée de main plutôt distante. La froideur de l'entretien n'a pas échappé au général. Il n'en demande pourtant pas plus. La crise est terminée. La route qui va mener

1. Globke, compte rendu d'entretien, 10 août 1951, Nara RG 263, Name File CIA & BND, vol. II.

l'ancien général de Hitler à la tête des services secrets allemands est ouverte. Le diable Gehlen a fait plier les Américains. Ils ne vont pas tarder à le regretter.

La CIA, qui n'a toujours pas renoncé à obtenir la liste des agents de Gehlen, va trouver une ouverture à l'été 1952. L'Agence américaine réussit à infiltrer les contrôleurs envoyés par Bonn afin de vérifier la comptabilité de l'organisation Gehlen. Ainsi, en parcourant les notes de frais et les bulletins de paie, Critchfield et ses hommes réussissent à se faire une idée plus précise de l'organisation Gehlen et découvrent qu'elle héberge des centaines d'anciens nazis, membres du SD ou de la Gestapo, et des dizaines de criminels de guerre.

« La CIA s'attendait à ce que le gouvernement Adenauer légalise Zipper [nom de code de l'organisation Gehlen] assez rapidement, écrit l'historien de la CIA Tim Naftali ; l'Agence avait pour politique de considérer ces recrutements délicats comme une affaire interne allemande. Il n'y a pas de preuves que Washington ou Critchfield, à la station CIA de Pullach, aient essayé de faire pression sur Gehlen afin qu'il licencie les agents SS en raison de leur passé. Au début des années soixante, la CIA considérera ces anciens SS comme des cibles de la pénétration soviétique. Ce qui n'était pas le cas dans les années cinquante[1]. »

La CIA en est venue à se méfier des anciens SS à la suite d'une longue descente aux enfers qui a commencé le 13 février 1953 par la disparition du chef du contre-espionnage de l'organisation Gehlen (GV-L) pour Berlin, Wolfgang Paul Hoeher, un ancien SS. Contrairement à ce qu'affirmait Gehlen, Hoeher n'avait pas été enlevé par les Soviétiques mais était passé à l'Est. Au mois d'octobre de la même année, c'est au tour de Hans Joachim Geyer, un homme de Gehlen chargé des agents

1. In *US Intelligence and the Nazis, op. cit.*

à Berlin-Est, de passer à l'Est. Dans la foulée, les Allemands de l'Est annoncent l'arrestation de centaines d'hommes de Gehlen. Commence alors une étonnante opération de contre-espionnage restée enfouie dans les archives de l'armée américaine pendant près d'un demi-siècle.

En ce début d'année 1954, la guerre des espions fait rage sur le champ de bataille berlinois. La CIA fait creuser un tunnel afin d'espionner les conversations privées des Soviétiques et des Allemands de l'Est ; le 20 juillet, Otto John, le directeur du contre-espionnage allemand (BfV) qui l'avait emporté sur Gehlen, disparaît mystérieusement. On parle de passage à l'Est, il réapparaîtra un an plus tard en affirmant, sans être cru, avoir été enlevé. À l'intérieur de l'organisation Gehlen, où une véritable chasse aux taupes a lieu, les combats sont plus feutrés mais non moins violents. Les chasseurs de taupes sont au nombre de trois. La CIA et Gehlen lui-même bien sûr, mais dans l'ombre rôde un troisième participant non invité : le Counter Intelligence Corps, le service de contre-espionnage de l'armée américaine.

Depuis 1952, le Counter Intelligence Corps a lancé une opération d'infiltration du quartier général de Pullach. Nom de code : Campus. Le CIC dispose de plusieurs informateurs à Pullach dont certains ont accès aux informations les plus réservées.

En septembre 1954, le CIC recrute un informateur au sein du nid de taupes, Ludwig Albert, un ancien policier au passé nazi très chargé qui se trouve être l'un des responsables du contre-espionnage (GV-L) de Gehlen. Selon Ludwig Albert, les récentes défections ont compromis tous les réseaux Gehlen en territoire soviétique. Albert pense pouvoir débusquer les taupes soviétiques encore nichées à Pullach.

En novembre, Ludwig Albert remet à son officier contrôleur du CIC une liste de personnes qui, à l'intérieur de l'organisation, « représentent un risque pour la sécurité ». Et l'ancien nazi de désigner du doigt ses anciens camarades, ex-SS. Il croit même avoir démasqué une autre taupe ; il s'agit d'un autre responsable du GV-L, de surcroît ancien membre du SD nazi, Heinz Felfe. Dans son rapport, l'officier du CIC fait part de son impression : « Felfe et la clique du SD qui l'a suivi dans l'organisation sont des "ennemis". » Une impression fondée sur l'attitude de Felfe qui se trouve souvent dans des endroits où il n'a rien à faire, en train de poser des questions sur des sujets qui ne le concernent pas.

Le principal groupe du CIC basé en Allemagne, le 66e, ouvre une enquête sur Felfe et la clique des SD. Et arrive à la conclusion que soixante-dix pour cent des informations fournies par les Soviétiques sur l'organisation Gehlen lors de leurs campagnes de presse ne peuvent provenir que du groupe de SD qui entoure Felfe. Le CIC ne dit rien à personne. Surtout pas à la CIA et à son officier de liaison auprès du 66e CIC. Un rapport du 66e souligne que le CIC agit « comme si la CIA représentait une puissance étrangère autre que les États-Unis », écrit l'historien Tim Naftali. Le même rapport du CIC souligne que l'armée américaine risque d'avoir des problèmes si la CIA s'aperçoit que le CIC s'intéresse d'un peu trop près à l'organisation Gehlen.

Au début, la CIA ne se doute de rien. En 1956, un officier de la CIA rédige un rapport extrêmement favorable à Felfe qui est désigné sous le pseudonyme de Friesen : « J'ai l'impression que Friesen continuera dans l'avenir à être un des membres du contre-espionnage [de Gehlen] qui nous aidera le plus », écrit l'officier dans un excès d'aveuglement. De son passé d'officier du SD, l'agent de la CIA retient qu'il a travaillé dans des « opérations positives » contre la Suisse, voulant sans doute signifier par là que Felfe n'était pas un criminel de guerre, mais il évite de trop s'attarder sur son passage, tardif il est vrai (en 1945), au sein du SD en Hollande[1].

« Friesen est un caractère difficile à décrire. Sa vie est dominée par son ambition et son implication dans son travail. Il peut être réservé, imaginatif et énergique (...). »

Le 5 mai 1955, avec la fin du statut d'occupation, la RFA se dote d'un gouvernement souverain. Le 20 février 1956, le gouvernement allemand, avec la bénédiction des Alliés, donne enfin une existence officielle à l'organisation Gehlen en lui reconnaissant publiquement le statut de services secrets de la République fédérale et en lui attribuant le nom de BND (Bunesnachrichtendienst). Pour le reste, rien ne change, le quartier général du BND est à Pullach et ses agents ne sont autres que les hommes de Gehlen, Felfe compris.

Le correspondant de la CIA note alors dans le rapport déjà cité : « Cet homme a lié son avenir personnel à l'Ouest et a pris la décision de combattre l'idéologie communiste (...). Il ne serait pas étonnant que dans un futur proche il se révèle être un des dirigeants [du BND]. » De fait, quand Gehlen se rend en voyage officiel aux États-Unis en 1956, Felfe est du voyage.

En 1954, un transfuge soviétique, Piotr Deriabine, révèle à son officier traitant de la CIA que le KGB manipule deux taupes à l'intérieur de l'organisation Gehlen, dont il ne connaît que les noms de code : Peter et Paul. Mais ce n'est que trois ans plus tard que la CIA réalise

1. Son absence de curiosité fait écho à celle de la CIA qui, probablement par paresse, ne retient de la mission hollandaise qu'une participation à l'opération Pôle Nord, ce qui est techniquement discutable ; Pôle Nord – l'une des plus importantes opérations de désinformation de la guerre – ayant pris fin en 1943 avec le démantèlement du réseau.

que Felfe pourrait être l'une des deux taupes. Les soupçons de l'Agence sont confirmés en 1958 par Michal Goleniewski, un lieutenant-colonel de la Sécurité d'État polonaise. Ayant accès à bien des secrets du KGB, Michal Goleniewski a commencé par écrire à une des antennes de la CIA en Suisse, distillant avec soin ses révélations. Dans une de ses lettres, il donne des précisions sur les taupes implantées par le KGB dans l'entourage de Gehlen. Deux d'entre elles étaient du voyage officiel effectué par le général aux États-Unis en 1956. L'officier traitant de Goleniewski, Pete Bagley, se rend peu après au QG de Gehlen où il rencontre discrètement un des responsables de la CIA chargé de contrôler les services allemands. L'homme a démasqué les taupes ; il tend à Bagley les dossiers des suspects. Le premier concerne Felfe. Bagley remarque que Felfe est né à Dresde, ville rasée par les bombardements alliés avant la fin de la guerre (14 février 1945, entre trente-cinq et cinquante mille morts). Il aurait pu avoir trahi par haine des Américains. Felfe sera arrêté peu après le passage à l'Est de Goleniewski en 1961. Condamné à quatorze ans de prison pour trahison, Felfe est échangé au bout de six ans de détention contre des agents de l'Ouest capturés par les Soviétiques.

Felfe a été arrêté avec deux autres anciens membres du SD, eux aussi infiltrés par les Russes à l'intérieur de l'organisation Gehlen. Lors de leur procès, interrogés sur leurs motivations ils ont expliqué avoir accepté de travailler pour les Russes parce qu'ils détestaient « les Américains comme la peste ».

CHAPITRE 2

Dans l'ombre d'Eichmann

Les Américains ont longtemps fermé les yeux sur l'emploi de criminels de guerre nazis par les services secrets ouest-allemands par manque d'intérêt. En outre, poser des questions morales aux Allemands impliquait un examen de conscience auquel ils n'étaient pas prêts. Le désordre de l'après-guerre a engendré toutes les compromissions. Les Américains n'étaient pas les derniers à avoir employé d'anciens criminels de guerre. À commencer par le baron Otto von Bolschwing. Un homme retors dont les Américains réaliseront trop tard qu'ils n'auraient jamais dû l'employer.

Au mois de juin 1960, le baron Otto von Bolschwing se rend chez son ami le colonel à la retraite Ray Coggin. Les deux hommes se connaissent depuis près de quinze ans. D'abord professionnelles, leurs relations sont devenues amicales au fil du temps. Ils se sont connus dans les ruines de l'après-guerre, dans une Europe hantée par le spectre de l'affrontement avec les Soviétiques. Ils se sont appréciés lors de leurs combats dans l'ombre de la guerre froide. Depuis, ils ne se sont plus perdus de vue. Le colonel a parrainé l'arrivée du baron et de sa famille aux États-Unis il y a sept ans de cela, il a facilité ses démarches afin d'être naturalisé, il l'a aidé aussi à trouver un travail. Jouissant d'une retraite bien méritée, le colonel revoyait de temps à autre son ami et se félicitait de le voir enfin sorti d'affaire. Il n'aurait jamais pu imaginer que le baron serait rattrapé par un passé dont il dira ne pas avoir soupçonné la noirceur.

La réussite du baron von Bolschwing aux États-Unis a été spectaculaire. En quelques années, il est devenu directeur adjoint des exportations d'un gros laboratoire pharmaceutique américain, Warner Lambert. Désormais, c'est en première classe qu'il se rend en Europe pour ses voyages d'affaires.

À la fin du mois de juin 1960, le colonel reçoit une lettre de son ami le baron qui lui demande un rendez-vous de toute urgence et dans le plus grand secret. La démarche n'est pas banale. Peu après, le baron débarque chez lui.

En temps ordinaire, le baron porte beau : mince, élancé, à l'aise dans un costume gris, la cinquantaine altière. Or le colonel a du mal à reconnaître son ami. Les cheveux blonds gominés sont toujours coiffés en arrière sur une calvitie frontale, mais l'éternel sourire ne barre plus un visage émacié désormais creusé par l'angoisse. Une lueur dans le regard trahit la panique. Ce n'est plus le superbe aristocrate autrichien que l'on peut voir sur les photos d'un bonheur désormais lointain, celui du patron à qui rien ne résistait. Rien à voir non plus avec ses photos, aussi d'un autre temps, où jeune homme il affichait la morgue d'une race qu'il croyait supérieure ; personne alors ne songeait à qualifier le travail de l'*Hauptsturmführer* von Bolschwing de crime contre l'humanité.

« Il faut qu'on parle », dit le baron en entrant chez le colonel. C'est une question de vie ou de mort.

Au même instant, à des milliers de kilomètres de là, des officiers de la section contre-espionnage (CI) de la CIA sont à l'œuvre dans une ancienne usine de torpilles de la banlieue de Washington où depuis quinze ans sont entreposées sur près de dix kilomètres de rayonnages les archives les plus sensibles confisquées aux nazis et à la Wehrmacht en débâcle... Ils agissent sur ordre du légendaire James Jesus Angleton, grand amateur d'orchidées, de poésie moderne (avec une faiblesse coupable pour un Ezra Pound aux fréquentations ô combien fascistes), féroce chasseur de taupes surtout depuis la trahison de son ami Kim Philby, et enfin grand ami de l'État d'Israël.

Méthodiquement, les hommes du CI mettent de côté des centaines de dossiers ; d'ici peu, ils arriveront à celui du baron Otto von Bolschwing.

Un même événement relie le travail des agents du contre-espionnage de la CIA et la terreur du baron : l'enlèvement d'Adolf Eichmann revendiqué par le Premier ministre israélien David Ben Gourion devant la Knesset le 23 mai 1960. « Un des plus grands criminels de guerre nazis est dans une prison israélienne », a révélé le Premier ministre israélien, annonçant au monde l'enlèvement à Buenos Aires de celui qui se désespérait de n'avoir pu faire tuer que six millions de juifs dans les camps. Depuis, le baron Otto von Bolschwing en a perdu le sommeil : il croit que les Israéliens ont projeté de lui faire subir le même sort que son collègue et ami Adolf Eichmann. Ray Coggin tente de calmer son ami en proie à une véritable terreur panique : il ignore encore tous les liens qui unissaient le baron au principal artisan de l'Holocauste. La CIA aussi.

La CIA ne s'est intéressée que très tardivement à Eichmann. Contrainte et forcée. Dans les années cinquante, elle le confond avec un autre Eichmann, Karl de son prénom, lui aussi recherché pour crimes de guerre.

1953, première alerte. Un rapport du 20 octobre note : « Il y a une grande pression sur ce dossier, mais pourquoi ce dossier et pourquoi maintenant ? » D'éminents représentants de la communauté juive, relayés par un sénateur du New Jersey, pressent le directeur de la CIA pour que l'Agence lance ses hommes aux trousses de l'artisan de la Solution finale. Réponse : « La CIA suit les déplacements et les activités d'individus comme Eichmann, mais ce n'est pas notre travail d'appréhender les criminels de guerre et donc de jouer un rôle actif dans ce dossier ; toutefois, dès que nous aurons la moindre information, nous la transmettrons aux autorités compétentes [probablement d'Allemagne de l'Ouest] afin qu'elles prennent les mesures nécessaires[1]. » Or ce n'est pas tout à fait ce qui se passera.

Cinq ans plus tard, le 17 mars 1958, le général Gehlen, chef des services secrets ouest-allemands, reçoit un officier de la CIA. Au menu de la conversation, la reconversion des criminels de guerre dans le monde. Au détour d'une phrase, l'ancien général nazi lâche une information de taille : Adolf Eichmann est réfugié en Argentine où il vit sous le nom de Ricardo Klemens depuis 1952[2]. L'information occupe deux lignes dans le rapport rédigé par l'agent de la CIA. Pourtant, c'est bien sous ce nom que les Israéliens enlèveront Eichmann à Buenos Aires. deux ans plus tard. La CIA a-t-elle transmis l'information aux Israéliens ? Pas sûr, à en juger par la réaction de stupeur de ses dirigeants qui apprennent la nouvelle en même temps que le reste de la planète, le 23 mai 1960.

Washington, quelques jours après l'enlèvement d'Eichmann, rencontre discrète entre un agent de la CIA et un envoyé spécial du Mossad. « J'ai pris (XXX), révèle l'agent de la CIA, et l'ai conduit pendant une demi-heure afin de discuter affaires. J'ai arrangé cette rencontre dans l'espoir d'obtenir des informations sur la capture d'Eichmann. Richard Helms [un des diri-

1. Nara RG 263, Name File Eichmann, rapport du 20 octobre 1953.

2. Nara RG 263, Name File Eichmann, rapport du 17 mars 1958.

geants de la CIA] semble intéressé par toute information susceptible d'être transmise au directeur (...). Nous avons sans doute des documents nazis qui peuvent l'intéresser. »

La CIA fouille ses archives afin d'exhumer des éléments sur Eichmann. Le 24 mai 1960, le directeur envoie un câble au Berlin Documents Center (BDC) qui, sous le contrôle du Département d'État, gère les archives SS saisies par les Alliés. Une mine d'informations, « la meilleure sur le sujet », pour reprendre l'expression d'un agent de la CIA. « Le dépôt d'archives nazies d'Alexandria, Virginie, nous informe que le dossier 201 du SS Eichmann a été envoyé au BDC il y a quelques années. »

Dans l'ancienne usine de torpilles, les agents du Counter Intelligence (CI), aidés par les historiens de la CIA, passent en revue des millions de pages au sein desquelles ils exhument les archives du bureau des affaires juives de la SS qui, sous la houlette de Leopold von Mildenstein, planifiait dans les années trente l'élimination de l'influence juive en Allemagne. C'est là qu'Adolf Eichmann fit ses premières armes.

15 juin 1960, câble de la CIA au Mossad : « Afin de vous aider lors de vos interrogatoires du sujet et pour la préparation du procès, nous avons passé au crible les documents allemands saisis, à la recherche de matériels concernant le sujet. Nous vous envoyons le premier fruit de notre recherche qui consiste en deux parties : la première, des photocopies de documents traitant directement d'Eichmann, ou dans lesquels il est nommément mentionné, et la seconde, des photocopies de dossiers du service de sécurité SS couvrant ses opérations. Très souvent ces documents sont inclus dans des dossiers, nous avons photocopié tous les dossiers concernant le AB II 112 auquel Eichmann appartenait, même si tout n'est pas intéressant. Vous remarquerez qu'il y a dans

certains dossiers des résumés en anglais, ce qui indique que certains documents ont été microfilmés. Ces documents ont été retirés et confiés à la Commission des crimes de guerre. Pour le moment nous ignorons où ils se trouvent. »

Les agents du Mossad qui reçoivent les premiers documents sont déçus. Après avoir rencontré un membre des services secrets israéliens, un agent de la CIA note, le 15 juin 1960, dans un rapport : « Il ne veut pas une longue liste de noms comme on lui en a fait voir lors de son dernier voyage aux États-Unis, car il n'a ni le personnel ni le temps de traquer ces personnes et d'enquêter sur leur passé. Il m'a demandé si je ne pouvais pas lui fournir une liste de titres de documents dans laquelle il pourrait choisir les plus intéressants. Je lui ai expliqué qu'il était impossible d'accéder à sa demande car il y a quelque huit kilomètres de documents qui ne sont pas indexés en fonction des sujets et des personnalités. C'est au bout de bien des efforts et de recherches sélectives que nous avons été capables de retrouver certains documents que j'ai donnés à (XX) lors de notre réunion pour être transmis à (YY)... Ce n'est qu'un début, le reste doit suivre. »

Le directeur adjoint du contre-espionnage adresse une note au directeur de la CIA afin de faire le point sur l'opération. Pour reprendre l'expression de l'historien Tim Naftali, cette note déclenche l'alarme au dernier étage de Langley en Virginie, à la direction de l'Agence. Les agents du contre-espionnage ignorent en effet que certains des plus proches collaborateurs d'Eichmann travaillent ou ont travaillé pour l'Agence, à commencer par le baron Otto von Bolschwing.

Le 17 juin 1960, Allen Dulles, le directeur de la CIA, envoie un câble à ses stations en Allemagne leur recommandant la plus grande prudence sur la question Eichmann. Officiellement, le souci d'Allen Dulles est d'ordre opérationnel, et non éthique ou politique. Le directeur de la CIA craint que les Soviétiques ne fassent chanter les collaborateurs d'Eichmann recrutés par la CIA.

La CIA suit de près les remous provoqués en Allemagne par l'enlèvement d'Eichmann. La synthèse hebdomadaire des affaires en cours destinée au directeur de la CIA en date du 7 juillet 1960 lui est entièrement consacrée : « La capture d'Eichmann en Argentine a poussé le gouvernement d'Allemagne de l'Ouest à arrêter un certain nombre d'anciens nazis soupçonnés de crimes de guerre en partant du principe que de nouvelles preuves seront disponibles lors du procès d'Eichmann en Israël. Parmi les personnes arrêtées, le général SS Wilhelm Koppe, inculpé de complicité dans la mort de trois cent mille détenus du camp de concentration de Chelmno en Pologne, Hermann Krumey, un collaborateur d'Eichmann, et Adolf Heinz Beckerle, le représentant de Hitler à Sofia durant la guerre. En recouvrant sa souveraineté en 1955, Bonn a hérité de la responsabilité de poursuivre devant les tribunaux les criminels de guerre. En 1958, la RFA a créé un office central chargé de traquer les criminels de guerre. Environ douze cents personnes font l'objet d'une enquête ou ont déjà été arrêtées[1]. »

En juillet 1960, le chancelier envoie aux États-Unis des enquêteurs dirigés par le Dr Schüle afin de consulter les archives nazies saisies par les Américains. La CIA suit l'affaire de près. « Le gouvernement allemand est théoriquement le propriétaire légal de ces documents dont les États-Unis ont la garde, note un rapport[2]. Schüle aura un accès illimité sauf si nous décidons de classifier un document et donc de le rendre impossible à consulter. »

1. Nara RG 263, Name File Eichmann, Current Intelligence Weekly Summary, 7 juillet 1960.

2. Nara RG 263, Name File Eichmann, rapport du 9 août 1960.

9 août 1960. Déjeuner au Dupont-Plaza Hotel de Washington entre le major Seligman des services secrets israéliens et un dirigeant de la CIA. Ce dernier n'est pas content : Seligman a demandé officiellement aux archivistes américains copie du microfilm des archives sur Eichmann remis à Schüle. Invoquant des problèmes de déontologie, l'archiviste a demandé l'autorisation à la CIA.

« J'ai fait remarquer qu'il était malheureux que Seligman ait demandé le microfilm de Schüle, indique le dirigeant de la CIA dans son rapport. Je lui ai demandé pourquoi il avait fait cela alors qu'il savait que nous allions le lui donner. » Réponse de Seligman : « Dans le microfilm, il y a cinquante ou soixante documents dont on a besoin pour le procès Eichmann, mais on ne peut présenter un tel matériel que s'il est authentifié. » La CIA n'est pas en mesure de le faire, Seligman doit donc passer par les voies officielles et obtenir les documents auprès des archives qui pourront certifier de leur authenticité.

Finalement, il est convenu que la CIA remettrait discrètement une copie du microfilm de Schüle à Seligman. Un étudiant israélien s'installera aux archives afin d'effectuer des recherches « pendant plus d'un mois ». L'étudiant n'aura qu'à demander une copie certifiée des dossiers qui intéressent les Israéliens. « On espère qu'ainsi Selinger [nom de code de Seligman, *nda*] recevra le matériel sans que la CIA soit impliquée. »

La CIA s'est bien gardée de remettre aux Israéliens et aux Allemands le dossier le plus brûlant, celui d'Otto von Bolschwing. Un dossier qu'elle a récupéré en catastrophe. Le 15 juin 1960, un câble prioritaire demande au Berlin Documents Center un certain nombre de dossiers ayant trait à l'affaire Eichmann, dont celui d'Otto von Bolschwing. « Ces personnes sont du plus grand intérêt pour le quartier général [de la CIA] ; aucun effort ne doit être épargné pour rechercher et envoyer les documents le plus vite possible. N'attendez pas de tout avoir, envoyez-les au fur et à mesure. »

Ray Coggin a beau se plonger dans les souvenirs de ce que lui a raconté son ami et ancien agent secret, il ne voit rien qui puisse justifier une telle panique. Il tente de rassurer le baron : il est peu probable que les Israéliens viendront l'enlever chez lui. Il est citoyen américain, les États-Unis ne sont pas l'Argentine et, qui plus est, il n'est pas Eichmann. D'ailleurs, dans son CV que le colonel connaît, rien ne relie le baron à Eichmann. Alors de quoi a-t-il donc si peur ?

Certes le baron était un *alter Kämpfer*, un nazi historique. Sa carte du NSDAP a bien été émise avant 1933. Par la suite, essayant de se justifier, le baron donnera différentes explications ; d'abord il prétendra avoir adhéré uniquement pour construire une usine de ciment en Prusse, région contrôlée par les nazis. « J'ai traité cela comme une affaire mineure [1] », explique-t-il. Puis, dans un deuxième temps, il dira avoir adhéré beaucoup plus tard et avoir payé grassement le majordome de son frère, dignitaire nazi, afin de mettre son dossier à jour et régler des années de cotisations non versées. Le colonel croit se souvenir que le baron avait fait état d'au moins deux arrestations par la Gestapo, dont une en 1942, sans qu'il sache vraiment pour quels motifs.

Quand le colonel fait la connaissance du baron en 1945, ce dernier a brûlé son uniforme de SS. Il mentionne ses fonctions de chef de l'antenne roumaine du SD jusqu'en 1941 et ses affectations successives en Bulgarie, en Grèce et en Hollande. Mais il évite soigneusement de mentionner les crimes de guerre auxquels il est associé. En revanche, von Bolschwing revendique son

1. Nara RG 263, CIA Name File Bolschwing, Otto von, Box 7, location 2000/06/04, Grossbahn US Citizenship.

appartenance à un fantomatique groupe de résistants antinazis.

De plus en plus perplexe, Ray Coggin prend contact avec un officier du contre-espionnage de la CIA. Celui-ci lui fait voir le dossier von Bolschwing qui se trouvait dans l'ancienne usine de torpilles d'Alexandria. Ray Coggin se dit horrifié : « Si j'avais su cela, dit-il, jamais je n'aurais eu recours aux services de von Bolschwing[1]. »

Il ressort des archives un von Bolschwing quelque peu différent de celui que connaissait le colonel Ray Coggin. Même si elle l'a longtemps protégé, la CIA était au courant de la personnalité trouble du baron. Un rapport de la CIA détaille ce que l'on peut savoir de sa carrière au début des années cinquante. C'est-à-dire pas grand-chose et d'énormes zones d'ombre, la source essentielle des informations étant en effet von Bolschwing lui-même.

Les services alliés avaient entendu parler de von Bolschwing dès le début de la guerre. En octobre 1940, une source polonaise livre des informations à son sujet au MI-5 britannique. Il est basé en Roumanie et effectue de fréquents voyages à Berlin, accompagné de deux agents de la Gestapo qui lui servent de gardes du corps. Les rapports le décrivent comme « un homme à la peau pâle, visage longiligne, rasé de près, les cheveux blonds clairsemés, yeux bleus. Il mesure 1,85 m et pèse 78 kilos, très grand, mince, athlétique. Il préfère les beaux vêtements de coupe anglaise. On le décrit comme un soldat et comme un marchand ».

Von Bolschwing connaît bien la mentalité des Américains : il s'est rendu aux États-Unis avant-guerre, peut-

1. Nara RG 263, CIA Name File Bolschwing, Otto von, Box 7, location 2000/06/04.

être dans l'intention d'y émigrer. Il compte sur leur naïveté mais aussi sur le désordre de l'après-guerre pour dissimuler à tout jamais un secret qui pourrait lui valoir de sérieux ennuis. Un secret qui remonte aux années 1935-1936, « des années qui ne sont pas couvertes par son CV[1] », note la CIA qui souligne toutefois leur importance dans la carrière de von Bolschwing.

Pourtant, le secret aurait pu être découvert très tôt. « À la fin des hostilités, peut-on lire dans le rapport du CIC, une source fiable accuse von Bolschwing d'avoir appartenu au fameux *Sonderkommando* Eichmann. » Pourquoi cette « source fiable » n'a-t-elle pas été écoutée ? Pourquoi personne n'a pris la peine de poser à von Bolschwing la question qu'il redoutait le plus, celle de la nature de ses rapports avec Adolf Eichmann ? Les services compétents américains jugeaient-ils plus important de se préparer à la guerre avec les Russes que de châtier les bourreaux de l'Holocauste ? Faute d'avoir posé la question à temps, les services secrets américains vont se retrouver empêtrés dans l'affaire von Bolschwing quinze ans plus tard, au lendemain de l'enlèvement d'Eichmann par les Israéliens.

Peu après l'enlèvement d'Eichmann, la police allemande arrête un ancien SS, Leopold von Mildenstein. Von Mildenstein affirme être un agent américain. Les Allemands se disent prêts à le libérer si tel est le cas. Consternation : Leopold von Mildenstein est l'ancien patron d'Adolf Eichmann au bureau des affaires juives de la SS.

Sur son CV, il mentionne avoir travaillé au ministère de la Propagande de Joseph Goebbels à compter de 1937 ; il était chargé de la propagande antisémite à destination des pays arabes. Après la guerre, ses talents de

1. Nara RG 263, CIA Name File Bolschwing, Otto von, Box 7, location 2000/06/04.

propagandiste s'expriment dans un autre domaine, au service de Coca-Cola Allemagne, puis du FDP, un parti politique allemand très lié aux industriels. Puis, en 1956, Nasser le fait entrer à la station de radio La Voix des Arabes... Les archives de l'Agence attestent que Leopold von Mildenstein était en contact avec la station de la CIA de Francfort en 1954. « La CIA avait raison d'être préoccupée par l'affaire Mildenstein après la tempête déclenchée par la capture d'Eichmann, explique l'historien Tim Naftali, mais elle n'avait aucune raison d'être surprise. Le quartier général de la CIA avait en effet embauché des nazis pires que celui-là. »

L'arrestation de Leopold von Mildenstein ne fait qu'accroître la terreur panique du baron von Bolschwing qui voit le piège se refermer sur lui. Leopold von Mildenstein, un nom sorti d'un passé pas si lointain, un des liens avec Adolf Eichmann.

Quand les Israéliens demanderont à Adolf Eichmann qui est à l'origine de l'émigration des juifs d'Allemagne vers la Palestine dans les années trente, l'artisan de la Solution finale répond : « L'idée vient de l'*Untersturmführer* von Mildenstein et d'un certain M. von Bolschwing. L'un d'eux a très certainement vécu en Palestine ; quant à l'autre, von Mildenstein, je l'ignore[1]. »

Otto von Bolschwing a effectivement vécu en Palestine. Il ne s'en est d'ailleurs pas caché auprès des Américains en 1945. Mais il ne leur avait pas dit ce qu'il y faisait exactement. Il prétendait s'être rendu à Jenine afin de rechercher un trésor caché par l'armée allemande lors de la Première Guerre mondiale. Un trésor ? Des rapports des services secrets américains affirment que von Bolschwing aurait monté son expédition en extorquant des fonds à des personnes crédules en Alle-

1. Trial of Adolf Eichmann Session 90 26 Tammuz 5721 (10 juillet 1961).

magne. Les fonds dilapidés, il n'aurait pas osé rentrer en Allemagne et se serait lancé dans les affaires en Palestine [1].

Deux ans après son arrivée, il possède une société de construction à Haïfa avec la femme de Martin Bormann [2], futur dauphin de Hitler. Il fait la connaissance d'un agent du SD, le service de renseignements des SS, Leopold von Mildenstein, en mission spéciale en Palestine. Von Mildenstein était officiellement chargé d'écrire une série d'articles sur le sionisme pour le journal de Joseph Goebbels. Titre de la série : « Un nazi visite la Palestine [3]. » Von Mildenstein rentre à Berlin en 1935. Reinhardt Heydrich, chef du SD, le nomme à la tête du département II-112, le bureau des affaires juives, et von Bolschwing devient ainsi son émissaire en Palestine.

« La Palestine, explique Allan Ryan, procureur fédéral américain chargé de la traque des nazis, était une des régions où le SD était le plus actif. Son agent, le Dr Reichert, correspondant de l'Agence d'information allemande, avait des sources auprès des Arabes et des juifs. C'est Reichert qui a présenté von Bolschwing au SD [4]. » Ce dernier commence à travailler pour le SD et inonde Mildenstein de rapports qui sont expédiés à Berlin. Certains finissent sur le bureau de Himmler.

Selon Dieter Wisliceny, un des plus proches collaborateurs d'Eichmann, Otto von Bolschwing gravit rapidement les échelons du SD en Palestine, au point d'en

1. Rapport du 25 février 1948, RG 263, Name File Bolschwing, Otto von.

2. Rapport du 28 septembre 1953 to Chief EE from Chief Salzburg, Otto von Bolschwing, Local Traces, in RG 263, CIA Name File Bolschwing Otto von, Box 7, location 2000/06/04.

3. Voir le remarquable ouvrage de Tom Segev, *Le septième million*, Paris, Liana Levi, 1991.

4. Allan Ryan, *The Quiet Neighbours*, *op. cit.*

prendre la direction avec Reichert. « Reichert avait de bons contacts dans les milieux arabes, spécialement avec le grand mufti de Jérusalem, tandis que von Bolschwing travaillait plus sur le secteur juif[1]. »

1936 : les Britanniques, puissance mandataire en Palestine, ne renouvellent pas le permis de séjour de von Bolschwing, sans doute après avoir découvert son appartenance au SD. Il rejoint alors son ami l'*Unterführer* von Mildenstein à Berlin. Quand il arrive à Berlin, les dirigeants du Reich n'ont pas encore trouvé la manière la plus efficace de se débarrasser des juifs. Ils tâtonnent. Un arsenal législatif restreint les droits des juifs. Dans les rues, la tension monte. Le département II-112, dirigé par Leopold von Mildenstein, est chargé de trouver une solution au problème. Le 12 janvier 1937, Otto von Bolschwing rédige une note de dix-sept pages dans laquelle il explique comment « purger » l'Allemagne des juifs en leur interdisant toute activité économique pour les forcer à émigrer vers des pays « d'importance mineure », comme l'Équateur, la Colombie, le Venezuela ou la Palestine.

« Les supérieurs de von Bolschwing sont impressionnés par sa longue expérience pratique, affirme Allan Ryan. Ils lui demandent de rédiger un texte plus abouti afin de le soumettre à Himmler. » Quelques mois plus tard, souligne Allan Ryan, une série de lois sur l'aryanisation restreint un peu plus les possibilités de travail des juifs en Allemagne.

Au quartier général du SD, von Bolschwing fait la connaissance d'un protégé de von Mildenstein, un obscur « fonctionnaire », futur architecte de la Solution finale : Adolf Eichmann. Jusqu'en 1935, Eichmann travaille au département francs-maçons du SD avant d'être

1. RG 263, Name File Eichmann, interrogatoire de Dieter Wisliceny, Bratislava, 2 décembre 1946.

muté au II-112 chargé des affaires juives, sous les ordres de von Mildenstein.

Von Mildenstein et von Bolschwing vont changer la vie d'Eichmann. Des années plus tard, lors de son procès à Jérusalem, il en parle comme de mentors. Les deux aristocrates l'initient « au problème juif ». Les trois hommes parlent d'envoyer tous les juifs en Palestine...

En novembre 1937, Eichmann embarque pour le Proche-Orient avec Herbert Hagen[1], le successeur de von Mildenstein parti rejoindre le ministère de la Propagande de Goebbels, à la suite, semble-t-il, d'un conflit avec Heydrich[2].

Munis de visas de touristes, les deux hommes prévoient de rester en Palestine pendant deux semaines afin de rencontrer divers interlocuteurs dont le grand mufti de Jérusalem[3]. Les Britanniques ne les autorisent finalement à rester que deux jours. Après une halte à Haïfa et Tel-Aviv, ils partent pour Le Caire où ils rencontrent des journalistes arabes, un envoyé du grand mufti et surtout un des contacts de von Mildenstein et von Bolschwing dans les milieux sionistes : Fievel Polkes. On ne sait pas grand-chose de cette rencontre pour le moins hors nature. Les contacts entre les nazis et Fievel Polkes retiennent l'attention car ils s'inscrivent dans le cadre de la lutte antibritannique menée par les organisations armées sionistes, à commencer par la plus puissante d'entre elles, la Haganah.

Dans un document déclassifié en 2000, la CIA mentionne un rapport rédigé par Eichmann en 1937 : « Celui-ci affirme que Fievel Polkes était sans profession

1. Par la suite, Hagen sévira à Paris avec le grade de SS *Sturmbannführer.*

2. RG 263, Name File Eichmann, interrogatoire de Dieter Wisliceny, Bratislava, 2 décembre 1946.

3. RG 263, Name File Eichmann, memorandum State/OCR Subject Eichmann Adolf, 21 juillet 1960.

et qu'il dépendait de l'argent que "nous lui payions" (...). Il recevait vingt livres par mois. Dix livres comme salaire mensuel, cinq livres de paiement spécial, et cinq autres livres pour payer un de ses agents (...). Le rapport affirme que Polkes avait un agent membre de la Haganah. »

La CIA cite un autre document émanant du département des affaires juives, un rapport d'étape du 1er au 31 juillet 1937, qui affirme que la mission de Polkes « était de fournir des informations sur la Haganah ».

« Il est difficile de savoir avec certitude quelle position occupait Polkes dans la Haganah et s'il en avait vraiment une, écrit Tom Segev. Il prétendit que cette histoire avait été fabriquée de toutes pièces et qu'il avait rencontré Eichmann et ses compagnons pour des affaires, de sa propre initiative. » Citant les archives de la Haganah, Tom Segev parle d'un épisode mineur et insignifiant.

De son côté, le procureur fédéral Allan Ryan affirme que Polkes et Eichmann ont évoqué la possibilité d'un accord secret entre la Haganah et les SS. Les juifs allemands seraient autorisés à émigrer en Palestine ; en échange les organisations sionistes favoriseraient « les intérêts allemands au Proche-Orient ». Rien dans les archives ne permet d'accréditer l'idée d'un tel accord.

« En 1937 ou 38, note un rapport de la CIA [von Bolschwing], est directement impliqué dans des manipulations de devises étrangères. À l'époque, les nazis exerçaient des pressions sur les juifs pour qu'ils quittent l'Allemagne. De nombreux juifs étaient contraints de vendre leurs propriétés afin d'émigrer. Les lois nazies stipulaient qu'un montant limité de Reichsmarks pouvait être exporté hors d'Allemagne par les émigrants juifs et que tout surplus devait être converti en d'autres devises. Ces transactions ne pouvaient être effectuées qu'auprès des organes officiels, à des taux gonflés en faveur des nazis. Les bénéfices servaient à financer les activités de renseignement du RSHA. [von Bolschwing] était directement impliqué dans ces trafics [1] », note la CIA.

Mars 1938. C'est l'Anschluss, le rattachement de l'Autriche à l'Allemagne. Eichmann débarque à Vienne pour aryaniser le pays et accélérer le mouvement d'émigration des juifs avec l'*Einsatzkommando* des SS et le SD ; il a le titre de *Referent* chargé des affaires juives. Déjà il n'est plus question d'expédier les juifs en Palestine, Eichmann pense que la création d'un État juif serait une erreur. Il a un autre plan : envoyer les juifs d'Autriche dans d'autres pays européens après leur avoir pris tous leurs biens.

« Eichmann proposa à Heydrich la création d'un office central de l'émigration juive, explique l'un de ses plus proches collaborateurs, afin d'accélérer les procédures d'émigration des juifs. C'était dans la ligne des directives de Himmler qui voulait à l'époque régler le problème juif en Allemagne par une émigration, forcée si nécessaire. Heydrich accepte et l'office central est créé en unifiant toutes les autorités concernées par l'émigration. L'office central avait ses bureaux dans le palais des Rothschild à Vienne. Il a favorisé l'émigration de cent mille juifs d'Autriche entre 1938 et le début de la guerre [2]. » Un exploit, affirme le collaborateur d'Eichmann. Mais il n'est pas le seul à l'avoir réalisé. Son mentor, Otto von Bolschwing, qui l'a rejoint à Vienne est pour beaucoup dans le triomphe d'Eichmann.

« En 1938, explique Allan Ryan, Bolschwing et Eichmann travaillent avec un représentant de la Reichsbank afin que le SD récupère directement les donations étran-

1. RG 263, Name File Bolschwing, Otto von, rapport du 2 février 1961.

2. RG 263, Name File Eichmann, interrogatoire de Dieter Wisliceny, Bratislava, 2 décembre 1946.

gères destinées à financer l'émigration juive d'Autriche. Le SD se charge des départs pour un coût minimum et garde les profits de l'opération. »

Lors de son interrogatoire par les Israéliens, Eichmann précisera que von Bolschwing était chargé des détails techniques.

Tandis qu'Eichmann évoque du bout des lèvres ses débuts avec von Bolschwing, ce dernier, de plus en plus convaincu que les Israéliens vont l'enlever, fait pratiquement le siège de Ray Coggin afin d'être placé sous la protection de la CIA. Il craint en effet d'avoir à rendre des comptes non seulement sur son rôle dans la genèse de l'Holocauste, mais aussi sur son action dans la destruction des juifs d'Europe. Et tout particulièrement ceux de Roumanie. Pourquoi ?

Les chemins d'Eichmann et de von Bolschwing se séparent fin 1939. Lors de la réorganisation des SS, Eichmann prend la tête du département des affaires juives de la Gestapo.

Un voyage en Palestine a propulsé Eichmann à la tête de ce qui deviendra le principal instrument de l'Holocauste. Un emploi en 1933 au sein la branche bulgare de la société W. Bormann & C. fait de von Bolschwing un expert des Balkans et lui vaut, fin 1939, d'être nommé par Himmler à la tête du SD en Roumanie. Il n'a de comptes à rendre qu'à Reinhardt Heydrich, chef de la SD et numéro deux de Himmler. À Sofia, il occupe un poste stratégique ; l'Allemagne a en effet besoin du pétrole roumain pour son effort de guerre. Le général Jost, chef de l'Amt-VI, le renseignement extérieur, ne cache pas son admiration pour von Bolschwing : « C'est un personnage hors du commun, extrêmement intelligent, souple, bien élevé. C'est le seul Allemand à avoir compris la situation politique en Roumanie[1]. »

1. RG 263, Name File Bolschwing, Otto von, Chief Karlsruhe, Chief Foreign Branch to Pullach, 5 juillet 1949.

Pour comprendre la suite des événements, il faut avoir à l'esprit que la politique étrangère du IIIe Reich était façonnée par l'affrontement parfois violent entre deux factions au pouvoir.

Nazi convaincu, von Ribbentrop, le ministre des Affaires étrangères, voyait d'un mauvais œil la mainmise des SS sur les rouages de l'État et tolérait mal les incursions du SD sur sa chasse gardée. L'affrontement était proche, il éclate à propos de la Roumaine.

À Bucarest, Otto von Bolschwing travaille avec les plus extrémistes des nazis roumains, ceux de la Garde de fer. « Les appels simplistes au nationalisme et à l'antisémitisme de la Garde de fer trouvent un appui vigoureux au sein des ouvriers et des paysans, explique Allan Ryan, et attirent l'attention des SS. En septembre 1940, le général Ion Antonescu prend le pouvoir en Roumanie avec la bénédiction de von Ribbentrop. Il ne peut ignorer les hommes de la Garde de fer qu'il associe à son gouvernement. »

Les nazis de la Garde de fer rêvent de renverser le gouvernement d'Antonescu. Ils trouvent un allié de taille en la personne du représentant du SD à Bucarest, Otto von Bolschwing. La suite des événements n'est pas claire : on sait que début janvier 1941, von Bolschwing se réunit avec l'état-major de la Garde de fer dirigée par Horia Sima dans des bureaux du SD, à l'intérieur de la délégation allemande à Bucarest. Peu après, von Bolschwing se rend à Berlin afin de rendre compte à ses supérieurs. Il est de retour à Bucarest le 13 janvier : la situation est explosive.

Le 20 janvier, la Garde de fer investit les rues de Bucarest et se dirige vers le quartier juif, incendiant au passage synagogues, maisons et magasins. Des centaines de juifs sont rassemblés. Le pogrom commence. Certaines victimes sont traînées dans des abattoirs. Après un simulacre de cérémonie casher, elles sont égorgées et pendues à des crochets de boucher, l'inscription « viande juive » autour du cou. D'autres sont décapitées. Dans un télégramme, l'ambassadeur des États-Unis en Roumanie évoque « soixante corps de juifs pendus à des crocs de boucher. On les avait écorchés vifs, à en juger par les quantités de sang ». Parmi eux, une fillette de moins de cinq ans pendue par les pieds comme du gibier. Bilan : six cent trente morts, quatre cents disparus. L'attaché militaire câble à Berlin : « On voit des centaines de cadavres dans les morgues mais ce sont presque tous des juifs. »

Le 23 janvier 1941, Antonescu demande l'aide des Allemands. Le ministre des Affaires étrangères von Ribbentrop lui envoie un télégramme l'assurant du soutien de Hitler afin de mettre fin au désordre par tous les moyens possibles. Aidé par les troupes allemandes, Antonescu écrase dans le sang la rébellion des nazis de la Garde de fer.

Ceux-ci sont déclarés hors la loi. C'est alors que von Bolschwing intervient. Ses protégés trouvent refuge à l'intérieur de la légation allemande à Bucarest. Peu après, von Bolschwing les exfiltre clandestinement en Bulgarie. C'est son titre de gloire. En protégeant les hommes de la Garde de fer, n'allait-il pas à l'encontre des instructions de von Ribbentrop, donc de Hitler ? « Je pense qu'en s'occupant de ces hommes, il n'avait à l'esprit que l'honneur de la SD [1] », écrit l'ambassadeur à von Ribbentrop afin d'intercéder en faveur de Bolschwing.

Ribbentrop envoie Manfred von Killinger à Bucarest afin d'enquêter sur « l'affaire Bolschwing ». Killinger ne tarde pas à découvrir que les Gardes de fer étaient contrôlés par le représentant du SD. Killinger note : « Quand j'ai confessé von Bolschwing, il m'a semblé

1. Neubacher à von Ribbentrop, 8 février 1941, documents Nara, cité par Allan Ryan in *op. cit.*

prostré ; il avait les larmes aux yeux. C'est un brave homme. Il m'a paru extrêmement secoué, comme quelqu'un qui a souffert d'une grande déception, d'une défaite et qui considère le combat comme perdu[1]. »

« Le fait d'avoir aidé ces hommes de la Garde de fer à s'échapper prouve un fort sens de la loyauté, note le rapport de la CIA, loyauté en l'occurrence mal placée. Von Bolschwing affirme avoir contrecarré bien des plans machiavéliques des nazis en Roumaine. Mais n'oublions pas qu'avoir facilité la fuite des hommes de la Garde de fer alors qu'ils étaient au sommet de leur carrière criminelle est une pierre noire et non pas un bon point pour lui[2]. »

Le faux pas de von Bolschwing n'est pas sans conséquences. « L'affaire, explique-t-il dans un document daté de 1949, a conduit à une rupture pendant des mois entre les services de renseignements politiques allemands et von Ribbentrop[3]. » Himmler est obligé de céder une partie de ses pouvoirs à von Ribbentrop. À compter du 9 août 1941, la correspondance des agents du SD à l'étranger avec le quartier général du RSHA à Berlin passe par le canal du ministère des Affaires étrangères. La disgrâce de von Bolschwing est amorcée.

À qui doit-il d'avoir la vie sauve ? Allan Ryan parle de l'intervention de Himmler. Otto von Bolschwing bénéficie de solides protections à l'intérieur du SD, à commencer par Alfred Helmut Naujocks, le tueur à tout faire de Reinhardt Heydrich, le chef du SD, une véritable légende déjà. Agent provocateur, saboteur faussaire, Naujocks est un touche-à-tout du crime. Celui qui sur-

1. Killinger à von Ribbentrop, 26 février 1941, documents Nara, cité par Allan Ryan in *op. cit.*

2. RG 263, CIA Name File Bolschwing, Otto von, Box 7.

3. RG 263, Name File Bolschwing, Otto von, CV du 1er septembre 1949.

nommait von Bolschwing « Ossie » est un homme redoutable. On le dit à l'origine des faux documents qui conduisent Staline à décimer l'état-major de l'Armée rouge, à commencer par le maréchal Toukhatchevski. En 1939, sur ordre de Hitler, Naujocks organise l'incident de Venlo qui précipitera deux responsables du renseignement britannique dans les griffes du SD.

C'est avant tout l'homme qui déclencha la guerre : il conçoit et réalise la provocation (l'attaque de la station radio de Gleiwitz à la frontière germano-polonaise) qui va servir de prétexte à l'invasion de la Pologne par l'Allemagne le 1er septembre 1939 et marquer le début de la Seconde Guerre mondiale. Dans ses CV rédigés pour la CIA, von Bolschwing affirme que Naujocks l'a sorti à plusieurs reprises de mauvais pas. Il était sans doute un des seuls à pouvoir tirer von Bolschwing du guêpier roumain.

Nommé chef du renseignement pour la Grèce orientale en 1941, von Bolschwing entre avec les troupes allemandes lors de l'invasion du pays le 1er avril 1941. Il est relevé de son commandement le 10 mai 1941. Protégé par le général SS Jost, responsable de l'Amt-VI (renseignement extérieur), il est muté aux Pays-Bas en août 1941, où sévit son ami et protecteur Alfred Naujocks. Rappelé à Berlin en décembre, il est hospitalisé jusqu'au mois de juillet 1942. Von Bolschwing dit avoir été arrêté par la Gestapo le 8 septembre 1943 et avoir été jeté en prison pendant près de huit mois. Interrogé sur le motif de cette arrestation, il parle d'activités antinazies, sans autres précisions. Certains enquêteurs y voient la conséquence du second mariage de von Bolschwing avec une jeune femme qui aurait eu de lointains ancêtres juifs.

On peut en douter. Neuf mois après sa libération, von Bolschwing reprend du service. Début 1944 il prend la présidence d'une société pharmaceutique de Hambourg, Pharmachemie, une société aryanisée, autrement dit confisquée à son propriétaire juif, qui sert de couverture à l'Abwehr puis au SD [1]. Le baron affirme avoir été un des partenaires de Pharmachemie dès 1939, c'est-à-dire juste après son expropriation par les nazis.

Ce n'est pas la première fois que le baron se sert d'une entreprise pour masquer ses activités. Aux Pays-Bas, il figure au conseil d'administration de la Bank Voor Onroerende Zachen d'Amsterdam en 1941. Par la suite, il prétendra même avoir été le directeur de cet établissement lui aussi aryanisé. En 1980, une enquête de la police néerlandaise révèle qu'« il semble que pour von Bolschwing, le poste de directeur n'ait existé que sur le papier et uniquement afin de se procurer du gasoil. Aucun des Hollandais associés à la banque n'a jamais entendu parler de lui. Cela suggère que von Bolschwing s'est servi de cette fonction pour couvrir d'autres activités ».

À la demande de l'Abwehr, von Bolschwing crée une filiale autrichienne, Pharmachemie Handels, chargée d'implanter des réseaux d'espionnage en Italie et dans les Balkans, à l'exclusion de la Turquie. C'est la seule filiale de la société. Le directeur du personnel est le *Kapitanlieutenant* Fritz Jontz, officier de renseignements de l'Abwehr Marine (I-M) qui a le droit d'embaucher comme représentants autant d'agents que bon lui semble. Jontz fait construire une usine à Feldkirch en Autriche, non loin de la frontière suisse. L'usine embauche l'*Unteroffizier* Fritz Strenkert au poste de représentant en Suisse. À la tête de plusieurs réseaux, l'*Unteroffizier* connaissait bien la région qu'il sillonnait régulièrement en compagnie de son opérateur radio. Ottomar von Harn est embauché pour s'occuper des intérêts italiens

1. *Ibid.*

de la firme. Il fait merveille : dépêché dans la péninsule en mai 1944, il revient deux mois plus tard avec en poche pour huit millions de contrats pharmaceutiques et des embryons de réseaux. L'agent de l'Abwehr compte également faire construire un dépôt de la firme non loin du « front italien » afin de servir de base à ses arrières. L'imminence de la défaite l'en empêchera. « La branche de Feldkrich n'a jamais été opérationnelle, indique un rapport du CIC, même si un nombre considérable de matériels et de personnes y ont été dépêchés avant la fin des hostilités[1]. » Von Bolschwing ne transformera pas Pharmachemie en machine de guerre des services secrets nazis. La guerre est finie. Il n'entend pas pour autant lâcher les rênes de la société aryanisée. Les propriétaires juifs de Pharmachemie ont peut-être tous péri dans l'Holocauste. Il se verrait bien dans le rôle d'un président de laboratoire pharmaceutique.

Peu avant la fin des hostilités, von Bolschwing se rend au 410e régiment d'infanterie américain. Il a déjà soigneusement préparé ses arrières. Depuis quelques mois, grâce à son beau-frère, il est en contact avec un mouvement de résistance autrichien qui opère dans les Alpes tyroliennes. Il s'est installé à Salzbourg avec sa famille. Coïncidence, son ami et protecteur Alfred Naujocks, l'ex-tueur à tout faire de Heydrich, l'homme qui déclencha la guerre, travaille lui aussi pour la Résistance autrichienne, « mais s'il a aidé des antinazis autrichiens, c'est pour éviter d'être jugé comme criminel de guerre[2] », note un rapport américain.

1. Rapport du 28 septembre 1953 to Chief EE from Chief Salzburg, Otto von Bolschwing, local traces in RG 263, CIA Name File Bolschwing, Otto von, Box 7, location 2000/06/04.
2. RG 263, Name File von Bolschwing.

Le 17 juin 1945, son ami et protecteur le colonel Ray Coggin signe une lettre de recommandation : « Otto Albrecht von Bolschwing, membre du “mouvement de résistance du Tyrol”, a aidé matériellement les forces armées des États-Unis durant notre avance au travers de la passe Fern et en Autriche occidentale avant la reddition de l’armée allemande. Durant l’occupation, il a personnellement capturé plus de vingt hauts dignitaires nazis et cinquante-cinq officiers, et conduit des patrouilles qui ont entraîné l’arrestation de nombreux autres. »

La collaboration paie. Le document XX-8719 du 9 juillet 1945 indique qu’il a reçu un traitement de faveur lors de l’instruction menée contre son ancien supérieur et protecteur au SD, le général Jost. Aucune poursuite n’est engagée contre lui. Un an passé au service du gouvernement militaire, principalement à Garmisch-Partenkirchen (sud de la Bavière), lui donne de solides entrées au sein des troupes d’occupation et surtout lui permet de reprendre pied dans le monde du renseignement, un univers qu’il affectionne tout particulièrement. Mais les débuts ne sont pas évidents. Il pose sa candidature auprès du Central Intelligence Group (CIG), l’éphémère organisation de renseignements qui ne tardera pas à disparaître au profit de la CIA. Le charme n’opère pas. Le représentant du CIG d’Heidelberg chargé de l’enquête juge von Bolschwing « égoïste », aux loyautés changeantes.

« Étant donné les informations sur le sujet fournies par le quartier général ainsi que la réponse d’Heidelberg à notre enquête, nous avons décidé de ne pas nous servir du sujet. Aucune approche ne sera faite. Toutefois, nous ferons l’effort de nous tenir informés de ses activités, tout particulièrement dans le domaine du contre-espionnage [1] », note un rapport du CIG.

1. RG 263, Name File Bolschwing, Otton von ; to Chief of Security Control Austria ; sujet OVB réf. Heidelberg, câble du 10 avril 1948.

En revanche, Otto von Bolschwing retient l'attention d'autres agents de renseignements. Une note informelle en date du 22 avril 1948 affirme que le Dr von Bolschwing alias Otto Maier travaille pour le groupe Waldman. Otto von Bolschwing ne peut pas mieux tomber : le capitaine Eric Waldman, des services de renseignements de l'armée américaine (G-2), manipule un ancien général nazi, Reinhard Gehlen, qui recrute pour son organisation clandestine destinée à devenir les services secrets allemands. À la fin des années quarante, Otto von Bolschwing rejoint donc l'organisation Gehlen sous l'œil bienveillant des Américains. Personne ne semble faire cas de son passé ; des centaines d'anciens SS, d'agents du SD ou de membres du parti nazi (NSDAP) travaillent déjà pour l'organisation Gehlen.

Otto von Bolschwing est chargé de recueillir des informations politiques sur l'Autriche, mais surtout d'implanter des réseaux derrière le Rideau de fer dans un pays qu'il dit bien connaître, la Roumanie. Au début, tout se passe bien.

Pour monter ses réseaux roumains, Otto von Bolschwing s'appuie sur la partie la plus extrémiste des nazis de la Garde de fer. Ces hommes lui doivent d'avoir la vie sauve : après les émeutes et les pogroms de janvier 1941, des dizaines de putschistes s'étaient placés sous la protection de von Bolschwing dans des bâtiments de la légation allemande à Bucarest pour être discrètement exfiltrés vers la Bulgarie puis vers l'Allemagne. D'abord installés à Berlin, ils ont commis l'erreur de continuer leurs activités contre le gouvernement d'Antonescu, ce qui leur vaudra d'être détenus dans des conditions relativement confortables (on parle de sorties) au camp de Dachau. Après avoir intégré l'organisation Gehlen, von Bolschwing contacte Constantin Papanace, l'un des anciens dirigeants des Gardes de fer réfugié au Vatican auquel il a sauvé la vie par deux fois.

Constantin Papanace est à la tête des Mexicanii, un courant extrémiste des ex-Gardes de fer qui reproche sa modération à l'actuelle direction, c'est dire ! Papanace contrôle soixante-dix hommes qu'il met au service de von Bolschwing.

Les réseaux de von Bolschwing (noms de code 114, 115 et 116) fournissent des informations d'excellente qualité. « Le matériel reçu depuis la Roumanie était rédigé à l'encre invisible, indique un rapport de la CIA. À leur réception les messages étaient envoyés à Munich pour être développés puis envoyés à Salzbourg afin d'être traduits[1]. »

25 février 1949 : un autre rapport de la CIA mentionne que von Bolschwing « voudrait inclure dans son propre groupe deux Roumains actuellement à Paris, le colonel Ian Lupoania et la princesse Alice Cantacuzène. Il dit avoir des contacts valables en Roumanie et mentionne spécifiquement le colonel Iorga Popescu, procureur militaire, le général Radu Korne, le général Petra Niculescu et la famille Bertanu ».

Les problèmes surgissent rapidement. Techniquement, les réseaux du baron sont placés sous l'autorité de l'organisation Gehlen, mais ils sont étroitement contrôlés par la CIA qui finance et s'inquiète d'un curieux mélange des genres : « Les projets 114, 115 et 116 sont sous le contrôle de l'organisation politique de Papanace et sous celui [de Gehlen], cela signifie que certains fonds destinés à ces projets sont détournés vers des canaux politiques. »

En février 1948, l'un des agents du groupe, le prince Nicolae Stourdza, approche la CIA pour faire part de

1. RG 263, Name File Bolschwing, Otto von, rapport du 5 juillet 1949.

son mécontentement sur la manière dont les réseaux, « susceptibles de procurer d'importantes informations », sont gérés.

Certains à la CIA envisagent de nommer von Bolschwing agent principal de ses trois réseaux en Roumanie. Mais cela ne fait pas l'unanimité : un rapport rédigé sur papier à en-tête à Washington affirme que l'Agence n'aurait rien à gagner dans cette affaire. « Mon impression est qu'il y a quelque chose de concret qui vaut la peine d'être sauvé, mais je ne suis pas convaincu que les trois réseaux existent dans la forme décrite. Il est difficile de dire si l'opération de sauvetage peut être accomplie. » Le rédacteur ne cache pas ses doutes.

Avril 1949 : von Bolschwing rompt avec Gehlen. Dans une conversation avec un dirigeant de la CIA, Gehlen explique que l'initiative de la rupture vient de von Bolschwing lui-même[1]. Gehlen affirme que von Bolschwing était en contact avec d'autres services secrets ; il cite le nom de Müller sans que l'on puisse savoir s'il s'agit de l'ancien chef de la Gestapo, ce qui revient à l'accuser de travailler avec – ou pour – les Soviétiques, Gestapo Müller étant à l'époque au service de Moscou[2]. La véritable raison de la rupture, explique Gehlen, tient au fait qu'il n'est plus le chef de son groupe à la suite d'une réorganisation interne. Von Bolschwing confirme ; il explique qu'en acceptant une telle réorganisation, il perdrait l'estime de ses collaborateurs. En outre, le baron souligne que la réduction de ses budgets « ne lui permet plus de contrôler ses sources politiques indispensables après la mise en œuvre du traité d'État » redonnant sa souveraineté à l'Autriche depuis la rupture entre

1. RG 263, Name File Bolschwing, Otto von. Dans ce rapport non daté, von Bolschwing figure sous le pseudo qui lui sera donné lors de son entrée à la CIA : Unrest.

2. Cf. *infra*, IIIe partie, chap. 2.

Tito et Staline. Dernier point de friction entre Gehlen et von Bolschwing : ce dernier refusait de communiquer ses sources d'information. Conclusion du général Gehlen : désormais nous sommes suffisamment implantés en Autriche pour nous passer de sources de ce type.

La CIA, quant à elle, a une autre analyse de cette rupture. « Unrest a compris que les États-Unis ne pouvaient plus tolérer les opérations directes et non supervisées [de Gehlen] en Autriche et prendraient des mesures pour entrer directement en contact avec les sources autrichiennes de l'organisation. Sachant cela, Unrest a probablement décidé de prendre l'initiative de la séparation. Il se sert de l'appui américain pour construire sa réputation au sein des services secrets autrichiens. »

1950, von Bolschwing ne travaille plus pour l'organisation Gehlen. Il a posé sa candidature auprès de la CIA qui l'a acceptée. Commence alors l'une des périodes les plus mystérieuses de la vie mouvementée du baron. Son arrivée à la CIA est loin de faire l'unanimité. Un document non daté, rédigé sans doute au début des années cinquante, sur papier à en-tête de la CIA, en atteste. Son rédacteur ne connaît pas von Bolschwing, ses impressions résultent de la seule étude de son dossier, et elles « ne sont pas des meilleures ». Le rapport se fonde sur les propres comptes rendus des exploits et des « vicissitudes » du baron pour en dresser un portrait au vitriol : « Un aventurier, amoureux des intrigues, un montreur de marionnettes qui opère dans les coulisses du pouvoir. (...) Au vu de son passé, l'amour de la démocratie professé par von Bolschwing est des plus particuliers. »

Parallèlement à sa carrière d'agent secret, von Bolschwing continue à faire des affaires. Il contrôle toujours vingt pour cent des titres de la société de Hambourg

Pharmachemie[1]. L'histoire ne dit pas s'il s'en sert encore pour mener des opérations clandestines, comme c'était le cas du temps de l'Abwehr. On en doute.

Or, dans le courant du mois de mai 1949, les autorités autrichiennes ouvrent une enquête sur Pharmachemie et demandent au Counter Intelligence Corps des précisions sur von Bolschwing. Le 10 juin suivant, le détachement du CIC Vienne envoie un télégramme au CIC Salzbourg : « Le sujet a aryanisé la société Pharmachemie. Les anciens propriétaires se sont plaints auprès du ministère : ils ont du mal à récupérer leur propriété, le sujet étant sous la protection américaine, probablement le CIC. Une enquête est ordonnée sur le background du sujet et ses activités présentes, et sur les anciens propriétaires[2]. » Mais les Autrichiens ne savent pas grand-chose sur von Bolschwing. Extrait d'un rapport de la CIA du 11 novembre 1950 : « Il est évident que certains fonctionnaires de la police autrichienne ne savent rien des véritables commanditaires de von Bolschwing. » Les Autrichiens s'adressent donc aux Américains afin d'obtenir le dossier SS du baron qui se trouve au Berlin Documents Center (BDC).

Or la CIA va tout faire pour déjouer l'enquête du gouvernement autrichien et du CIC sur son protégé. Le 18 janvier 1950, l'antenne CIA basée au quartier général du général Gehlen à Pullach envoie le télégramme suivant au responsable des *Special Operations* de l'Agence : « Le ministre de l'Intérieur autrichien demande à Berlin des documents sur Otto von Bolschwing. S'ils n'ont pas déjà été envoyés, pouvez-vous dire au BDC qu'aucun dossier n'est disponible. Révéler les liens entre von

1. RG 263, Name File Bolschwing, Otto von ; rapport CIA du 11 novembre 1950 citant des rapports de police sur Otto von Bolschwing.

2. Nara, RG 263, Name File Bolschwing, Otto von.

Bolschwing et l'OSS à la fin de la guerre serait probablement préjudiciable à nos plans[1]. »

De quels plans s'agit-il ? On l'ignore. En revanche la démarche est malencontreuse. Des années plus tard, un officier de la CIA annote en marge du télégramme : « Qui a demandé cela ? C'est le début de nos difficultés. »

Le dossier von Bolschwing est retiré des archives centrales du BDC. Il n'est accessible qu'au chef de la section Dossiers. « Si le gouvernement autrichien, indique un télégramme de la CIA, demande des détails sur le sujet au Berlin Documents Center, ce qui n'a pas encore été fait, on répondra qu'aucun dossier n'existe[2]. »

Des officiers de la CIA se demandent si c'est la bonne manière de procéder. Le 27 janvier 1950, Berlin télégraphie aux *Special Operations* : « Considère impossible éradiquer passé car Bolschwing est un officiel du SD trop connu. » Le 24 avril suivant, le responsable de l'antenne CIA de Karlsruhe fait part de ses doutes à son collègue de Pullach :

> « 1. Nous désirons attirer votre attention sur certaines circonstances. Selon moi, il est peu sage de donner une réponse négative sur le passé d'une personne comme von Bolschwing.
>
> 2. Les dossiers du BDC sur les membres du parti nazi et les dossiers du personnel SS sont si complets qu'il est peu vraisemblable qu'une personne vérifiant qui était membre d'une des deux organisations ne trouve rien dans ces dos-

---

1. Comme les suivants, le télégramme cité est extrait du dossier von Bolschwing déclassifié par la CIA en l'an 2000. C'est la première fois que l'Agence rend publique une documentation d'une telle richesse concernant von Bolschwing.

2. 27 janvier 1950, Chief Karlsruhe à Chief Pullach, Nara, RG 263, Name File Bolschwing, Otto von.

siers. En outre, les personnes avec qui vous traitez sont tellement connues et leur background tellement avéré qu'il semble peu probable de pouvoir taire leur passé.

3. À la fin de la guerre, nous avons cru être très malins en changeant le nom de certains membres du SD et de l'Abwehr afin de les protéger des autorités allemandes. Dans la plupart des cas, ces personnes étaient tellement connues que le changement de nom les a au contraire encore davantage compromises.

Comme j'estime qu'il est impossible de garder secrets de tels liens, sauf dans le cas où une personne était un agent clandestin d'une organisation donnée, je vous demande de revenir sur votre décision et de garder l'information disponible au BDC. »

Le lendemain, télégramme de Berlin aux *Special Operations* :

« 1. Le 430e détachement CIC Autriche a demandé le dossier von Bolschwing et, suivant instructions, sommes prêts à répondre qu'aucun dossier n'est disponible.

2. Des personnes comme von Bolschwing sont tellement connues qu'un refus d'accéder à son dossier ne changerait rien. Les dossiers du BDC sont très complets et il y a certainement beaucoup de témoins du passé des personnes que vous essayez de blanchir.

3. Dites-nous si souhaitez toujours que le BDC réponde qu'aucun dossier n'est disponible. »

25 avril 1950. L'antenne CIA de Karlsruhe demande aux *Special Operations* si « les intérêts d'Usage (nom de code de von Bolschwing) seraient mieux servis en niant l'existence des dossiers BDC ou si leur disparition inexplicable ne créerait pas plus de dégâts. Ces dossiers, explique la CIA Karlsruhe, ne sont pas embarrassants pour les Américains ("ils ne contiennent pas de preuves de ses liens avec l'OSS") ; en revanche, il n'y a pas de

traces des différentes arrestations par la Gestapo dont Bolschwing a fait état après la guerre ». Et Karlsruhe de conclure de manière très surprenante : « Devons tout faire pour aider Usage, mais sur question de ce qui est le mieux pour lui, serait peut-être préférable de lui laisser la décision. Pouvez-vous le contacter et lui demander ce qu'il préfère. »

Il n'est pas courant que la CIA laisse autant de latitude à ses honorables correspondants étrangers.

Consulté sur ce point par la CIA, von Bolschwing demande que les dossiers mis de côté par l'Agence ne soient pas communiqués aux Autrichiens. *Special Operations* tranche le 27 avril 1950 et envoie les instructions suivantes aux stations de Karlsruhe et de Pullach : « Recommandons décision soit pas laissée à Usage mais explorer ses raisons pour ne pas communiquer dossiers aux Autrichiens. Sommes particulièrement intéressés de connaître les motifs du CIC. Câblez au plus vite toute info disponible. »

Mais les dossiers ne peuvent rester « bloqués » éternellement et il faut donner une réponse aux Autrichiens. Le 12 mai 1950, Berlin *Special Operations* : « Merci nous informer si vous voulez papiers von Bolschwing retenus ou non. » Deux jours plus tard, réponse du directeur des *Special Operations* Richard Helms : « Considère essentiel maintenir actuelle liberté mouvements [de Usage]. Décision garder ou non dossiers Berlin doit être fondée sur considération faits ; limiter le moins possible ses activités prochains quatre-vingt-dix jours. »

Le 1er juin 1950, la CIA tranche : « Pour raisons opérationnelles demandons donner ordre au BDC répondre à la demande concernant le sujet que le dossier Bolschwing ne peut pas être localisé présentement et sera envoyé dès que localisé [1]. »

1. RG 263, Name File Otto von Bolschwing, A S-2 Att Harry Pratty From DAD Subject 420th CIC B file.

En dépit de ses fortes résistances, Otto von Bolschwing rejoint la CIA au début des années cinquante en tant qu'agent principal. Il y restera trois ans. Le dossier CIA de von Bolschwing est étonnamment muet sur cette période. On sait que le baron opérait en Allemagne et en Autriche, qu'au début il dépendait de Berlin avant de passer à l'antenne CIA de Salzbourg. On sait aussi qu'il a bénéficié de telles conditions de travail assorties d'une kyrielle de passe-droits et d'avantages que l'on ne peut que s'interroger sur les raisons de ces largesses.

Dans le dossier déclassifié par la CIA à partir de l'an 2000, un document permet d'esquisser une réponse. Apparemment, ce document n'a rien à faire dans le dossier von Bolschwing : il n'y est pas question du baron et il concerne une affaire qu'il n'a pas eu officiellement à connaître. Une affaire qui est sans doute l'une des plus explosives de l'après-guerre, celle du train de l'or hongrois, autrement dit la disparition en 1945 de millions de dollars de l'époque du trésor accumulé par les nazis lors de la destruction des juifs hongrois[1].

« Nemeth Sandor : ancien champion de catch. Le sujet a été rendu à la Hongrie depuis le camp Marcus Orr à Salzbourg, à la fin décembre 1945. Il était accusé de l'assassinat de quarante-deux juifs, mais il affirme que l'accusation n'est pas fondée. Il affirme que sa restitution à la Hongrie est une revanche de l'OSS car il connaissait les personnes qui ont pillé le train de l'or. Il dit avoir une liste exacte des matériels transportés par le train, qu'il a obtenue alors qu'il travaillait au CIC à Badgastein[2]. »

1. Cf. IIe partie, chap. 1 et 3.

2. RG 263, Name File Bolschwing, Otto von, 23 avril 1951, Chief Karlsruhe to Chief (...).

Que fait ce document dans le dossier CIA de von Bolschwing ? S'agit-il d'une erreur ? Dans ce cas, ce serait la seule parmi les dizaines de milliers de pages que nous avons consultées. Ce document fait-il partie des archives encore secrètes d'une opération montée par von Bolschwing ? Les dossiers déclassifiés par la CIA ne sont jamais complets et on y trouve souvent des extraits de rapports livrés en dehors de leur contexte.

On sait que von Bolschwing s'est aussi occupé de la Hongrie, de manière marginale. Se pourrait-il que le baron ait eu en sa possession les clés du mystère de la disparition d'une partie du train de l'or ? A-t-il donné à la CIA des éléments permettant d'en récupérer une partie ? Faisait-il chanter des dirigeants de la CIA, qui auraient participé au pillage du train de l'or, comme le suggère un ancien responsable de la CIA en Autriche puis en Allemagne ?

Ce rapport sur le train de l'or est la seule pièce concernant les activités de von Bolschwing pour la CIA au début des années cinquante. Pourtant, Otto von Bolschwing est répertorié comme agent de la CIA en Allemagne (sous les pseudonymes d'Unrest et Usage), puis en 1953 comme agent en Autriche (nom de code Grossbahn). Or Pete Bagley, qui était à Vienne à la même époque, affirme n'avoir jamais entendu parler à l'époque de von Bolschwing. À moins que von Bolschwing n'ait jamais travaillé pour la CIA Autriche et que son inscription comme agent à Vienne soit purement formelle. Quoi qu'il en soit, son dossier de la CIA mentionne que le 22 janvier et le 5 juillet 1952, deux stations non identifiées de la CIA lui ont accordé une *full operational clearance*, ce qui signifie qu'il avait alors accès à toute la production des bureaux en question.

Un rapport de la CIA du début des années cinquante affirme que von Bolschwing « brûle du désir de devenir un citoyen américain pour pouvoir rejoindre les rangs de la CIA[1] ». Bref, von Bolschwing veut passer du statut d'agent à celui d'officier. Pour cela, une seule solution : immigrer aux États-Unis le temps d'obtenir sa nationalité américaine et intégrer officiellement l'Agence. Un des responsables de la CIA à Salzbourg propose même à l'Agence son retour au poste de recruteur des réseaux sur l'Europe de l'Est. Le directeur de la CIA ne l'entend pas de cette oreille ; le 28 août 1953, il signifie par câble au chef de station de Salzbourg : « Si l'émigration du sujet est autorisée, elle doit coïncider avec sa termination [la fin de ses activités, *nda*] sauf si plans plus forts, plus spécifiques présentés pour travail futur avec retour Autriche. Sur la base des performances passées sommes pas convaincus futurs efforts comme recruteur seraient assez productifs pour couvrir son retour. Vous demandons reconsidérer propositions[2]. »

Un des responsables de la CIA Vienne rencontre alors von Bolschwing afin de le convaincre de renoncer à son projet : « Ai discuté termination avec Grossbahn ; considérant âge et statut d'immigrant il ne se rendrait pas service en acceptant un contrat comme agent Kubark [CIA, *nda*] Autriche. Mis accent sur service pas particulièrement requis et totale absence Autriche entraînerait performances peu satisfaisantes de sa part. Au début réticent abandonner ; craint immigration sans contrepartie considérée comme ingratitude de sa part. Lui avons assuré que ses six années passées à notre service suffisent amplement[3]. »

Au début, le processus d'immigration, ou plutôt d'exfiltration, de von Bolschwing (nom de code Grossbahn)

---

1. En tant qu'étranger, von Bolschwing n'avait pas droit au titre d'officier de la CIA même s'il était employé par l'Agence.

2. RG 263, Name File Bolschwing, Otto von, 28 août 1953 from director CIA Austria to Salz.

3. RG 263, Name File Bolschwing, Otto von, câble du 18 septembre 1953. From SR Rep Vienna.

semble ne poser aucun problème. « ... les seules difficultés qui pourraient surgir résultent du fait de faire passer à Grossbahn la visite médicale. Il a eu une infection pulmonaire quand il était jeune. Il n'y a pas de raison de penser que les gens d'INS [les services de l'immigration] soient particulièrement intéressés par Grossbahn. (...) Comment INS pourrait-il être au courant du passé de Grossbahn au NSDAP et au SD [1] ? »

Rapidement, la CIA s'aperçoit que l'entrée de Grossbahn aux États-Unis risque de poser des problèmes autres que simplement d'ordre sanitaire. Depuis 1950, le *McCarran Act* interdit l'entrée aux États-Unis aux anciens membres du parti nazi (NSDAP) ou aux ex-responsables des SS ou du SD. Or von Bolschwing appartenait aux trois organisations.

À l'époque, la CIA a le droit de faire rentrer sur le territoire américain « clandestinement » un certain nombre d'anciens nazis et leur famille en vertu du *100 Person Act*. Limitée à cent personnes par an, la liste va s'élargir à des milliers de nazis. Toutes ces personnes sont sans statut aux États-Unis, or von Bolschwing veut entrer légalement pour être naturalisé. La CIA va donc « mouiller » les services de l'immigration (INS). « Les informations sur ses liens avec le NSDAP et les SS n'ont pas été cachées à l'INS, précise un rapport de la CIA. La vraie histoire, telle que la CIA la connaît, leur a été communiquée et ils ont accepté, après consultation avec notre staff, d'admettre Grossbahn comme immigrant. La CIA n'a pas fourni de garant, mais nous avons déclaré à l'INS que Grossbahn ne représente aucun risque pour la sécurité. Son entrée s'est effectuée grâce à une déclaration de la CIA disant que ses services étaient de telle

1. RG 263, Name File Bolschwing, Otto von, 17 octobre 1953, To Chief EE From Chief Salzburg « Action to ease Grossbahn's entry past *McCarran Act* ».

nature que cela effacerait son passé indésirable aux termes du *McCarran Act.* »

La CIA lui trouve donc une couverture (il est un officier de la CIA travaillant dans une société) pour le cas où un futur employeur lui demanderait des références sur la période où il travaillait pour Kubark et Gehlen. Les conditions de « termination » du baron sont plus que correctes : « [Elles] comprennent un bonus de six mois à l'agent principal, deux mois à l'assistant de l'agent principal (qui a été employé pendant cinq ans) et un voyage payé à destination des États-Unis pour l'agent, sa femme et son fils. » L'Agence s'occupe aussi de l'expédition aux États-Unis du déménagement des meubles et des affaires du baron et de sa famille. « Ces bénéfices de "termination" sont dus aux loyaux services de l'agent envers le renseignement américain depuis 1947 », peut-on lire dans un rapport.

Von Bolschwing et sa famille débarquent à New York le 2 février 1954. Ils ont traversé l'océan à bord d'un paquebot réservé aux croisières de luxe, l'*Andrea-Doria.* Ils sont attendus par un agent de la CIA qui leur facilite les formalités d'immigration et par leur ami le colonel Ray Coggin.

Une fois aux États-Unis, von Bolschwing reçoit l'ordre de ne plus contacter l'Agence : « Nous lui avons clairement expliqué qu'il ne devait se servir des arrangements convenus qu'afin de nous aviser où verser l'argent que nous lui devons et en cas d'extrême urgence. Nous lui avons dit que notre interprétation de ce dernier point ne concerne que des cas de vie ou de mort, par exemple en cas de menace d'expulsion des États-Unis. Pour l'heure, nous n'imaginons pas d'autres raisons pour lesquelles Grossbahn pourrait contacter le quartier général. On l'a prévenu qu'en aucune circonstance il ne doit tenter un quelconque contact avec les bureaux Kubark[1].

1. Kubark désigne la CIA dans le jargon de l'Agence.

On lui a aussi suggéré qu'il serait mieux d'éviter tout contact avec ses anciens officiers traitants ou ses connaissances de Kubark. »

Le 21 octobre 1954, Otto von Bolschwing écrit à son contact à la CIA en lui faisant part de ses difficultés à trouver un travail. Un an plus tard, le chef de la station CIA à Vienne, de passage aux États-Unis, lui rend visite. Les choses se sont entre-temps arrangées pour von Bolschwing : « Le sujet est actuellement l'adjoint du vice-président chargé des exportations de Richard Hudnut Co. [cosmétiques], une filiale de l'ancienne Warner Hudnut Pharmaceutical Co., actuelle Warner Lambert Pharmaceutical Co. », écrit l'agent de la CIA ; von Bolschwing a su séduire le patron de Warner Lambert, ancien gouverneur du New Jersey, Richard Driscoll. Rapidement, il est nommé vice-président chargé des exportations, et l'ancien gouverneur lui présente ses amis à Washington. À la fin des années cinquante, il est déjà question de lui trouver un poste dans l'administration américaine. On parle aussi de le présenter aux élections.

Otto von Bolschwing obtient la nationalité américaine en 1959 au prix d'un mensonge : il déclare n'avoir jamais appartenu au parti nazi ni aux SS, suivant en cela les consignes que lui avait données l'Agence avant son départ d'Europe.

La CIA Vienne avait en effet interrogé le quartier général à ce sujet dès le 23 octobre 1953 : « Que doit-il répondre au cas où la question de son appartenance au NSDAP serait soulevée après son entrée sur le territoire américain, par exemple sur les formulaires de demande de citoyenneté ? Nous lui avons dit de nier toute appartenance au NSDAP, à la SS ou à l'Abwehr. Notre raison est la suivante : son entrée aux États-Unis est liée à une autorisation secrète. En d'autres termes, en dépit du fait de son background douteux (*objectionable*). » Les services de l'immigration sont prêts à fermer les yeux si la CIA (Kurbak) certifie que les services rendus par von Bolschwing ont été de nature à justifier un traitement exceptionnel. « Si, par la suite, Grossbahn admet publiquement avoir un dossier NSDAP, l'INS sera obligé de l'expulser des États-Unis puisqu'il est entré sous une fausse déclaration. (...) Mais en même temps, nous sentons que de telles instructions pourraient fournir à Grossbahn un moyen de pression sur nous, le jour où il jugerait avoir besoin de notre aide, hypothèse peu réjouissante. »

Bref, tout va pour le mieux dans le pire des mondes quand les Israéliens enlèvent Eichmann.

La CIA se penche enfin sérieusement sur le dossier von Bolschwing. Après l'enlèvement d'Eichmann, le quartier général demande son dossier de SS au Berlin Documents Center. Mais on a du mal à le trouver. Au bas d'un des CV de von Bolschwing, un responsable de la CIA écrit à la main : « On a déplacé son dossier ; il n'est plus au BDC. Où est-il maintenant ? »

« L'examen des dossiers ne permet pas de déterminer si Eichmann était l'officier traitant du sujet. Mais il ressort que, dès 1938, Eichmann a dirigé au moins une ou deux phases du travail du sujet », affirme une note du responsable du contre-espionnage (CI) datée du 2 février 1961.

La CIA prend enfin conscience de l'ampleur du problème. Von Bolschwing n'est pas le seul des anciens collaborateurs d'Eichmann à être employé par l'Agence. Les enquêteurs de la CIA s'intéressent de près à Franz Six, l'un des anciens supérieurs hiérarchiques de von Bolschwing, le chef du département II du RSHA, dont la CIA souligne qu'il « a supervisé la section 112 [du SD] », où sévissaient von Bolschwing et Eichmann à la fin des années trente. Les dossiers capturés prouvent qu'au moins une fois, Six, Eichmann et le sujet ont parlé en détail de certaines activités antijuives de la section II et ont fourni des directives spécifiques au sujet.

Pourquoi cet intérêt pour Franz Six ? « Dr professor Franz Alfred Six était le patron d'Eichmann en 1936-1939. (...) Le quartier général a trouvé beaucoup de matériel compromettant sur les activités de Six en liaison avec Eichmann et des opérations antijuives. Si tout ou partie de cette information est connu des Soviétiques, Six devient dès lors très vulnérable et cela pourrait favoriser son recrutement[1]. »

Les chasseurs d'espions de la CIA craignent que les Soviétiques ne s'attaquent ensuite à von Bolschwing. « [von Bolschwing] est très connu de Six. Si Six a été recruté par les Soviétiques, il pourrait les avoir informés sur lui, le rendant ainsi vulnérable car il a dissimulé son véritable background à Kubark et il est maintenant un citoyen résident américain. »

« Savez-vous où se trouve Six ? » demandent enfin les chasseurs de taupes de la CIA. Il n'est pas loin à l'époque : Franz Six a été recruté par le général Gehlen ; il est chef du groupe chargé des pays de l'Est au sein des services secrets allemands. Les Américains l'ignorent : Gehlen a toujours pris soin de leur cacher son jeu trouble avec les criminels de guerre nazis.

La ligne officielle de la CIA se dessine alors. Un rapport indique : « Le sujet [von Bolschwing] a été employé par cette agence [la CIA] comme agent contractuel entre 1950 et 1954. Durant cette période, il ne nous a jamais donné de détails complets et corrects sur son travail au RSHA et ne nous a pas dit qu'il avait opéré avec divers criminels de guerre. Il a reconnu son apparte-

1. RG 263, Name File Bolschwing, Otto von, 17 juin 1960, To Fran Rybat Kudesk.

nance au parti nazi mais nous a dit qu'il avait été forcé d'y adhérer. » Von Bolschwing a été l'un des tout premiers membres du NSDAP ; il s'en est expliqué auprès des Américains en affirmant qu'il avait falsifié la date de son adhésion. « Il est entré aux États-Unis sans le parrainage officiel de l'Agence, poursuit le rapport. Toutefois, nous avons indiqué aux services de l'immigration que nous étions au courant de son appartenance au NSDAP, mais que nous avions l'impression que c'était sans conséquence, eu égard à ses excellents états de service pour nous. »

Évoquant les différentes enquêtes réactivées en Allemagne, le rapport conclut : « Le sujet pourrait être accusé d'être un collaborateur d'Eichmann et cela pourrait entraîner une publicité embarrassante pour les États-Unis. »

L'affaire tombe mal. La CIA apprend que von Bolschwing a quitté son poste à la direction des exportations de Warner Lambert pour travailler pour le Département d'État qui envisage de le détacher auprès d'une organisation financière semi-gouvernementale en Inde. Un poste prestigieux, remarquablement bien payé, pour « lequel il est parfaitement qualifié », au dire de la CIA qui se réfère sans doute à ses activités financières au service de l'aryanisation de l'Autriche. Von Bolschwing a reçu un coup de pouce de son patron, l'ancien gouverneur du New Jersey, qui n'a pas ménagé ses efforts. Grâce à cet impressionnant travail de lobbying auprès des députés et des sénateurs, l'ancien mentor d'Eichmann est certain d'avoir le poste.

Coup de théâtre en avril 1961 : un responsable de la CIA Autriche interrogé par le Département d'État se montre plus que réservé sur la candidature de von Bolschwing. Le Département d'État fait machine arrière. Le responsable de la section Europe de l'Est et futur directeur de la CIA écrit alors à son homologue pour l'Europe du Nord : « Il semble que Kubark [la CIA] ait commis une injustice envers lui en fournissant un rapport rien moins qu'enthousiaste. S'il n'est pas trop tard, nous demandons d'informer [le Département d'État] que nous n'avons rien à objecter à la venue de Grossbahn en Inde, nous pensons que c'est une bonne idée[1]. »

Or peu après, cédant à la menace du scandale, le protecteur de von Bolschwing recule. Le 10 mai 1961, un représentant de la CIA informe officiellement le Département d'État de ce que l'Agence sait des liens entre le baron et Eichmann. Pour le Département d'État, c'en est fini de la candidature de von Bolschwing.

Mais le baron n'a pas dit son dernier mot. « Avec l'aide du président de la compagnie qui l'emploie, l'ancien gouverneur du New Jersey Driscoll, le sujet a mobilisé un nombre imposant de sénateurs et de parlementaires à Washington », note la CIA.

10 mai 1961 : von Bolschwing a un contact téléphonique avec Gordon Stewart ; le responsable de la division Europe occidentale à la CIA lui dit que sa candidature pour l'Inde est écartée : la CIA a trouvé « de nouvelles informations sur ses activités au sein du RSHA » lors des recherches sur les documents allemands dans le cadre du procès Eichmann. L'officier de la CIA ordonne au baron d'écrire au Département d'État pour retirer sa candidature en invoquant des raisons personnelles et d'envoyer copie de la lettre à différentes personnes dont on lui transmettra les noms. En cas de refus, « l'information sera communiquée aux personnes en question avec des conséquences déplaisantes ». En outre, la CIA menace de rédiger « un mémo blanc » sur le passé nazi

1. RG 263, Name File Bolschwing, Otto von, 8 avril 1961, from Chief EE to Chief NE.

de von Bolschwing « pour un emploi approprié auprès des membres du Congrès ».

Von Bolschwing cède mais ne rompt point. Il demande une réunion avec la CIA. Le lendemain, deux responsables de l'Agence retrouvent le baron à New York. « La réunion, qui a duré de huit heures du soir à trois heures du matin, s'est déroulée dans une atmosphère amicale pleine de manifestations mutuelles d'amitié », note le compte rendu de la rencontre. « Nous lui avons dit que les documents sur Eichmann et une revue détaillée de son dossier NSDAP établissent que ce qu'il a dit à l'Agence concernant ses activités de nazi est loin d'être la vérité. Nous lui avons expliqué que personne ne lui en voulait. Le but de la rencontre n'était pas punitif mais d'attirer son attention sur le scandale qui pourrait résulter s'il maintenait sa candidature. Ses amis du Congrès qui se sont portés garants seraient alors éclaboussés. »

« Le mal est fait, reconnaît von Bolschwing, mais je compte m'expliquer publiquement. Laver mon honneur.

– Impossible », rétorquent les envoyés de la CIA.

Ceux-ci ont une bonne raison de ne pas vouloir que von Bolschwing s'exprime publiquement : ils ne le croient pas. « Après avoir lu le dossier, aussi favorablement disposé que j'aie été à son égard, il n'est pas parvenu à me convaincre », note l'un des interlocuteurs du baron.

Les agents de la CIA soulignent que, quoi qu'il tente, ses dossiers prouvent qu'il faisait partie du NSDAP et de la SS. En outre il n'est pas certain qu'il puisse supporter le coût des procédures en Allemagne et en Israël. Pour l'heure, concluent-ils, ses amis ne sont « au courant que d'une petite partie du contenu du dossier ; s'il se dépêche de retirer sa candidature, les choses en resteront là ».

« Les protestations d'innocence de von Bolschwing m'ont semblé de pure forme et destinées à maintenir son image vis-à-vis de nous », note l'officier de la CIA qui rapporte que le baron avait sur lui son certificat de dénazification, « un document vraiment pathétique, vu les circonstances ».

Réalisant qu'il ne pourrait pas travailler pour le gouvernement, le baron s'effondre, il se demande à voix haute ce qu'il peut faire pour épargner son employeur Richard Driscoll. Après avoir menacé par deux fois de se suicider, von Bolschwing retire sa candidature. Les agents de la CIA rédigeront le télégramme qu'il enverra au Département d'État et les lettres d'excuses aux députés qui l'ont appuyé. Ce qui sera fait dans les heures qui suivent la réunion de New York. Et pendant une dizaine d'années, l'Agence n'entendra plus parler du mentor d'Eichmann.

Dans le courant des années soixante, les affaires du baron vont bien. Il retourne régulièrement en Europe avec sa femme, généralement à l'occasion de croisières. En 1967, croisière en Méditerranée à bord de l'*Atlantic* : il trône à la table du commandant avec son épouse, un collier de fleurs autour du cou, en habit de soirée, le visage illuminé d'un sourire. Un sexagénaire au faîte de sa puissance. Dans quelques mois, il va prendre des participations dans une société informatique promise à un bel avenir : TCI. Il va de nouveau avoir besoin de son ami Ray Coggin. TCI vient de signer un contrat avec le ministère de la Défense. L'armée américaine va enquêter sur tous ses employés. Von Bolschwing craint que son passé nazi ne nuise à son accréditation.

En mai 1970, le colonel en retraite Ray Coggin rencontre donc un de ses contacts à la CIA. « Coggin a tourné autour du pot pendant un certain temps, mais il ne fait pas de doute qu'il attendait l'assurance qu'il n'y aurait pas d'opposition de notre part », explique l'officier de la CIA dans un rapport. Pour donner plus de poids à sa requête, Coggin propose d'appeler le directeur de l'Agence. « Je lui ai dit que je n'avais rien à voir avec ces histoires, que je supposais que la demande suivrait la voie normale, poursuit l'officier. La conversation a été très amicale et je ne lui ai pas explicitement dit que je considérais sa démarche très inappropriée. »

Le ministère de la Défense ne trouve rien à redire à l'accréditation de von Bolschwing. Pourquoi ? On l'ignore. Normalement, von Bolschwing n'aurait jamais dû être accrédité en raison de son passé de nazi et de SS. Pis : l'enquête de l'armée américaine a sans doute révélé que pour obtenir sa nationalité américaine, von Bolschwing a menti, ce qui doit automatiquement entraîner des poursuites judiciaires. Or l'Armée ferme les yeux sur ce qui est considéré aux États-Unis comme un délit fédéral. Le baron pense alors pouvoir terminer tranquillement sa vie aux États-Unis.

Il est probable qu'on n'aurait jamais entendu parler du mentor d'Eichmann sans Charles Kremer, un dentiste roumain réfugié aux États-Unis après la guerre. Charles Kremer est indigné par la nomination à la tête de l'Église orthodoxe de Roumanie aux États-Unis de Valerian Trifa, l'un des anciens dirigeants de la Garde de fer roumaine. Au début des années cinquante, il entame une véritable croisade qui va durer près de trente ans. Le dossier ne sera ouvert qu'en 1978, après la création de l'OSI (Office of Special Investigations), organisme du ministère de la Justice chargé de traquer les criminels de guerre réfugiés aux États-Unis. L'affaire Valerian Trifa est l'un des premiers gros dossiers traités par l'OSI. Les enquêteurs de l'OSI qui reconstituent l'histoire de la Garde de fer roumaine tombent sur le nom de von Bolschwing. Ils demandent des précisions au gouvernement allemand et s'aperçoivent que le baron vit aux États-Unis depuis 1954 grâce à l'intervention de la CIA.

L'OSI envisage alors de faire témoigner von Bolschwing contre Valerian Trifa. En juillet 1979, un fonctionnaire du ministère de la Justice, Mendelsohn, rencontre un représentant du service juridique de la CIA. « Mendelsohn était au courant du passé nazi de von Bolschwing et pensait évidemment qu'il ferait un témoin utile », peut-on lire dans le compte rendu de la réunion. Le représentant de la CIA énumère les mensonges du baron : « Von Bolschwing s'est toujours décrit comme un homme d'affaires opportuniste qui est devenu membre du parti nazi et officier grâce à la corruption, à la fraude et à des relations familiales. (...) Il raconte comment il a été constamment arrêté par la Gestapo pour être relâché en versant des pots-de-vin. »

Puis le représentant de la CIA dresse la liste des questions auxquelles l'Agence va devoir répondre : « L'Agence était-elle au courant des activités de von Bolschwing en 1947 ? Les dossiers allemands saisis à Berlin concernant von Bolschwing ont-ils été examinés en 1947 ? Si oui, décrivaient-ils les activités de von Bolschwing ? Pourquoi l'Agence est-elle restée silencieuse en 1961 quand les relations de von Bolschwing avec Eichmann ont été découvertes ? Jusqu'où l'Agence a-t-elle aidé von Bolschwing quand il a émigré aux États-Unis ? L'a-t-elle encouragé à ne pas mentionner son appartenance au parti nazi lors de sa demande de naturalisation ? Y a-t-il eu un accord secret avec les services de l'immigration en 1959 ? Nous devons nous attendre à des discussions avec le ministère de la Justice concernant le nombre et la nature des informations qui peuvent être déclassifiées en vue de sa poursuite devant les tribunaux. »

Otto von Bolschwing est interrogé par un avocat du ministère de la Justice dans le cadre de la procédure intentée contre Valerian Trifa le 26 juin 1979. L'interrogatoire est décevant : le baron ne reconnaît pas son appartenance au SD et nie avoir été membre du parti nazi dès 1932.

Face à ce témoin hostile, le ministère de la Justice décide alors d'ouvrir une procédure contre Otto von Bolschwing. Otto von Bolschwing a menti en négligeant de mentionner son passé de membre du parti nazi sur sa demande de naturalisation datée du 4 février 1959, un délit passible de la révocation de sa nationalité américaine suivie d'une expulsion immédiate. L'avocat de von Bolschwing, son fils en l'occurrence, négocie un accord avec le gouvernement américain. Le baron, qui est très gravement malade, demande qu'on le laisse mourir aux États-Unis ; en échange il renonce à sa nationalité. Trois mois après avoir signé l'accord, Otto von Bolschwing décède en Californie. Il échappe définitivement à la justice des hommes, il faudra attendre plus de vingt ans pour que, grâce à l'ouverture des archives de la CIA, le mentor d'Eichmann soit enfin déféré devant un autre tribunal : celui de l'Histoire.

CHAPITRE 3

Le train de l'or

Le dossier d'Otto von Bolschwing est sans doute le plus emblématique de tous ceux déclassifiés par la CIA dans le cadre de l'IWG. Il démontre comment un criminel de guerre peut échapper à ses juges et laisse entrevoir d'inquiétantes compromissions. Il n'est pourtant pas le plus sulfureux. La palme de l'agent trouble revient à un autre officier du RSHA, Wilhelm Höttl. Un aventurier qui a su nager des eaux troubles des services spéciaux nazis à celles des services secrets engagés dans la guerre froide après un détour du côté de la Shoah. Les Américains auraient dû se méfier des ides de mars. Tout spécialement celles de 1945. Elles furent celles de toutes les traîtrises pour ce gros homme qui débarque à Zurich, loin de l'effondrement annoncé du Reich. Venu tout droit de Vienne, le *Sturmbannführer* Wilhelm Höttl est en mission spéciale. Il a rendez-vous avec le prince Alois Auersperg, ancien attaché militaire autrichien à Berne, dont Wilhelm Höttl n'ignore pas les sympathies antinazies. Relevé de son poste au lendemain de l'attentat contre Hitler, le prince est un des dirigeants du Mouvement pour la liberté ; à ce titre il est en contact avec Allen Dulles, le numéro un de l'OSS à Berne[1]. Wilhelm

---

1. RG 265, Box 25, vol. IX, CV de Hoettl, W., note du 31 mai 1949, p. 4.

Höttl se méfie – il a établi le contact par l'intermédiaire d'un de ses amis autrichiens.

Wilhelm Höttl est en mission pour le compte de son supérieur, Ernst Kaltenbrunner, chef du RSHA qui regroupe et supervise les services de sécurité, les services secrets et la police secrète du Reich. Une mission aux contours flous. Tout en ayant demandé à son représentant de tenter de négocier une reddition honorable, Kaltenbrunner est terrifié à l'idée que l'information filtre en Allemagne et que Hitler n'apprenne le voyage de Höttl. Ce dernier est donc chargé de rassembler un maximum d'informations sans prendre d'engagements d'aucune sorte.

L'heure n'est plus à la négociation. Outrepassant ses instructions, le *Sturmbannführer* Wilhelm Höttl propose ses services aux Américains qui les acceptent. Höttl repart en Autriche avec une nouvelle tâche : recueillir un maximum d'informations sur les mouvements de Résistance que les nazis mettent sur pied dans les Alpes bavaroises et en Autriche. Mission dont l'utilité va se révéler très limitée pour les Américains, mais qui vaudra à Höttl de ne pas être exécuté pour crime de guerre. L'OSS n'ignorait pas que Höttl était un haut responsable des services secrets nazis en Hongrie au moment de la destruction des juifs hongrois. En revanche, les services secrets américains ne savaient pas que le *Sturmbannführer* jouait aussi un rôle non négligeable dans leur spoliation et dans la terrifiante affaire du train de l'or disparu quelque part en Europe centrale au moment même où débute notre récit. L'auraient-ils su que cela n'aurait rien changé. L'OSS ne voyait qu'une chose : proche de Kaltenbrunner, Höttl pouvait peut-être leur offrir un moyen de forcer la citadelle, réputée imprenable, où refluait l'armée nazie en déroute, le réduit alpin.

Avec ses seize cents pages, le dossier de Wilhelm Höttl est un des plus gros de ceux que la CIA a déclassifiés en

2004. C'est aussi l'un des plus effrayants. Il est significatif de l'aveuglement des Américains qui, en embauchant ce criminel de guerre endurci, agent double si ce n'est triple, voleur et escroc à ses heures, ont compromis certaines de leurs opérations clandestines les plus importantes en Europe. « Aucun dossier, écrit l'historien Norma Goda, n'illustre mieux la complexité morale, politique et opérationnelle du monde du renseignement de l'après-guerre. La carrière de Höttl est un miroir dans lequel se reflète la nature de chaque organisation secrète qui a eu affaire à lui [1]. »

Wilhelm Höttl est déjà un nazi pur et dur quand il obtient son doctorat en philosophie à l'université de Vienne en 1937, à l'âge de vingt-deux ans. Il a rejoint les SS depuis quatre ans, après avoir milité dans les organisations pronazies alors qu'elles étaient encore illégales en Autriche. Une fois l'Autriche annexée en 1938, il travaille, officiellement cette fois, pour le SD où il est chargé des rapports avec l'Église catholique. Quelques mois plus tard, il est transféré au département étranger du SD, une mesure disciplinaire prise par ses supérieurs qui commencent à se méfier de ses contacts.

Sa liaison avec la comtesse Dorothy Palffy lui ouvre les portes de l'aristocratie hongroise. Il parle d'elle comme de l'une de ses meilleures sources de renseignement sur l'Europe centrale et entend la récompenser comme il se doit en lui octroyant une partie des biens confisqués aux juifs. Les supérieurs de Höttl voient d'un mauvais œil une Américaine participer à leur festin. « Je la connais depuis des années, dit-il, elle est tout sauf une amie des

1. Norman Goda, « The Nazi Peddler », in *US Intelligence and the Nazis*, *op. cit.*

juifs ; mais, en bonne Américaine, son antisémitisme est différent du nôtre. »

Un rapport de la CIA de 1952 souligne que la comtesse, qui avait des contacts de premier ordre dans les milieux du renseignement hongrois, était la meilleure source d'information de Höttl qui s'était fait une spécialité de réécrire les rapports de la comtesse avant de les envoyer sous sa signature au quartier général de la SD à Berlin. « Quand la production de Palffy baissait, Höttl lui laissait entendre de manière subtile qu'il avait moins de temps à passer avec elle car il lui fallait rédiger son quota de rapports, faute de quoi il risquait d'être muté à un autre poste. La Palffy, ne voulant pas se séparer de son grand amour, pressait ses contacts hongrois afin d'obtenir plus d'informations[1]. »

En octobre 1941, le supérieur de Höttl saisit sa hiérarchie en l'accusant d'être un menteur, un voleur et un escroc. Höttl se défend en invoquant son passé et affirme avoir toujours agi avec l'aval de son protecteur Reinhardt Heydrich, le chef du RSHA ; la direction de la sûreté du Reich intervient. Höttl met en avant ses états de service, parle de ses succès reconnus dans la lutte contre « l'Église, les juifs et les francs-maçons ». En dépit de son grade (*Sturmbannführer*), Höttl est nommé en janvier 1942 correspondant de guerre à Belgrade. Une punition.

À la suite de l'assassinat de Heydrich par des partisans tchèques, en mai-juin 1942, Ernst Kaltenbrunner prend la direction du RSHA. Face à son grand rival Walter Schellenberg, chef du SD, Kaltenbrunner se construit une garde rapprochée composée d'Autrichiens ; Höttl en est. Il est nommé au quartier général à Berlin, comme directeur adjoint de l'Amt-VI-F (la section char-

1. RG 263, Name File Hoettl, Box 23, vol. I, dépêche du 15 avril 1952.

gée de l'Europe du sud-est) avec compétence sur la section hongroise (Amt-VI, S2), serbo-croate (VI-E3) et albano-monténégrine (VI-E4).

Au début, Höttl s'occupe principalement de l'Italie et en particulier des relations avec le Vatican. On le dit très proche du conseiller du Vatican chargé des relations avec l'Allemagne, le père Laider. Höttl est à Rome au moment de la chute de Mussolini. Son rôle dans l'affaire n'est pas clair.

Des historiens affirment qu'avec l'ambassadeur du Reich à Rome, il aurait œuvré à la libération du Duce en septembre 1943 [1]. Des rapports indiquent qu'il aurait été le cerveau de la libération de Mussolini réalisée par les commandos d'Otto Skorzeny. En janvier 1944, il réussit à récupérer les notes diplomatiques du comte Ciano, peu de temps avant l'exécution de ce dernier. Octobre 1943 : Höttl est nommé *Sturmbannführer* en dépit de son jeune âge, une promotion rétroactive datée de la veille de la « libération » de Mussolini, le 11 septembre 1943. Höttl n'a pas le temps de se reposer sur ses lauriers, une nouvelle mission l'attend. Elle fera de lui un homme riche pendant un temps, mais aussi un criminel de guerre en le plongeant au cœur de l'Holocauste, en Hongrie.

1. C'est le cas de Norman Goda, *loc. cit.* Wilhelm Höttl étant un spécialiste de la désinformation, il n'est pas étonnant de retrouver des biographies contradictoires dans les archives des services secrets. Le dossier récemment déclassifié par la CIA prétend au contraire qu'« il a essayé d'infléchir la politique allemande afin qu'elle laisse tomber Mussolini, appuie Badoglio et permette à l'Italie de sortir de la guerre. Ce qui entraîna de sérieux affrontements avec l'ambassadeur von Mackensen. Afin de faire taire toutes les critiques, Joachim von Ribbentrop interdit alors toutes les conversations téléphoniques entre Berlin et Rome (sauf celles autorisées). Une mesure inutile dans le cas de Höttl qui avait mis en service son propre émetteur quelques jours avant. Pour avoir tenté d'infléchir la ligne officielle tracée par Hitler, Höttl a été placé par Himmler sur sa liste noire ».

En ce début 1944, dans une Europe ravagée par la guerre, la Hongrie représente une exception dangereuse pour Hitler. Les avions alliés la survolent sans risques, les prisonniers de guerre évadés y trouvent refuge. Pis : avec sept cent vingt-cinq mille membres, la communauté juive hongroise est l'une des dernières des Balkans à n'avoir pas été décimée.

Hitler craint en outre de voir la Hongrie quitter l'Axe en négociant une paix séparée avec les Alliés, exposant ainsi le flanc sud du Reich et le privant également des matières premières nécessaires à son effort de guerre. Il faut intervenir, et vite. Reste à savoir sous quelle forme. À la fin du mois de février 1944, le chef du SD, Walter Schellenberg, supérieur hiérarchique de Wilhelm Höttl, est chargé de la réalisation du plan d'invasion de la Hongrie (opération Margarethe I).

Au début du mois de mars, Schellenberg convoque Höttl à Salzbourg : « Comme moi, Schellenberg considérait qu'il était économiquement, politiquement et militairement absurde d'occuper la Hongrie et donc de traiter ce pays comme une puissance ennemie. Nous étions d'accord sur le fait qu'il fallait trouver un accord avec le régent Horthy afin de mettre en place un nouveau gouvernement dirigé par un nouveau Premier ministre acceptable par l'Allemagne. Schellenberg me demanda de rédiger un rapport sur le sujet afin de le soumettre à Hitler par des canaux officieux. J'ai donc rédigé ce rapport la nuit même dans ma chambre d'hôtel à l'Österreichischen Hof de Salzbourg, et j'ai personnellement supervisé la préparation de la version finale dans le train spécial de Himmler en gare de Hallein, et finalement, le 17 mars 1944 au soir, je l'ai remis à l'ambassadeur Hewel en présence de Schellenberg ; par la suite nous nous sommes aperçus qu'il l'avait remis directement à Hitler. »

Le plan de l'opération Margarethe I, qui prévoyait

l'occupation pure et simple de la Hongrie par l'Allemagne, n'a pas été appliqué sous sa forme originelle, mais a été transformé en accord avec le régent Horthy qui se déclare prêt à nommer un nouveau gouvernement agréable à l'Allemagne, sous la direction de Döme Sztojay, à l'époque ministre hongrois à Berlin [1].

Dès son entrée au SD, Wilhelm Höttl a suivi de près l'évolution de la situation dans les Balkans et tout particulièrement en Hongrie. La comtesse Palffy lui ayant ouvert les portes des salons aristocratiques de Budapest, Höttl en profita, d'autant que le comte Fidel Palffy dirigeait le parti national-socialiste unifié qui suivait une ligne pronazie. Les contacts tissés dès lors lui seront précieux quand, depuis le quartier général du RSHA de Berlin, il gardera un œil sur la Hongrie. Höttl a recruté ses agents dans les milieux les plus antisémites du pays.

Le 19 mars 1944, alors que la Wehmarcht investit Budapest, des unités des SS et de la Gestapo arrêtent tous les opposants potentiels. Ils sont guidés par les hommes de Laszlo Baky, ami et protégé de Wilhelm Höttl.

Simultanément, ce dernier, arrivé en même temps que son protecteur Ernst Kaltenbrunner, le 19 mars 1944 à l'aube, met sur pied un gouvernement fantoche à la botte des nazis. Kaltenbrunner et Höttl sont chargés de cette mission des plus délicates. Les ordres de Himmler sont formels : le contrôle de la Hongrie doit être total afin que rien ne s'oppose au travail des *Sonderkommandos* qui, sous les ordres d'Adolf Eichmann, sont chargés d'appliquer la Solution finale aux sept cent vingt-cinq mille juifs hongrois après les avoir dépouillés de tous leurs biens. Höttl est conseiller politique du SS *Brigadeführer* Edmund Veesenmayer, ministre allemand en Hongrie. Les deux hommes ne s'entendent pas. Höttl

1. Main Hearing of Criminal Proceedings against the Accused Adolf Eichmann ; Testimony of Dr Wilhelm Hoettl, 26 mai 1961.

juge que le *Brigadeführer* est un homme « faible et défaitiste » ; de son côté, Veesenmayer décrit Höttl comme un « nazi fanatique, une personne étroite d'esprit qui ne laissera rien inachevé afin d'atteindre son but quel qu'il soit[1] ». L'histoire lui donnera raison.

« Dès le début de l'invasion, écrit l'historien Ronald Zweig dans un remarquable ouvrage[2], avant même que quiconque à Budapest ne réalise ce qui se passe, Höttl rassemble ses protégés, dont Baky, afin qu'ils soient prêts alors que le gouvernement était en formation. Leur mission : identifier, isoler, concentrer, intimider et finalement déporter les sept cent vingt-cinq mille juifs (et plus de cent mille convertis) de Hongrie. Et cela, en un temps record afin que l'avance des Alliés ne puisse empêcher l'application de la Solution finale à la dernière grande communauté juive d'Europe. Les Allemands ne pouvaient y parvenir seuls ; ils avaient besoin d'une aide locale et Höttl voulait s'assurer que les hommes politiques qu'il appuyait depuis longtemps étaient prêts à jouer leur rôle. À l'autre bout de la chaîne de la déportation, à Auschwitz – les lignes de chemin de fer, les chambres à gaz et les crématoriums –, tout était prêt pour les victimes hongroises. » Durant le séjour de Höttl à Budapest, de mars à octobre 1944, près de cinq cent cinquante mille juifs hongrois périssent en déportation[3]. Sa mission terminée, Wilhelm Höttl se replie sur l'Autriche d'où il surveille étroitement la répartition du fantas-

1. RG 263, Name Files, Hoettl, Wilhelm, Box 23, vol. I, doc. 89.
2. Ronald Zweig, *The Gold Train*, Londres, Penguin Books, 2002.
3. À partir du 15 mai 1944, les déportations de juifs et de Tsiganes se succèdent à un rythme soutenu jusqu'au 12 juillet 1944, date du dernier convoi. L'arrivée au pouvoir des Croix fléchées, à l'automne 1944, marque une nouvelle étape dans la Solution finale à la hongroise. La ligue fasciste dirigée par Ferenc Szalasi massacre les juifs de Budapest. Raoul Wallenberg, le diplomate suédois, en sauvera des milliers en leur délivrant des sauf-conduits.

tique butin que constituent les biens spoliés aux juifs. Dans une atmosphère de fin de Reich, ses hommes sont prêts à intervenir. Quelques mois plus tard, sentant la défaite inéluctable, le *Sturmbannführer* prend contact avec l'OSS à Berne.

Après la première rencontre, un responsable de l'OSS Berne envoie le message suivant à Washington : « Nos conversations avec 503 indiquent que ses contacts au sein du SD sont plus importants que je ne le pensais. D'autres informations, de source amie, confirment celles de 503 : Himmler, Kaltenbrunner et d'autres hauts dignitaires SS ne seraient pas prêts à suivre les fanatiques suicidaires et tenteraient de gagner une certaine immunité en servant d'intermédiaire entre Hitler et les forces d'occupation. » Et le responsable de l'OSS d'ajouter : « Naturellement, il n'est pas n'importe qui pour des personnes comme Himmler ou Kaltenbrunner, mais aussi longtemps qu'ils y croiront, on pourra enfoncer un coin dans le SD et réduire [son] efficacité (...). Je n'ai aucun scrupule à les doubler[1]. » Pour dîner avec le diable, il faut une longue cuillère, dit le proverbe. Dans le cas de Höttl, celle des Américains n'avait peut-être pas la bonne dimension.

Les premières rencontres se passent sous le signe de la méfiance de la part des Américains. « Höttl a l'air de donner des informations pour sauver sa vie », note son interlocuteur de l'OSS avant d'ajouter : « Il faut se servir de Höttl, mais ne pas collaborer avec lui[2]. »

Le 12 avril 1945, Höttl retourne en Suisse en passant par la ville autrichienne de Feldkirch ; il est accompagné par un homme qu'il présente comme un délégué d'un

1. RG 263, Name File Hoettl, Wilhelm, Box 23, vol. I, doc. 8, cable S. State to Washington.

2. RG 263, Name File Hoettl, Wilhelm, Box 23, vol. I, doc. 89 report B-2551 from 110.

mouvement de résistance de droite. L'envoyé spécial de l'OSS[1] a l'impression que les deux hommes « veulent jouer un rôle politique dans la future Autriche ». Prudent, l'agent de l'OSS note dans son rapport : « Afin d'éviter toute accusation de travailler avec les nazis et d'être antisoviétique, notre contact avec lui doit être indirect. »

En avril 1945, les Alliés craignent une contre-offensive allemande dans le sud. Grugés par des photographies aériennes de travaux de fortification dans les Alpes et par une savante campagne de désinformation, les Américains croient, à tort, en l'existence d'un réduit alpin, une sorte de forteresse imprenable où serait regroupé tout ce que l'Allemagne nazie compte de dignitaires et de combattants prêts à mourir dans un assaut final. Échaudés par la contre-offensive des Ardennes (décembre 1944) qu'ils n'avaient pas vue venir, les services secrets américains se doivent de prendre l'information au sérieux. Wilhelm Höttl va les y aider.

Le 14 avril 1945, le contact OSS de Höttl câble à Berne : « H. dit qu'il faut prendre le réduit très au sérieux. Il est désormais trop tard pour l'empêcher et il est convaincu qu'il va entrer en action (...). Selon H., le plan initial prévoyait que seuls les SS fiables, les troupes de la police et les dignitaires du parti iraient dans le réduit. Ce plan n'est plus valable. À la place, ils ont planifié un fort réduit militaire avec autant d'unités de la Wehrmacht que possible. » Pour faire bonne mesure, Höttl ajoute que les partisans yougoslaves de Mihaïlovitch devraient rallier leurs ennemis allemands au nom de l'anticommunisme. L'impossibilité

1. Il s'agit de l'un des plus proches collaborateurs d'Allen Dulles, Edgeworth Muray Leslie.

de la chose ne saute pas aux yeux des responsables de l'OSS. De même prend-on très au sérieux les informations de H. concernant les Loups-garous, ces groupes clandestins de résistance et de sabotage que les Allemands mettent en place afin de rendre amère la victoire des Américains. Bien armés, disposant de fonds « amples », cent mille Loups-garous n'attendent pour se soulever qu'un seul ordre de leur chef, Otto Skorzeny, le libérateur de Mussolini, l'homme des missions spéciales de Hitler. La réalité sera plus sordide et les Loups-garous, rapidement infiltrés par les Américains, seront mis hors d'état de nuire.

Wilhelm Höttl effectue trois voyages en Suisse en l'espace de quelques semaines afin de rencontrer les agents de l'OSS. Allen Dulles, le responsable de l'OSS à Berne et futur directeur de la CIA, rend compte régulièrement des contacts à son supérieur William Donovan, le chef et le père fondateur de l'OSS. Les deux hommes soupçonnent Höttl d'agir avec l'assentiment de sa hiérarchie, en l'occurrence Kaltenbrunner et surtout Himmler qui, s'apprêtant à déserter le camp des jusqu'au-boutistes, serait derrière l'opération Höttl. L'affaire fait grand bruit au sein de l'OSS et fait l'objet d'un échange fourni de télégrammes codés entre Berne, Londres et Washington. À Londres un analyste estime que Höttl est un envoyé spécial de la clique extrémiste du SD ; sa mission : brouiller les cartes entre l'Est et l'Ouest, l'envoyé de Kaltenbrunner étant chargé de mouiller les Américains aux yeux des Soviétiques dans le cadre de négociations secrètes destinées à ne plus l'être longtemps. « Höttl est dangereux », écrit un responsable de l'OSS à Allen Dulles qui lui répond : « Ce type de source nécessite les plus grandes précautions. » Les Américains décident toutefois d'expédier Höttl dans le réduit alpin où il est chargé d'envoyer par radio des informations sur le nombre des combattants allemands et l'état de leur moral, mais aussi de faire des propositions sur la campagne de propagande qui doit, selon les Américains, déstabiliser les hommes du réduit. Höttl et les agents de l'OSS doivent se revoir au début du mois de mai 1945. Le *Sturmbannführer* lui a confié qu'il viendrait peut-être accompagné de Kaltenbrunner. Le rendez-vous n'aura jamais lieu.

Wilhelm Höttl se retrouve bloqué en direction de la Suisse par la rapide avancée des troupes françaises qui ont pris position le long de la frontière helvético-autrichienne ; il se réfugie au Liechtenstein. Höttl sait que sa tête est mise à prix par les Hongrois qui le cherchent activement jusqu'à Vienne. Il fait alors la seule chose qui puisse le sauver : accompagné de six de ses hommes, il se livre aux Américains à Kirchdorf, non loin de Kitzbühl. C'est l'unité du Counter Intelligence Corps de la IIIe armée qui prend livraison de lui et de ses hommes. Il ne pouvait mieux tomber. Plus qu'un service secret, le CIC est une armée secrète rompue aux arcanes du renseignement. Höttl fait état devant eux de ses contacts avec l'OSS dont l'utilité va se vérifier : grâce à l'OSS, le *Sturmbannführer* dispose d'une carte de visite auprès des Américains. Elle va lui éviter d'être jugé comme criminel de guerre et lui sauver la vie.

Au début de sa détention, Wilhelm Höttl est placé dans l'ancien camp de concentration de Dachau reconverti en camp de prisonniers de guerre. Les Américains et leurs alliés révèlent alors au grand jour l'un des secrets les mieux gardés de la guerre : l'horreur concentrationnaire et l'Holocauste. Un homme va les aider à mieux comprendre son fonctionnement, un homme qui avait approché de près les artisans de l'Holocauste jusqu'à travailler en étroite collaboration avec eux en Hongrie : Wilhelm Höttl.

Dans une déclaration sous serment destinée au tribunal de Nuremberg, Wilhelm Höttl se souvient d'une conversation avec le SS *Obersturmbannführer* Adolf Eichmann[1], dans sa résidence de fonction à Budapest en août 1944. On se souvient que Wilhelm Höttl joua un rôle essentiel dans le massacre des juifs hongrois en fournissant à Adolf Eichmann les appuis locaux qui lui permirent d'appliquer la Solution finale en Hongrie en un temps record.

« À l'époque, Eichmann était *Abteilungsleiter* [chef de département] au sein de l'Amt-IV [la Gestapo] du Bureau central de la sécurité du Reich [RSHA] ; il avait été chargé par Himmler de se débarrasser de tous les juifs des pays européens et de les déporter en Allemagne.

Eichmann était impressionné par le fait que la Roumanie venait de signer un armistice avec Moscou. Il venait donc me voir pour avoir des informations sur la situation militaire que je recevais quotidiennement du ministère hongrois de la Guerre et du commandant des Waffen-SS en Hongrie. Il était convaincu que l'Allemagne avait perdu la guerre et qu'il n'avait aucune chance de s'en tirer. Il savait qu'il serait considéré comme le premier des criminels de guerre par les Nations unies puisqu'il avait sur la conscience des millions de vies juives. Je lui demandai alors combien de millions de vies juives avait-il sur la conscience ? Il me répondit que le nombre était un des plus grands secrets du Reich, mais qu'il allait me le dire puisqu'en tant qu'historien cela m'intéressait (...). Il venait de faire un rapport à Himmler, qui voulait savoir combien de juifs avaient été tués. Il était arrivé au résultat suivant : environ quatre millions de juifs avaient été tués dans les divers camps d'extermination et deux autres millions avaient trouvé la mort dans d'autres circonstances, la plupart tués par les équipes opérationnelles de la police de sécurité durant la campagne de Russie.

1. *Affidavit* de Wilhelm Hoettl 26 novembre 1945. http://www.lib.uconn.edu/online/research/speclib/ASC/Nuremberg/witness Hoettl.htm

Himmler n'était pas satisfait par ce rapport. Selon lui, plus de six millions de juifs avaient été tués. Himmler déclara qu'il voulait envoyer à Eichmann un membre de son service des statistiques afin qu'il rédige un nouveau rapport après consultation du matériel d'Eichmann dans lequel figureraient de nouveaux chiffres.

Je pense que cette information, que m'a donnée Eichmann, était correcte, il est certainement celui qui connaît le mieux le nombre de juifs qui ont été assassinés.

Tout d'abord, c'est lui qui, avec ses unités spéciales, a livré les juifs aux camps d'extermination ; il connaissait donc bien les chiffres exacts ; ensuite, en tant qu'*Abteilungsleiter* de l'Amt-IV [Gestapo] du RSHA, responsable des affaires juives, il savait mieux que quiconque le nombre de juifs morts par d'autres moyens [1]. »

Entre mai et juillet 1944, près de quatre cent quarante mille juifs hongrois ont été tués à Auschwitz-Birkenau, plus cent dix mille dans d'autres camps, et leurs biens confisqués – « des milliers de tapis persans, d'impressionnantes quantités de meubles, des objets personnels de grande valeur (montres, timbres de collection, appareils photo, jumelles, et même des machines à coudre) et des tonnes d'argenterie religieuse juive (des chandeliers de shabbat, des tasses de Kiddouch, des couronnes et des ornements de Torah, des plats Hallah entre autres) [2] ». Ces biens furent distribués aux nazis hongrois protégés par Wilhelm Höttl.

---

1. À ce jour, note, le 27 avril 1953, le journal allemand *Der Spiegel*, « c'est la seule source authentique » du chiffre de six millions de juifs assassinés par les nazis. De cette constatation extraite d'un long article consacré à la personnalité pour le moins flamboyante sinon ambiguë de Höttl, les révisionnistes tireront un argument de plus pour nier la réalité de l'Holocauste. Avec leur mauvaise foi habituelle, ils oublieront que les historiens, de leur côté, sont arrivés à des chiffres du même ordre.

2. Ronald Zweig, *The Gold Train, op. cit.*

Les biens des juifs hongrois furent entreposés par l'Office hongrois des biens juifs à l'hôtel des ventes de la caisse d'épargne de Budapest. Ils furent transférés par train au château d'Obanya près de Zirc quelques jours avant l'abdication du régent Horthy (15 octobre 1944) et l'arrivée au pouvoir des Croix fléchées.

Quelques semaines plus tard, un autre convoi de neuf wagons, six de bijoux et trois de tapis d'Orient, arrive au château d'Obanya. Les deux convois sont réunis. Il y en a pour plusieurs milliards de dollars.

Le 10 décembre, la garde du train est confiée au colonel Arpad Toldi, gouverneur d'un des principaux districts du pays, Fejer. Il a été choisi pour cette mission parce que les Allemands savent qu'ils peuvent compter sur lui. Nazi fanatique, c'est aussi un homme d'action réputé pour sa cruauté. Il est proche de Lazslo Baky, un des relais hongrois de Wilhelm Höttl. Toldi et Höttl ont fait connaissance à Budapest. Les deux hommes ont travaillé régulièrement ensemble jusqu'à ce que Höttl quitte Budapest. À la lecture du dossier de Höttl déclassifié par la CIA dans le cadre de l'IWG, on en déduit que Höttl a sans doute suivi l'affaire du train de l'or hongrois depuis le début. Probablement en contact avec Toldi dès la création du convoi, il a planifié avec lui la suite des événements.

Höttl est installé à Ödenburg, à la frontière austro-hongroise, où il attend des nouvelles de Toldi. Escorté de gendarmes, Arpad Toldi organise le départ du train le 20 décembre 1944. Après bien des détours, le trésor arrive dans la ville minière de Brennberg-Banya, près de la frontière autrichienne. Or, bijoux, tapis et fourrures sont mis en caisse et enfouis dans une mine de charbon désaffectée.

Le 30 mars 1945, Toldi fait exhumer les caisses de la mine de Brennberg et reforme le convoi qui compte entre trente-huit et quarante-deux wagons. Les Américains viennent de franchir le Rhin. Le train se dirige vers Sankt Anton, près de la frontière séparant la Suisse du Liechtenstein. Le train est bloqué à Hopfgarten où les ponts ont été détruits.

Après avoir laissé dans le train les objets les plus encombrants ou de moindre valeur, Toldi confie le convoi à la garde du bourgmestre de Zimbor, qui le livrera aux Américains dès leur arrivée.

Les objets les plus précieux, l'or, les diamants, les bijoux, l'argenterie la plus rare sont séparés du reste du butin et entreposés dans des caisses. Difficile de connaître le nombre de caisses ; selon les témoignages, il varie entre trente-cinq et cinquante-deux. Toldi parle de quarante-six caisses, deux cassettes et quelques dizaines de kilos d'or, de bijoux et des valeurs en vrac. Les caisses, dont chacune pèse quelque quarante-cinq kilos, sont chargées dans deux camions et une dizaine de voitures. Il y en a pour trois cent cinquante millions de dollars de l'époque, l'équivalent de plus de trois milliards de dollars actuels. Le convoi prend la direction de la Suisse. Une partie du trésor disparaît. L'affaire commence.

« L'affaire du trésor hongrois est un véritable drame aux mille facettes que je m'emploie à reconstituer, surtout pour ce qui touche à la province du Vorarlberg. Le nombre de personnes venues de tous les horizons qui y sont mêlées de près ou de loin est inouï », affirme en septembre 1949 le commissaire français Dabonville, chargé d'un supplément d'enquête à la demande de la mission hongroise de restitution.

Depuis, des dizaines d'enquêteurs, d'historiens, d'avocats se sont penchés sur le dossier. La direction des archives du Quai d'Orsay a consacré un rapport à l'affaire du train de l'or hongrois en août 2001. Les rédacteurs parlent des « zones d'ombre » dues à la complexité d'un dossier toujours sensible. Les pièces détenues par le ministère de la Défense sont classées secret-défense. Elles ne sont pas accessibles aux historiens.

« Il n'a été retrouvé de documents d'archives pertinents ni au ministère de l'Économie et des Finances ni dans le fonds de l'ancienne paierie de France à Bonn, héritière des attributions et des archives de la paierie d'Innsbruck », écrit le rédacteur du rapport qui ajoute :

> « Il paraît indispensable, pour compléter ces recherches, d'interroger d'autres sources. Nous citerons par exemple :
> – les archives hongroises, qui ne paraissent pas avoir été entièrement utilisées par les précédents rapports,
> – les archives suisses, autrichiennes et du Liechtenstein concernant les personnages impliqués dans la dispersion du train de l'or,
> – les archives italiennes,
> – les archives de l'OSS, impliqué à plusieurs reprises,
> – les archives de la Swissair, au cas où le plan de vol de l'avion frété pour transporter le trésor en Hongrie ait été conservé, voire des sources françaises que notre enquête ne nous aurait pas permis de découvrir. Cette enquête pourrait être confiée à une commission d'historiens, bilatérale ou incluant des représentants des autres pays qui ont pu être impliqués. »

Le rapport du Quai d'Orsay reconstitue en grande partie le trajet de l'or manquant. « Il est à noter qu'une partie, difficile à évaluer, de l'or a été exportée dans les pays voisins (Suisse, Italie) et dans les zones d'occupation anglaise et américaine en Autriche et en Allemagne. Plusieurs dépositions au procès de 1946 en font état, et la chose est facilement explicable, à la fois par la configuration géographique du pays et par le fait que plusieurs des inculpés travaillent dans les transports routiers ou ferroviaires (Landeck, à quelques kilomètres de Schuan, est un important centre ferroviaire). »

On sait qu'en route vers la Suisse, un des deux camions, chargé de vingt-huit caisses, est tombé en panne. La panne réparée, il serait retourné à Hopfgarten où aurait eu lieu un échange de caisses. Puis le camion est reparti vers Sankt Anton le 27 ou le 28 avril. « Vingt-deux caisses sont laissées à Sankt Anton et réparties en trois lots, qui sont enterrées dans le bois de Selnani, en bordure de la route de Sankt Anton, ou à Pettneu », affirme le rapport du Quai d'Orsay.

On trouve effectivement trace du train de l'or dans différents dossiers déclassifiés dans le cadre de l'Inter Work Group consultés pour la rédaction de cet ouvrage. Parmi eux, celui de Wilhelm Höttl qui nous permet de reconstituer l'itinéraire du trésor.

Le 29 avril 1945, aux alentours de 8 h 30 du matin, un camion bâché s'arrête devant l'hôtel de la Poste de Feldkirch. Toldi en descend ; il est accueilli par Wilhelm Höttl et Fritz Westen.

Homme de confiance de Wilhelm Höttl, Fritz Westen est un industriel autrichien qui possède des usines en Pologne, Roumanie, Italie et Yougoslavie, « autant de pays où les propriétés juives ont été aryanisées et où des pillages sur une grande échelle ont eu lieu sous l'autorité de la Wehrmacht[1] », note l'historien Ronald Zweig.

Westen et Höttl n'en sont pas à leur premier pillage. Peu auparavant, Höttl a obtenu de Kaltenbrunner un sauf-conduit afin que Westen fasse sortir de Yougoslavie un convoi de camions bourrés d'or, d'argent et de bijoux[2]. Plus récemment, Fritz Westen a également servi

1. Ronald Zweig, *The Gold Train, op. cit.*
2. « Intermezzo in Salzburg », *Der Spiegel,* 22 avril 1953.

de poisson-pilote de Wilhelm Höttl lors de ses premiers contacts avec l'OSS en Suisse.

Höttl, Westen et Toldi s'enferment pendant quatre heures dans une chambre afin de mettre au point les derniers détails d'un plan. À l'issue de la réunion, Wilhelm Höttl remet au Hongrois des jeux de faux papiers pour lui et sa famille. Toldi s'absente un instant. Il se dirige vers le camion bâché. À l'intérieur : vingt-deux caisses bourrées d'or et de diamants. Toldi demande au chauffeur d'en apporter six à l'intérieur. Toldi s'est mis deux caisses de côté, les quatre autres sont destinées à Höttl, c'est son salaire : dix pour cent de la valeur totale du butin qu'il doit transporter en Suisse.

L'historien Ronald Zweig fait remarquer que quinze jours avant la fin de la Seconde Guerre mondiale, Höttl, officier supérieur de renseignement, peut se déplacer comme bon lui semble dans les zones autrichiennes encore contrôlées par les Allemands. Ses contacts avec l'OSS de Berne lui assurent également une relative liberté de mouvement sur le territoire suisse. On peut se demander si le train de l'or n'est pas la clé expliquant les premiers contacts que Höttl a établis avec les services secrets américains en Suisse alors que Toldi est en route pour le rejoindre à Feldkirch.

Ce jour-là, dans le camion qui attendait Toldi, se trouvait seulement une partie du trésor détourné du train de l'or. Le reste était déjà enterré dans divers endroits du Tyrol proches de la frontière. Höttl, Toldi et leurs hommes enterrent les dix-huit caisses dans une briqueterie située non loin de Feldkirch. Peu après, les Alliés intercepteront le train dont le contenu sera rendu aux Hongrois. Reste les quelque trois cent cinquante millions de dollars de bijoux et de diamants mis de côté par Toldi. Officiellement, seule une partie a été retrouvée.

Un télégramme de la CIA affirme que les anciens nazis regroupés par les Américains dans l'organisation anticommuniste Gehlen auraient, eux aussi, fait main basse sur une partie du trésor des juifs hongrois.

« Les Américains signalent aux services de renseignements de la Ire armée française, dans les premiers jours de mai 1945, l'existence en zone d'occupation française de biens précieux, explique le rapport du Quai d'Orsay. Dès le moment où les autorités françaises ont été averties de l'existence du trésor hongrois et jusqu'à l'installation définitive en Hongrie d'un régime communiste, enquêtes et contre-enquêtes se sont succédé presque sans interruption pour retrouver les moindres fragments du trésor, allant jusqu'à une enquête parlementaire en 1947[1]. »

Les caisses d'or de Wilhelm Höttl n'ont jamais été retrouvées. Arrêté par les Américains, Höttl est libéré le 26 novembre 1947. Il est alors interrogé par le commissaire français Dabonville. Il lui dit que durant sa détention le contenu des caisses a disparu. Le commissaire n'est pas dupe. Il interroge également Fritz Westen, l'âme damnée de Wilhelm Höttl. Westen ment aussi effrontément que Höttl ; il dit que les caisses ne contenaient que de l'or de peu de valeur ou plaqué (*Bruchgold*), voire des fils de laiton. Mais le policier est tenace, les deux Allemands finissent par restituer une infime partie du trésor.

« Le 24 octobre 1949, Friedrich Westen et Wilhelm Höttl remettent au commissaire Dabonville, en présence du chef du détachement de liaison pour la province du Vorarlberg, un paquet contenant des bijoux et de l'or dentaire, pesant 16 kg 750, ficelé et cacheté, portant les signatures des policiers et officiers français (Aubert, Dabonville, Combes, Eustache, Reynes) et de Westen, et la mention Scellé correspondant au procès-verbal n° 61 du 6 décembre 1949 ; poids net : 16 kg. Il est pris en

1. Nara, RG 263, Name File Gehlen.

charge par la paierie générale d'Innsbruck le 7 décembre 1949. Dans sa déclaration, Westen a signalé par ailleurs qu'il tenait le produit de la vente d'une partie de l'or qu'il avait reçu en dépôt, soit douze mille six cents dollars, à la disposition de la Sûreté française, mais à son domicile italien et en secret pour ne pas alerter les services fiscaux italiens ; les autorités françaises ne donneront évidemment pas suite à cette proposition fort irrégulière [1]. »

Peu de temps avant d'être pendu pour crimes de guerre et crimes contre l'humanité, le 16 octobre 1946 vers 1 h 40 du matin à Nuremberg, l'ancien chef du RSHA Ernst Kaltenbrunner dit à son épouse de ne pas se soucier de son avenir ni de celui de leurs enfants, en ajoutant : « Allez voir Höttl, il prendra soin de tout. » Quand la veuve de Kaltenbrunner réussit enfin à rencontrer Höttl en 1948, ce dernier affirmera ne pas savoir de quoi elle parle. La mort soudaine de son associé Fritz Westen [2] en 1951 plonge Höttl dans un état de dépression tel que les agents américains qui le surveillaient se demandèrent si Westen n'avait pas emporté avec lui les clés du trésor de Höttl.

Dès sa libération par les Américains en 1947, Wilhelm Höttl a repris ses affaires comme si de rien n'était, affichant un train de vie disproportionné avec ses revenus. Il investit son argent dans les deux moteurs de sa vie :

---

1. Rapport de synthèse du ministère français des Affaires étrangères, août 2001.

2. Il semblerait que Westen soit décédé des suites d'un pari stupide. Il aurait frappé un agent de police afin de démontrer que tous les policiers autrichiens sont corruptibles. Hélas pour lui, ce dernier ne lui laissa pas le temps de sortir son portefeuille et lui décocha un direct à la mâchoire qui entraîna une chute mortelle. « Intermezzo in Salzburg », *Der Spiegel*, 22 avril 1953.

l'édition (il se targue d'être un historien), avec les Nibelungen Verlag qui publieront ses Mémoires, best-seller à l'époque, et le renseignement en travaillant avec un des deux réseaux qui visaient à devenir les futurs services secrets allemands.

Après avoir témoigné à Nuremberg, Wilhelm Höttl rebondit, non sans talent, en passant un pacte avec les Américains. Il leur offre, en échange de sa libération, un réseau d'agents secrets encore intact. « Höttl affirme que son réseau est le seul réseau d'information de l'Amt-VI à avoir survécu à la désorganisation générale », écrit un de ses officiers traitants du CIC.

Höttl sait trouver les arguments qui font mouche. Il fait remarquer que dans certains pays d'Europe centrale, les services secrets américains en sont à leurs balbutiements quand ils ne sont pas inexistants, contrairement à leurs rivaux britanniques. Pragmatique, il note que pour reconstruire des services secrets en Allemagne, les Américains ne peuvent pas s'appuyer uniquement sur des anciens opposants au régime nazi. Ils doivent faire avec les anciens SS, délivrés de leur serment par la mort de Hitler et de Himmler. Un argument repris par ailleurs par les anciens criminels de guerre qui, sous la houlette du général Gehlen, construisent une organisation rivale, et plus sérieuse, que celle dont rêvait Höttl. L'argument porte et le Counter Intelligence Corps (CIC) décide de confier à Höttl la direction de deux réseaux à destination de la Hongrie (Mount Vernon) et de la zone soviétique autrichienne (Montgomery).

En 1953, *Der Spiegel* évoque la mission de son groupe : « Assurer la sécurité des activités de renseignements des troupes américaines dans le cas d'hostilités entre Russes et Américains, prévenir le sabotage communiste et entreprendre des actions de sabotage contre l'ennemi. Avant le jour J, obtenir des informations sur les mouvements communistes en Autriche. Höttl reçut des milliers de dollars chaque mois pour ces activités des services secrets américains à Salzbourg. Le SS modèle s'est transformé en un personnage fuyant, vêtu d'un manteau de cuir couleur jaune canari. Les officiers américains de renseignements ne trouvèrent rien à redire au travail de Höttl. Au contraire, Höttl et ses amis connaissaient l'Autriche et les Balkans comme la paume parfaitement lisse de leur main. L'ancien spécialiste du SD fit rapidement de Salzbourg ce que Vienne était dans le temps : le grand marché du renseignement du sud-est. Jusque-là tout allait bien[1]. »

Cinquante ans plus tard, les archives déclassifiées par la CIA et le CIC précisent l'histoire. Après avoir témoigné à Nuremberg contre Kaltenbrunner, Wilhelm Höttl a été de nouveau placé en détention sous le contrôle du CIC au camp de Klesseim près de Salzbourg. Son bagout séduit Thomas Lucid, un des responsables du CIC pour l'Autriche, qui voit en lui un homme capable de favoriser l'expansion des services de renseignements en Autriche. Höttl est donc remis dans le circuit, sans autre forme de procès, par le CIC qui lui confie un budget substantiel et une mission : infiltrer la périphérie de l'empire soviétique.

Le premier réseau de Höttl, Montgomery, a été activé le 10 juillet 1948 à partir du bureau de l'antenne opérationnelle du CIC de Gmunden. Son chef des opérations, Karoly Ney, était un ancien officier SS hongrois chargé par Otto Skorzeny d'organiser en septembre 1944 les *Kampfgruppen*, une unité spéciale de SS allemands et hongrois chargée de liquider les juifs, les défaitistes et les saboteurs. Condamné en 1946 pour avoir pris part à l'exécution de cinq parachutistes américains, Ney est gracié alors que les autres accusés sont pendus. Un rapport du CIC parle d'interventions en sa faveur aux États-

1. « Intermezzo à Salzbourg », *Der Spiegel*, 22 avril 1953.

Unis et de pressions de la part du Vatican. Peu après, il prend la direction des opérations de Montgomery avant d'être renvoyé lorsque les Américains découvrent qu'il travaillait aussi pour la DGER (Direction générale des enquêtes et du renseignement) sous la houlette du gouverneur militaire français, le général Koenig, qu'il rencontre deux fois[1].

Son successeur, Erich Kernmayer, est, tout comme Höttl, un membre de la première heure du parti nazi autrichien. Auteur d'une dizaine d'ouvrages, il dirige différents journaux confisqués aux juifs autrichiens après l'Anschluss pour le compte du *Gauleiter* Bürckel. Un passage comme correspondant de guerre à la *Leibstandarte* SS Adolf Hitler (1941), quelques opérations de propagande contre Tito et le voilà en 1944 bombardé assistant d'Otto Skorzeny en Autriche.

Le chef des opérations de Mount Vernon, l'autre réseau de Höttl activé le 1er octobre 1948, Karl Kowarik alias Karl Berger, était lui aussi un membre historique du parti nazi autrichien, officier SS depuis 1939. Mount Vernon avait pour mission d'infiltrer le comité central du parti communiste autrichien (KPOe) et le Kominform à Vienne.

Tom Lucid, qui supervise les réseaux de Höttl, a de grands projets. Il rêve de faire de Montgomery le principal réseau du CIC à destination de l'Europe de l'Est en général et de la Hongrie en particulier. Quant à Mount Vernon, il entend qu'il devienne rapidement un formidable instrument de pénétration des partis communistes occidentaux et du Kominform. Höttl lui dit avoir à son service les meilleurs des agents secrets. Et il le croit, du

1. Dans son rapport, le CIC reconnaît avoir commis l'erreur « de mettre à la tête du réseau un soldat [Karoly Ney] au lieu d'un homme de renseignement », in Army CIC Net in Eastern Europe, RG 263, CIA Name File, Box 1, vol. I.

moins au début. Ainsi le Dr Hubert Hüber, « un des meilleurs experts sur le mouvement communiste du pays ». Problème, l'ancien chef de la Gestapo de Salzbourg, le Dr Hüber, était recherché par la justice autrichienne. À la demande de Höttl, Lucid intervient. Hüber est placé aux arrêts domiciliaires chez sa mère, sous la protection du CIC. Peu après, même problème pour le secrétaire de Mount Vernon, Helmut Heke, également un ancien nazi. Mais cette fois, les responsables du CIC refusent catégoriquement d'intervenir. « Höttl, note un responsable du CIC, est un excellent homme de renseignement mais il est très dangereux. »

Les équipes de Mount Vernon et Montgomery occupent deux villas de la zone résidentielle de Gmunden louées par les chefs de réseaux, qui se présentent tous deux comme des « journalistes ». Pour faire bonne mesure, Höttl et Kernmayer, le responsable opérationnel de Montgomery, créent un journal, l'*Alpenländischer Heimatruf*. S'agit-il d'une simple couverture ? Pas si sûr. Après avoir tâté du renseignement, de l'histoire, après avoir donné dans le criminel de guerre, Wilhelm Höttl se verrait bien en homme politique.

Ce n'est pas un rêve nouveau ; l'officier de l'OSS qui l'a rencontré en avril 1945 en Suisse note dans ses rapports que Höttl offre sa collaboration aux Américains non seulement pour sauver sa vie, mais aussi dans l'intention de « jouer un rôle politique dans la future Autriche ». Sa ligne politique oscille entre nazisme et catholicisme conservateur bon teint, avec un même horizon : la lutte antibolchevique. Tout un programme que Höttl tente de mettre en pratique dans son journal l'*Alpenländischer Heimatruf* qui s'adresse au très large public des anciens nazis autrichiens. On signale sa présence lors de diverses réunions des dirigeants des partis néonazis autrichiens. Fin mai 1949, à Gmunden, il participe à une réunion au sommet de l'Österreichische Volkspartei afin de préparer les prochaines élections. Höttl est arrêté par la police autrichienne avec les autres anciens nazis au sortir de la réunion.

Un agent de la CIA de Karlsruhe, qui connaît bien Höttl, prévient ses supérieurs : « Le redoutable Höttl a encore fait des siennes, écrit-il. Pour mémoire, je voudrais mentionner que le Dr Höttl a envoyé un nombre suffisant d'anciens criminels de guerre nazis à la potence pour mériter un appui fort de notre part. Si vous décidez de l'éliminer de la scène politique, je suis sûr que l'on peut faire quelque chose. »

Le CIC, qui voit d'un mauvais œil les nouvelles activités de Höttl, le met en garde : la politique ou le renseignement, il faut choisir. Et vite, car la situation menace de dégénérer. Albert Kraus, un ancien nazi qui dirige quatre autres réseaux du CIC, s'est mis lui aussi en tête de se lancer dans la politique et une guerre fratricide couve entre lui et Höttl. Tom Lucid est obligé d'intervenir.

Les choses commencent réellement à se gâter quand le CIC s'aperçoit que, parallèlement à la montée en puissance politique de Höttl, la qualité des rapports de ses agents baisse notablement. Ses agents traitants du CIC se plaignent qu'ils ressemblent de plus en plus à une revue de presse. Plus grave : Höttl les revend à d'autres services secrets, entre autres aux Français[1]. Acoquiné avec un ancien nazi autrichien à la solde des Français, Raimund Strangl, Höttl avait mis sur pied un véritable trafic de rapports.

En outre, Höttl coûte cher, très cher. « Les officiers américains n'étaient pas regardants à la dépense ; pourtant Höttl et ses amis étaient trop extravagants pour eux, raconte *Der Spiegel*. Issu d'un milieu modeste, Höttl était

1. Selon la CIA, Höttl est entré en contact avec les services secrets français grace à l'ex-*Sturmbannfürher* Werner Göttsch.

passé par l'école des SS qui ne lésinait pas sur les moyens. Trouvant indigne de rendre compte du moindre dollar, il présenta sa démission, suivi par toute son organisation, au grand étonnement des Américains[1]. »

Étonnement ? Voire. En l'occurrence, il est plus juste de parler de satisfaction mâtinée d'inquiétude. « Höttl, comme vous le savez, note un agent de la CIA, est un intrigant-né, un Autrichien nazi avec une touche d'affabilité viennoise [*wienerische Graziosität*]. Il ne faut pas s'y tromper. Son intelligence supérieure et son savoir-faire en matière de conspiration (une fois il m'a dit qu'il travaillerait dans le renseignement jusqu'à sa mort) sont propres à attirer des desperados du genre de ceux qui entouraient Kaltenbrunner[2]. »

Un homme de cette trempe ne reste pas longtemps seul dans la nature.

Le 21 septembre 1950, le chancelier allemand Konrad Adenauer annonce la création de la Bundeswehr : douze divisions de l'armée de terre doivent voir le jour d'ici au 1er janvier 1959, une armée de l'air et une marine un an plus tard. Theodor Blank (CDU) est chargé de remonter les forces armées allemandes. Le 26 octobre 1950, il est nommé « délégué du chancelier fédéral chargé des questions portant sur l'augmentation des troupes alliées ». Blank s'entoure d'anciens généraux qui forment ce que l'on appelle l'autorité Blank, noyau du futur ministère de la Défense[3].

Tout en construisant la future armée allemande, l'au-

1. « Intermezzo in Salzburg », *Der Spiegel*, 22 avril 1953.

2. RG 263, Name File Hoettl, W., Box 23, vol. I, câble du 12 juin 1949 de CIA Karlsruhe.

3. Le 7 juin 1955, l'autorité Blank est transformée en ministère fédéral de la Défense. Theodor Blank devient le premier ministre fédéral de la Défense.

torité Blank met sur pied un service secret. Blank aurait pu s'adresser au général Gehlen qui avait rassemblé autour de lui d'anciens nazis et autres agents secrets allemands afin de poursuivre le combat contre les Russes, avec la bénédiction plus ou moins réticente des Américains[1]. Il ne l'a pas fait.

Avec son embryon d'armée, Blank crée également une branche chargée du renseignement dont la partie opérationnelle est confiée à un ancien officier de l'Abwehr, Friedrich Wilhelm Heinz. Heinz embauche Höttl comme chef du réseau Sud-Est et Moyen-Orient. Remis en selle, l'ex-*Sturmbannführer* commence à recruter à tour de bras.

Le Counter Intelligence Corps contrôlait des dizaines d'autres réseaux à destination du Sud-Est européen à partir de Gmunden. Höttl jette son dévolu sur certains d'entre eux.

De tous les anciens nazis contrôlés par le CIC, Höttl n'aurait pu mieux choisir que le major Karl Hass, responsable du réseau Los Angeles, une redoutable organisation clandestine implantée dans le Tyrol et en Italie. Dans son dossier du CIC, il est fait mention des brillants états de service du major Hass qui truffa la capitale italienne d'émetteurs radio clandestins, lesquels opéraient encore après l'occupation alliée. Si l'on mentionne ses trois évasions de camps de prisonniers, en revanche il n'est pas fait état de sa participation au massacre des fosses Adréatines durant lequel trois cent trente-cinq otages furent exécutés et pour laquelle Hass sera condamné à la prison à vie dans les années quatre-vingt.

La mission du réseau du major Hass : infiltrer le parti communiste italien. Parmi les agents de Hass on trouve d'anciens agents du SD, mais aussi un haut fonctionnaire du ministère de l'Intérieur, Alberto Barletta, ancien des

1. Cf. *supra*, IIe partie, chap. 1.

services secrets fascistes (OVRA), nommé à la tête de la police politique italienne, le Bureau des affaires réservées (les RG italiens), pour le Trentin-haut-Adige. Parmi les agents du réseau, on trouve des dignitaires du Vatican (dont le chef du service de presse) et Mgr Hudal, un évêque chargé des réseaux d'évasion de criminels de guerre à partir de l'Italie. L'originalité de ce réseau tient dans le fait qu'il n'est pas seulement destiné au renseignement, mais aussi à l'action anticommuniste. À sa création, il prévoyait d'intégrer, dès sa libération par les autorités italiennes, un responsable fasciste, Pino Romualdi, arrêté à la fin de la guerre. « L'organisation néofasciste et Romualdi sont une source valable d'information ; ils ont implanté des agents dans tous les ministères italiens et les partis politiques. Lui et son groupe sont en train de construire un mouvement anticommuniste capable de s'opposer à une insurrection communiste en Italie, de combattre une guerre de guérilla pour le cas où l'Italie serait occupée par les forces soviétiques, d'établir des réseaux de contre-espionnage [1]. » Le réseau Los Angeles regroupe donc une organisation de renseignement doublée d'une structure d'action qui aurait plus sa place dans les réseaux dormants type *Staybehind* (en l'occurrence Gladio) que les Américains implantaient en Italie. Un curieux mélange de genres des plus explosifs. On peut se demander si Los Angeles ne porte pas en elle les prémices de la stratégie de la tension qui ensanglantera l'Italie des années soixante-dix [2].

1. Nara RG 263, Name File Hoettl, W., vol. I.

2. Pendant près de dix ans, les groupuscules terroristes d'extrême droite italiens, manipulés par des hommes politiques de la démocratie chrétienne, des militaires putschistes, des policiers d'extrême droite – tous en liaison avec des militaires américains –, ensanglanteront la péninsule afin de déclencher un coup d'État salvateur. Le premier gros attentat eut lieu à la banque de l'Agricoltura à Milan le 1er décembre 1969 et fit dix-sept morts et des centaines de blessés.

Le réseau, dont les possibilités d'expansion sont « infinies », prévoit de s'implanter au cœur de « la Russie italienne », l'Émilie, où il dispose déjà d'agents et, plus original, en Sicile où un ancien agent du SD propose de recruter le bandit sicilien Salvatore Giuliano avec qui il est en contact, pour la modique somme de deux cents dollars par mois.

Höttl convainc Hass de le rejoindre. En 1952, le major Hass démissionne du CIC et rejoint ce que la CIA appelle déjà l'organisation Höttl, affirmant avoir trouvé un travail « bien mieux payé [1] ». On ignore combien d'anciens SS Höttl réussit à débaucher, mais leur nombre est suffisamment important pour que la CIA s'en inquiète. De même le budget de fonctionnement de son organisation est-il inconnu, mais ses agents secrets semblent rouler sur l'or et leurs frais sont illimités. Höttl lui-même mène grand train. Nul ne sait alors d'où provient l'argent. La CIA hasarde une hypothèse : Höttl, qui était chargé de mettre à l'abri l'argent volé aux juifs par Kaltenbrunner, l'a gardé pour lui. Le CIC affirme que Höttl aurait récupéré le trésor de l'Amt-VI du RSHA enterré peu avant la fin de la guerre [2]. En fait, le train de vie de Höttl résulte de la part qu'il a récupérée des trois cent cinquante millions de dollars jamais retrouvés du train de l'or hongrois. Quant au budget de son organisation, seul un État est capable de l'assurer.

« Les opérations de Höttl nécessitent des moyens financiers considérables », note un rapport de la CIA qui indique que Heinz est obligé d'avoir une rallonge spéciale en plus des cinquante mille deutschemarks mensuels qu'il touche du gouvernement ouest-allemand [3].

1. Informal note for files RG 263, Name File Hoettl, W., Box 23, vol. I, câble du 12 juin 1949 de CIA Karlsruhe.
2. Note du colonel Barry (non datée), RG 263, Name File Hoettl, W., Box 23, vol. IV.
3. Note for Hoettl File, 14 juillet 1952, RG 263, Name File Hoettl, W., Box 23, vol. IV.

Höttl a pour chef de cabinet le baron Heinrich Mast, qui a deux casquettes contradictoires. Officiellement le baron est employé par l'organisation Gehlen à des tâches secondaires qui lui laissent tout son temps pour travailler avec sa grande rivale : l'organisation Heinz. À l'époque la CIA s'interroge : « Les liens avec Mast ne sont pas clairs. Impossible de savoir si [Gehlen] se sert de Mast pour noyauter Höttl ou vice versa. [Gehlen] est réticent à fournir des informations ; cela pourrait indiquer qu'il est au courant des liens entre Mast et Höttl, et qu'il ne veut pas nous informer que Mast est employé à infiltrer [Heinz], activité à laquelle nous trouverions certainement à redire. »

Höttl et Mast n'hésitent pas à se présenter comme étant des dirigeants des futurs services secrets allemands. Des réunions au sommet sont organisées avec des responsables de services secrets alliés, les Italiens en tête[1]. Höttl recrute des proches, le mari d'une de ses maîtresses, des anciens collègues. Tous d'anciens nazis convaincus, ex-membres des SS, du SD ou de la Gestapo, certains pouvant être qualifiés de criminels de guerre. C'est le cas d'Otto von Bolschwing, un proche d'Eichmann qui a sévi dans la Roumanie des pogroms[2], d'Arthur Scheilder, un membre de la Gestapo, ou encore de Rupert Mandl, ex-capitaine des SS passé au SD en Italie puis en Yougoslavie[3].

Tous ont flirté avec l'organisation Gehlen ; certains ont même travaillé pour elle. Höttl les a convaincus qu'elle était « maudite » en raison de « l'excès d'ambition de son chef[4] ».

---

1. The New GI contacts with G2 in Linz 17 juillet 1952, RG 263, Name File Hoettl, Box 23, vol. IV, note for Hoettl file, 13 septembre 1952, *ibid.*

2. Cf. *supra*, IIe partie, chap. 2.

3. GIs Operatives active in Austria. 16 juillet 1952, agent report. RG 263, Name File Hoettl, W., Box 25, vol. IV.

4. Rapport du 9 avril 1952, *ibid.*

Commentaire d'un agent de la CIA : « Le connaissant, il est probable que Höttl est en train de construire son organisation à l'insu de Heinz, pariant sur le fait que ce dernier l'acceptera car elle le renforcera face à Gehlen. » Gehlen, de son côté, semble ne pas trop se soucier du réseau concurrent qu'il dit avoir noyauté. Même chose pour la CIA qui se réjouit de la présence de Höttl dans l'organisation Heinz : « L'emploi d'anciens membres du RSHA aussi inacceptables que Höttl pourrait nous donner un levier pour régler à notre avantage le différend » qui oppose Heinz à Gehlen. Mais le risque est trop grand et l'Agence décide de faire pression sur son employeur pour qu'il se débarrasse de lui.

Le 9 avril 1952, le chef de la CIA Francfort rencontre Heinz afin de discuter du cas Höttl. Heinz n'est pas disposé à laisser tomber Höttl dont les informations politiques sont appréciées par le chancelier Adenauer qui vient de rédiger une note manuscrite afin de féliciter Heinz sur ses rapports concernant entre autres l'Autriche. Il faut plus qu'une note manuscrite d'Adenauer pour impressionner la CIA. Conclusion de l'officier de la CIA : d'un point de vue allemand, appuyer Höttl est une perte d'argent et d'énergie ; vu du côté autrichien, c'est « une mauvaise chose[1] ».

Les Américains souhaitent se débarrasser de l'ancien responsable du SD : « Nous apprécierons toute action visant à discréditer Höttl », dit la CIA Autriche. Le 35e détachement du CIC surveille étroitement Höttl et monte l'opération Bramford afin de neutraliser l'ancien nazi. Höttl se rend de plus en plus souvent en Italie où il construit son réseau avec le major Hass. Le 25 avril 1952, après l'intervention des agents américains 3572 et 701, Wilhelm Höttl est arrêté et refoulé au col du Bren-

1. Note du 21 mai 1952 concernant Heinz et Höttl, RG 263, Name File Hoettl, W., Box 25, vol. IV.

ner par des policiers italiens. « Il serait intéressant de savoir comment Höttl va justifier auprès de Heinz son incapacité à se rendre en Italie[1] », note la CIA.

Le 28 juillet 1952, le quartier général des forces armées en Autriche écrit au gouverneur des forces d'occupation américaines en Allemagne que Höttl est persona non grata pour « les Américains, les Français et les Anglais en Autriche[2] ».

Le 12 septembre 1952, en Autriche, la CIA prend la décision de « brûler » Höttl et suggère à Washington d'informer Heinz que « les agences alliées en Autriche vont prendre des mesures pour sortir Höttl de la scène du renseignement[3] ».

Les services de renseignements américains n'eurent pas trop à se fatiguer pour « brûler » Höttl. Lors du procès de Nuremberg, Höttl avait fait la connaissance d'un officier, Kurt Ponger, un juif autrichien réfugié aux États-Unis avant la guerre. Il l'avait retrouvé près de Vienne : l'officier américain et son beau-frère étaient installés en zone soviétique où Ponger avait ouvert l'agence Central European Press. Le 430e Counter Intelligence Corps de l'armée américaine soupçonnait les deux hommes de travailler pour les Soviétiques. Une enquête a été ouverte en 1949 et donna lieu à la rédaction de deux mille pages de rapports. En octobre 1952, le CIC assiste à une rencontre entre Höttl et Ponger. C'est le début de la fin de Höttl.

Ponger et son beau-frère sont arrêtés le 14 janvier 1953. Lors des perquisitions, le CIC saisit une copie du carnet d'adresses de Höttl dans lequel se trouvent les numéros de téléphone de nombreux responsables de la

1. RG 263, Name File Hoettl, W., Box 25, vol. IV.
2. RG 263, Name File Hoettl, W., Box 25, vol. IV.
3. Dépêche du 12 septembre 1952, RG 263, Name File Hoettl, W., Box 25, vol. IV.

CIA et de l'organisation Gehlen. Le 14 avril suivant, Ponger avoue être un agent soviétique et affirme que Höttl travaille pour lui. Sa mission : infiltrer l'organisation Gehlen. Ponger affirme que Höttl a pour contact, à l'intérieur de l'organisation, Wilhelm Kirchbaum, un ancien nazi qui se révéla par la suite être lui aussi un agent soviétique[1].

Les Américains se précipitent chez Höttl qui est arrêté et placé en isolement. Les interrogatoires ne donneront rien ; les Américains ne parviendront jamais à prouver qu'il travaillait pour les Soviétiques. Il sera relâché dans le courant du mois d'avril. Les services américains maintiendront la pression sur Höttl jusqu'à l'intervention, quelque temps plus tard, de deux « amis » de Höttl, Allen Dulles, le directeur de la CIA que Höttl a connu alors qu'il dirigeait l'antenne suisse de l'OSS en 1945, et... le sénateur Joseph McCarthy dont on ignore comment il intervient dans cette histoire.

L'affaire ne s'arrête pas là. En 1961, Anatoli Golitsine, un transfuge du KGB, affirme que Höttl était un agent du KGB de longue date. Propos confirmé par un autre transfuge, Piotr Deriabine, qui donne le nom de code de Höttl (Tchéka) et ajoute qu'il était l'agent soviétique le plus payé dont il ait entendu parler. Commentaire de la CIA : « Si c'est l'agent soviétique le mieux payé, alors il a escroqué les Soviétiques en même temps que ses autres employeurs. »

Gigolo par amour de l'information, agent secret véreux, criminel de guerre, pilleur de biens juifs, escroc des services secrets, néonazi convaincu, agent soviétique,

1. C'est Kirchbaum qui a recruté Heinz Felfe, autre taupe soviétique implantée à l'intérieur de l'organisation Gehlen (cf. *supra*, IIe partie, chap. 1).

serviteur peu scrupuleux de plusieurs maîtres, le portrait ne serait pas complet si l'on n'ajoutait pas un autre masque. Après avoir quitté le CIC, Wilhelm Höttl lance sa propre maison d'édition, les Niebelungen Verlag, spécialisée dans les livres à la gloire du IIIe Reich. Au début, il publie à perte mais ne semble pas avoir de besoins d'argent. Il paie bien et toujours cash. Sans doute puise-t-il dans sa part du train de l'or. En 1955, il signe un ouvrage sur les services secrets allemands racontés de l'intérieur (*L'arme en papier de Hitler*). Le succès est au rendez-vous et lui vaut une notoriété médiatique qui attire l'attention des autorités hongroises. Celles-ci réclament son extradition pour sa participation à l'extermination des juifs de leur pays. La demande hongroise est rejetée. Personne n'a pris la peine, en 1945, d'enquêter sur les crimes de guerre ou contre l'humanité auxquels Höttl aurait pris part, directement ou indirectement, durant son séjour à Budapest. On reparle de Höttl à l'occasion du procès Eichmann à Jérusalem où il témoigne contre son ancien collègue. Puis, auteur de petites escroqueries – nommé président d'une école à Alt Ausee, il laisse un trou de quinze millions de schillings –, il cesse d'intéresser ses anciens employeurs. Sa trace se perd jusqu'à sa mort en 1999.

La CIA ne déclassifiera partiellement le dossier Höttl qu'en 2000, dans le cadre de l'IWG. Pourquoi avoir tant attendu ? Peut-être pour éviter les questions sur la nécessité d'employer de tels personnages. Peut-être aussi pour ne pas trop en dire sur les chapitres les plus secrets de l'histoire de la guerre froide. Des chapitres dont on commence à entrevoir la complexité à la lecture d'autres dossiers déclassifiés par l'IWG.

TROISIÈME PARTIE

Lignes de fuite

CHAPITRE 1

Hacke

Berlin, 1945. Hitler, Himmler et Goebbels se sont suicidés. Göring et Hess sont en prison. De tous les hommes du premier cercle, il n'en manque plus qu'un à l'appel : Martin Bormann. Sa disparition est un des plus grands mystères de l'après-guerre, elle va tenir le monde occidental en haleine pendant des décennies. Les archives déclassifiées en 2000 par la CIA et le FBI ne permettent pas d'élucider le mystère Martin Bormann ; en revanche, elles permettent de comprendre les motifs d'une chasse dont on ne sait toujours pas si elle est à l'homme ou au fantôme. En 1945, l'enjeu de cette traque est double : récupérer le trésor de guerre récemment placé à l'étranger sur instruction de Martin Bormann (plusieurs milliards de dollars de l'époque) et empêcher celui-ci de fédérer les groupes clandestins nazis qui commencent à voir le jour.

Numéro deux du régime, Martin Bormann a été l'un des hommes les plus importants du IIIe Reich. Officiellement, il était le chef de la chancellerie du parti nazi et le secrétaire particulier de Hitler ; la réalité est tout autre. On dit de lui qu'il est l'éminence grise de Hitler, son âme damnée. Homme de l'ombre, il vit dans la coulisse, ignoré du public, redouté des puissants du Reich. « Tout passe par Bormann », se lamentait Goebbels.

C'est un petit homme rondouillard au cou de taureau. Albert Speer, l'architecte et le ministre de Hitler, dit qu'il avait l'air d'un cochon dans un champ de pommes de terre. « Même parmi tant d'hommes impitoyables, écrit Speer, il se distinguait par sa brutalité et sa grossièreté. Il n'avait pas la culture qui aurait pu le freiner et, en toute circonstance, il faisait tout ce que Hitler lui ordonnait. Subordonné par nature, il traitait ses subordonnés comme s'il s'agissait de vaches ou de chevaux. C'était un paysan[1]. » Hitler reconnaît qu'il est brutal mais apprécie sa dévotion et sa capacité de travail.

Né à Halberstadt, le 17 juin 1900, Martin Bormann est le fils d'un sergent-major devenu par la suite employé des postes. Comme Himmler, il est trop jeune pour avoir vraiment connu le feu de la Première Guerre mondiale : il ne sert que très brièvement comme canonnier juste avant la fin des hostilités. Employé dans une ferme du Mecklembourg, il adhère au groupe clandestin d'extrême droite *Rossbach Freikorps.* Trésorier de sa section, il remet de l'ordre dans des finances chaotiques. Il lui arrive aussi de participer à quelques coups de force. En mars 1924, il est condamné à un an de prison pour avoir participé à l'assassinat d'un instituteur coupable d'avoir dénoncé aux autorités françaises Leo Schlageter. Ce dernier est fusillé par les autorités d'occupation, le 23 mai 1923, pour sabotage et le IIIe Reich en fera l'un de ses premiers « martyrs ». Bormann aurait fourni les chevaux et la carriole qui ont servi de moyen de transport aux tueurs. La victime n'était autre que l'ancien instituteur de Martin Bormann. Parmi les autres accusés : Rudolf Höss, futur chef du camp de concentration d'Auschwitz[2].

1. Cité par Telford Taylor in *The Anatomy of the Nuremberg Trials*, New York, Alfred Knopf, 1992.
2. Anthony Read, *The Devil's Disciples*, Londres, Pimlico, 2004.

À sa libération, Bormann adhère au NSDAP. Il prend la carte (numéro 60 528) le 17 février 1927 et occupe les fonctions d'attaché de presse puis de responsable des finances pour la Thuringe. De 1928 à 1930, il figure au nombre des dirigeants des Sections d'assaut du parti (SA). Bormann s'occupe aussi de l'organisation d'entraide du parti, organisation destinée à secourir ceux de ses membres dans le besoin, de préférence à la suite d'affrontements avec les communistes. Ses talents de gestionnaire font l'unanimité. Il met de l'ordre dans des finances laissées en jachère et réussit même à dégager des fonds afin de renflouer les caisses du NSDAP. Par la suite, Hitler lui confie la gestion de ses biens personnels. Il administre les revenus générés par la vente de *Mein Kampf* et s'occupe même de gérer l'image de Hitler. C'est lui qui suggère l'idée de verser des royalties à Hitler sur chaque timbre vendu à son effigie. Bormann s'occupe aussi des propriétés de Hitler, il agrandit le domaine d'Obersalzberg, chasse les paysans et les fermiers, détruit écoles et auberges centenaires, fait raser un sanatorium pour enfants, une maison de retraite pour marins, afin que la région montagneuse puisse abriter en toute tranquillité les dirigeants nazis. Sa propre villa est située entre celle de Göring et la résidence de Berghof non loin de Berchtesgaden.

Six mois après l'arrivée au pouvoir des nazis, Bormann est nommé chef de cabinet de Rudolf Hess, alors dauphin de Hitler, avec une fonction dirigeante de *Reichsleiter* au sein du NSDAP et un siège de député au Reichstag.

De 1933 à 1941, Bormann continue de grimper les échelons du pouvoir dans l'ombre de Rudolf Hess. Il administre avec brio les fonds où affluent les contributions des industriels allemands. Il contrôle les plénipotentiaires régionaux nazis, les *Gauleiters* et les responsables du parti, les *Reichsleiters*. Son pouvoir croît au fur et à mesure que Rudolf Hess se désintéresse de la paperasserie pour s'adonner à l'astrologie et à l'occultisme.

L'énigmatique mission de Rudolf Hess en Grande-Bretagne et son arrestation par les Britanniques permettent à Bormann de réaliser enfin son ambition. Il prend la place de Hess auprès de Hitler dont il devient officiellement le secrétaire, le confident et le conseiller (fonctions qu'il occupait jusqu'alors officieusement). Le 12 mai 1941, il s'empare des rênes du parti pour ne plus les lâcher. Passé maître dans l'art de l'intrigue et de la manipulation, il renforce son pouvoir face à ses rivaux, les dirigeants du RSHA et de la Wehrmacht. Farouche gardien de l'orthodoxie nazie, il rallume la guerre contre les Églises en ordonnant, en 1942, à ses *Gauleiters* de casser le pouvoir clérical.

Parmi les pièces à conviction contre Bormann au procès de Nuremberg, l'accusation a retenu les décrets de 1942 ordonnant l'expulsion de millions de juifs vers les centres de destruction de l'Est, autorisant les unités spéciales du parti à infliger un traitement impitoyable aux prisonniers de guerre, ou encore l'ordre donné à la police de ne pas poursuivre les civils coupables d'avoir lynché des pilotes alliés tombés entre leurs mains.

Peu à peu, toutes les questions concernant la sécurité du régime, mais aussi les lois et les décrets, les promotions passent par lui. Ses réseaux s'étendent dans l'armée, les SS et la Gestapo. Partout ses hommes rendent compte. Un véritable service secret parallèle est bientôt à l'œuvre au cœur même du Reich.

La fin du Reich voit l'apothéose de Bormann. Son influence éclipse celle de Göring et de Himmler. Hitler lui confie l'organisation de la résistance des civils contre les Alliés. L'indispensable Bormann est le témoin du mariage de Hitler et d'Eva Braun. Il est aussi celui de leur suicide dans le bunker de la chancellerie, le 30 avril 1945.

Après le suicide de Hitler, Martin Bormann tente de quitter la ville qui est sur le point d'être prise par l'Armée rouge. Il va essayer de se faufiler. En compagnie, semble-t-il, du Dr Stumpfegger, le curieux médecin d'Adolf Hitler. La trace de Martin Bormann se perd le 1er mai 1945 dans les ruines de Berlin.

Les témoignages sur la suite des événements sont contradictoires. Le chauffeur d'Adolf Hitler, Erich Kempka, dit l'avoir vu le 1er mai 1945 à deux heures de l'après-midi en grand uniforme de général SS, entouré d'une garde rapprochée, tenter de forcer un barrage soviétique : Bormann aurait été fauché par les éclats d'un obus de bazooka. Mais le témoignage de Kempka est imprécis, lui-même a perdu connaissance lors de l'affrontement et lorsqu'il s'est réveillé Bormann n'était plus sur les lieux.

Le responsable des Jeunesses hitlériennes, Artur Axmann, dit avoir vu les cadavres de Martin Bormann et de Stumpfegger non loin du Reichstag. Les corps ne portaient aucune trace de blessure apparente. Les deux hommes se seraient suicidés. À l'époque, personne ne veut croire en la mort de Martin Bormann, à commencer par les juges du tribunal de Nuremberg qui le condamnent à la peine de mort par contumace.

« Depuis 1945, indique un rapport du FBI, nous avons reçu des informations du monde entier selon lesquelles Bormann était encore vivant, mais aucune vérification n'a jamais rien donné [1]. » Un inspecteur de Scotland

1. Memorandum from DM Ladd to the director FBI, Top secret, 15 mai 1948, in RG 65, E A1-136P B 38 records of the FBI Classification espionage, vol. 1. Memorandum from Belont to Hennrich, Secret, 9 février 1951.

Yard part en Italie après avoir appris la mort de la femme de Bormann. Cherchez la tombe, vous aurez l'homme ! Le FBI suit l'affaire de près et rédige un rapport le 3 août 1948 : « L'inspecteur de Scotland Yard en question affirme qu'il croit que le sujet est en vie et qu'il se terre dans le sud du Tyrol, une région sauvage et propice pour se cacher. Les fonctionnaires de la police italienne de cette partie du pays sont réputés corrompus et peu coopératifs. » Raté.

À Sacramento (Californie), le FBI a un tuyau : Bormann appartient à une loge maçonnique. Le Bureau place donc les douze loges maçonniques du secteur sous surveillance. En vain. En Autriche, l'antenne du FBI surveille de près et interroge Albert Bormann, frère du disparu. Rien. En Italie, la baronne Giovannelli qui a adopté Eva, un des enfants de Bormann, a vu ce dernier caché derrière le cimetière de San Martino de Gries dans le haut-Adige. L'armée britannique est sur les dents, elle retrouve les adresses des cinq autres enfants de Bormann et les place sous surveillance. Toujours rien. Le quotidien *Noticias Giaficas* de Valparaiso signale son arrestation au Chili. Fausse nouvelle. Et pourquoi ne pas donner crédit à ceux qui auraient assisté à son suicide par empoisonnement ?

Faux documents, impostures, faux témoignages jalonnent le mystère Bormann. En 1972, le quotidien britannique *The Daily Express* publie les photos d'un Martin Bormann coulant des jours heureux en Argentine. C'est un montage. Les archives déclassifiées par la CIA et le FBI ne permettent pas de résoudre l'affaire. En revanche, les documents que nous avons consultés révèlent que les services secrets américains, britanniques, soviétiques et français ont, chacun de leur côté, accumulé des éléments suffisamment troublants pour qu'ils croient sérieusement que Martin Bormann est encore en vie au début des années cinquante.

Fin 1945, les Alliés sont convaincus que Martin Bormann est à la tête d'une organisation clandestine dont ils ignorent tout. Les Américains n'auront des informations sur ce vaste réseau clandestin, « survivant à la défaite allemande, avec des ramifications dans toute l'Europe », que bien des années plus tard, grâce à un transfuge du KGB. Car s'ils ignorent tout de l'organisation Bormann, les Soviétiques, eux, la surveillent attentivement dès sa naissance. Le transfuge est bien informé : dans le cadre de son travail, il a eu l'occasion d'interroger des responsables de Hacke.

« À la fin 1943, explique-t-il, au vu de la défaite militaire du IIIe Reich qui approchait, le patron du NSDAP, Martin Bormann, constitue une organisation secrète de cadres nazis. Cette organisation [Hacke], construite sur le principe des loges maçonniques, est formée de cercles secrets dont le plus élevé comprend Bormann et quatre autres dirigeants nazis non identifiés. Cette organisation est structurée selon le principe du V [cinq personnes], les membres du V supérieur sont les leaders des V inférieurs ; ainsi, les cercles les plus bas ne connaissent pas la direction. Pour des raisons de sécurité, Bormann a répandu la rumeur dans les cercles inférieurs : Himmler est derrière l'organisation (...). Selon le plan de Bormann, l'organisation, limitée en nombre – seulement trente-cinq membres en 1944 –, doit croître en fonction de la situation et doit s'occuper uniquement d'affaires clandestines. Pour des raisons de sécurité, des bases furent établies à l'étranger afin de permettre une liberté et une sécurité opérationnelles après la défaite de l'Allemagne. Les bases principales furent implantées, fin 1944, surtout en Espagne, au Portugal, en Argentine, au Japon et en Italie. Un énorme trésor en or, en bijoux et en argent liquide, en provenance des camps de concentration, fut rassemblé [1]. »

---

1. CIA, Rapport Sniper n° 10. RG 263, Name File Mueller, Heinrich, Box 36, vol. III.

Rares sont les dirigeants nazis qui ont été informés de l'existence de Hacke. Hitler et le reste des membres de son premier cercle n'ont pas été prévenus. L'organisation recrute principalement dans le réseau des *Gauleiters* [plénipotentiaires nazis] de Bormann et au début ne compte que quelques membres des services de sécurité nazis, RSHA et SD, en raison de l'affrontement entre Bormann et Himmler. Bormann a été obligé de mettre le chef de la Gestapo Heinrich Müller, le premier policier du Reich, dans la confidence, mais après avoir soigneusement répandu la rumeur que Himmler était derrière Hacke.

Les bases du financement des réseaux clandestins nazis de l'après-guerre sont mises au point le 10 août 1944 lors d'une réunion de banquiers et d'industriels allemands[1] à l'hôtel Maison-Rouge à Strasbourg. But de la réunion : mettre à l'abri les biens de l'Allemagne afin d'éviter qu'ils ne tombent entre les mains des Alliés à l'issue d'une défaite inéluctable, et de permettre aux futurs réseaux clandestins de se financer.

Sans le savoir, des agents du contre-espionnage américain (X-2) surveillent une branche de l'organisation Hacke à Saragosse dès la fin 1944. Leur informateur, Roger Tur, est un industriel français fabricant de « sirops » qui entrent dans la composition de cigarettes. « Proche de Pétain et d'autres officiels de Vichy », selon les Américains, Roger Tur a longtemps été vice-consul français à Saragosse. Il a été recruté par Gustavo Seegers, consul allemand dans la ville. C'est le chef du réseau. Par conviction ou par intérêt, Roger Tur informe les Américains. Le CIC, qui gère une partie de l'opération, note dans un rapport : « Il faut protéger cette source à

1. Le magnat du charbon Emil Kirdorf, Georg von Schnitzler d'IG Farben, Gustav Krupp, le roi de l'acier Fritz Thyssen, et le banquier Kurt von Schröder.

tout prix et son identité ne doit être révélée à personne[1]. »

Tur fournit aux Américains des informations précieuses sur la structure du réseau : « Le groupe couvre le nord de la Bavière et la Rhénanie. Son quartier général est à Böhmerwald, dans le Palatinat. Le chef est appelé par les nazis allemands “directeur du groupe armé des hautes Alpes[2]” ».

Le 7 mars 1946, l'industriel français informe les Américains que la police espagnole a saisi des postes radio du groupe. Il ajoute que « les informations que la colonie de Saragosse reçoit proviennent de réseaux implantés en France ».

Le 24 février 1946, lors d'une réunion, le groupe évoque la situation politique en Argentine : « Le secrétaire particulier de Perón est le fils du millionnaire Freude. Celui-ci enverra ses ordres bientôt. Ils ont reçu des nouvelles d'Allemagne confirmant qu'ils doivent obéir aux ordres de Freude car c'est lui qui finance entièrement le mouvement nazi. »

Ludwig Freude est, selon le *New York Times*, l'une des dix premières fortunes d'Amérique latine. Multimillionnaire, il lève des fonds pour la campagne présidentielle de Perón en 1945. Pro-nazi convaincu, il devient l'ambassadeur officieux de l'Allemagne à Buenos Aires après la rupture des relations diplomatiques entre les deux pays. Selon Walter Schellenberg, le chef du SD, Ludwig Freude travaillait pour les services secrets de von Ribbentrop, le ministre des Affaires étrangères nazi[3]. Depuis 1944, Ludwig Freude gère le trésor des nazis en Argentine et, entre autres, les comptes secrets de la Banco

1. Top sec. Control attachment to RX-1209 RG 226. Entry 212, Box 4, location 250/64/33/5.
2. *Ibid.*
3. Voir Uki Goni, *The Real Odessa*, Londres, Granta Books, 2002.

Germanico et de la Banco Torqvist. Une mission qui lui a été confiée par Martin Bormann quelque temps avant la fin de la guerre[1].

Au cours de cette même réunion du 24 février 1946, le chef du réseau, le consul allemand Seegers, informe ses agents que Martin Bormann est en Argentine et qu'il travaille avec Freude. Il est de nouveau question de Martin Bormann lors de la réunion du 15 avril suivant qui se tient en présence « d'un général de la Résistance qui vient de l'ouest de la Bavière ». Le général « commandait des membres des Jeunesses nationales-socialistes dans les montagnes de Bavière », note l'infiltré des Américains dans son rapport. Ce dernier affirme qu'« il y a encore de nombreux groupes de partisans bien équipés et bien organisés aux ordres de deux généraux, quatre colonels et de plusieurs officiers subalternes. Il dit que les troupes se composeraient de cent vingt mille hommes avec la consigne de rester à leur poste, prêts à intervenir le cas échéant. Dans le cas où cette question se résoudrait par la voie diplomatique, ils ont ordre de se disséminer en Allemagne où ils seront répartis par petits groupes. Il affirme que toute cette organisation a été mise sur pied par Martin Bormann ».

Comme tous les autres membres de Hacke, les conjurés de Saragosse attendent de pouvoir intervenir aux côtés des Américains dans l'affrontement contre les Soviétiques qui semble alors inéluctable et qu'ils appellent de leurs vœux. Leur nouveau Führer s'appelle Martin Bormann. Les hommes de Hacke sont informés de ses déplacements (réels ou supposés) : « Martin Bormann a quitté la Bavière il y a deux mois environ par avion, écrit le Français infiltré. Il a fait escale à Barcelone et est reparti pour l'Argentine grâce à un document pré-

1. Pierre de Villemarest, *Le dossier Saragosse*, Panazol, Lavauzelle, 2002.

paré par le consul d'Argentine à Barcelone l'accréditant à ce dit consulat sous le nom de Santos Prieto. (...) Bormann a été appelé par Freude pour l'aider dans l'organisation des nazis (*sic*) en Argentine. Il paraît que Bormann doit revenir en Bavière et faire la navette avec l'Argentine[1]. » Fin 1946, l'industriel français note : « Martin Bormann est revenu d'Argentine à bord du *Santos Prieto* ; il est parti la semaine dernière pour la Bavière afin d'organiser les guérilleros tchécoslovaques[2]. »

Peu auparavant en Allemagne, dans la région de Bamber Bahnoff, des officiers américains du Counter Intelligence Corps (CIC) arrêtent quatre Allemands soupçonnés d'être des nazis. Deux d'entre eux acceptent de collaborer. Ils sont membres d'*Edelweiss Piraten* (ou *Eorg*), organisation clandestine qui rassemble divers mouvements terroristes dont les fameux Loups-garous, les milices *Edelweiss*, et des éléments des SS. Les deux hommes donnent une description détaillée d'*Eorg* : « L'organisation compterait douze mille hommes répartis dans les zones d'occupation américaine, française et britannique. Trois mille deux cents hommes seraient cachés le long de la frontière entre la zone française de l'Autriche et de la Bavière[3]. » Des chiffres exagérés qu'il convient de diviser au moins par dix. Aujourd'hui, on sait que les bandes armées qui tentaient en vain de se

1. Roger Tur, note du 15 avril 1946. Nara, RG 226 E 127, Box 9, loc. NND 897127 Madrid X-2 et SI Files. La note est en français.

2. Document publié par Pierre de Villemarest dans son ouvrage *Le dossier Saragosse, op. cit.* En 1947, Pierre de Villemarest est basé en Autriche près de la frontière tchèque où il infiltre les réseaux nazis pour le compte des services secrets français. Il affirme avoir vu par deux fois Martin Bormann. Entretiens avec Pierre de Villemarest.

3. Memorandum for the officer in charge, Subject Edelweiss Piraten, 19 mai 1946. Nara, RG 319, E IRR, Box 39. Records of the Office of the Assistant Chief of Staff G-2.

constituer en Bavière et dans les régions retirées de l'Autriche aux confins de la Tchécoslovaquie n'étaient pas bien dangereuses. Mais à l'époque, les militaires américains prenaient la menace très au sérieux.

Qui est à la tête d'*Eorg*? Un homme surnommé le Renard rouge. Les deux hommes l'ont vu. Ils l'ont rencontré dans un bunker gardé par cent cinquante hommes, dans les bois proches de Salzbourg. Après avoir été soigneusement interrogés, ils ont reçu des faux papiers et une bague en guise de signe de reconnaissance. Pourraient-ils reconnaître le Renard rouge ? Parmi les photos de dignitaires nazis en fuite que leur montrent les agents du CIC, les deux hommes désignent sans hésiter celle de Martin Bormann. *Eorg* est donc le bras armé de Hacke. Les informations de Roger Tur, l'industriel français infiltré dans le groupe de Saragosse, semblent être recoupées. Les dates correspondent. En Espagne et en Allemagne, deux sources différentes parlent de la présence de Bormann en Bavière et en Autriche pour réorganiser des mouvements de guérilla. Les enquêtes sont cloisonnées et il n'y a pas d'échange d'informations. Les officiers du CIC en Allemagne n'ont pas les moyens de savoir qu'en Espagne les chasseurs d'espions américains de X-2 ont recueilli des informations complémentaires aux leurs.

L'affaire remonte jusqu'au quartier général régional du CIC à Munich qui obtient des informations supplémentaires « en provenance d'une source crédible à l'intérieur des services secrets français ». Deux officiers du SDECE (le capitaine Duchêne et le lieutenant Grégoire) ainsi qu'un officier du renseignement militaire, le major Pierre Locquin, travaillent en effet eux aussi sur *Eorg*. Ils ont un informateur à l'intérieur de l'organisation, une femme. Leurs informations recoupent celles du CIC. Ils ont découvert qu'une « garnison » de trois mille hommes d'*Edelweiss Piraten* se trouve dans les parages de

Berchtesgaden. Selon les officiers de renseignements français, l'organisation est dirigée par Martin Bormann qui arrive de Suisse avec des fonds.

L'affaire est prise très au sérieux par le CIC et le SDECE. Une réunion franco-américaine a lieu au quartier général du CIC de la région IV (Munich) : le major Locquin propose, au nom des autorités françaises en Autriche, d'engager dans l'opération cinq cents soldats entraînés.

Les deux infiltrés fournissent au CIC l'heure, la date et le lieu de la réunion que doit présider Martin Bormannn. Jugeant les informations suffisamment solides et recoupées, le CIC décide d'intervenir et d'arrêter tout le monde. Au dernier moment, alors que les soldats sont prêts à partir, lors d'un ultime interrogatoire, les infiltrés craquent : ils avouent avoir fourni de faux renseignements sur la date et le lieu de la réunion. Les infiltrés à l'intérieur d'*Eorg* étaient des agents doubles chargés de lancer les Américains sur de fausses pistes. « Il est possible qu'il s'agisse d'une tentative pour détourner notre attention du véritable lieu de la réunion », peut-on lire dans un rapport du CIC. Dans le même temps, les infiltrés étaient chargés de « trouver des informations sur l'infiltration de leur organisation par les Alliés » et de tester la rapidité d'intervention des troupes américaines dans la région de Berchtesgaden.

Dans les archives que nous avons consultées, il est à nouveau question de Martin Bormann huit mois plus tard. L'information provient à nouveau de Saragosse. L'industriel français rédige un rapport à l'attention de ses contacts américains : « Le 12 janvier 1947, Martin Bormann est passé par Saragosse. Le vendredi 10 janvier, deux responsables de l'organisation et Seegers l'y ont vu. Il est arrivé à bord du navire qui portait la dépouille de Manuel de Falla. Il a dû arriver à Saragosse le 10 par le train venant de Madrid. Il n'est resté que quelques heures ici et est reparti pour Barcelone où il doit s'embarquer vers l'Italie afin de rejoindre la Bavière. Il se propose de réorganiser le mouvement de résistance contre la dénazification. Il pense rentrer en Bavière dans environ un mois et reviendra par ici avant d'embarquer à nouveau pour l'Argentine. Bormann a promis aux Allemands qu'il les verrait à son retour afin de leur transmettre des instructions. Ils attendent beaucoup de ce voyage. » Deux jours plus tard, nouveau rapport de Tur aux Américains : « Bormann a pris, à Barcelone, un sous-marin espagnol qui l'aurait déposé dans un petit port italien proche de la frontière française. Barcelone fait savoir que le sous-marin est revenu à bon port après avoir débarqué son passager. Bormann pense rentrer dans une vingtaine de jours mais rien n'est encore prévu. Les Allemands, d'une manière générale, trouvent qu'il est un peu imprudent et ont peur qu'il se fasse prendre [1]. »

Les services d'écoutes britanniques interceptent depuis quelque temps les messages du groupe espagnol. Il s'agit de brefs textes, codés sans doute par des machines Enigma dont les nazis sont toujours convaincus qu'elles protègent le secret de leurs conversations. Il n'a pas fallu longtemps aux Britanniques pour réaliser qu'ils sont tombés sur les messages secrets d'un vaste réseau clandestin, « survivant à la défaite allemande, avec des ramifications dans toute l'Europe [2] ». Le 14 février 1947, ils interceptent le message 64-330-237-1136, dans lequel

1. Roger Tur, note du 15 avril 1946. Nara, RG 226 E 127, Box 9, loc. NND 897127 Madrid X-2 & SI files. Bormann est orthographié avec un seul n.

2. Memorandum from DM Ladd to the Director FBI, Top secret, 15 mai 1948 RG 65, E A1-136P B 38 Records of the FBI Classification Espionage, vol. I.

la « centrale de Barcelone demande si M. connaît Martin Bormann et si Bormann le reconnaîtrait ». L'organisation a besoin de M. pour « sauver » Bormann. M. est prié de dire ce qu'il peut faire pour aider Bormann. Le 21 février 1947, le message 64-330-237-1137 indique que « la réunion avec Martin est déplacée et que d'autres détails suivront[1] ».

Généralement, ce genre de messages est géré par le protocole *eyes only* (« pour les yeux seulement »), c'est le degré suprême de la classification. Ils ne peuvent être lus que par l'officier à qui ils sont destinés, toute reproduction est interdite. Il s'agit, pour les Britanniques, de protéger une enquête sur les réseaux clandestins nazis implantés dans l'Europe de l'après-guerre, mais aussi de pouvoir continuer à écouter les communications des dernières machines Enigma dont se servent les nazis en fuite.

Dans la semaine du 14 au 21 février 1947, l'officier chargé de gérer les deux messages « pour les yeux seulement » est absent. Voilà pourquoi les deux télégrammes entrent dans le circuit traditionnel : frappé du tampon « top secret », ils sont communiqués à divers services dont ceux de la marine américaine. Ceux-ci s'empressent de les insérer dans le flot de messages diplomatiques à destination du Département d'État. Résultat : « Le Département d'État rassemble des photos et des documents afin de les imprimer et de les faire circuler au sein des différentes ambassades », explique un rapport du FBI top secret adressé à son directeur J. Edgar Hoover, déclassifié seulement en l'an 2000.

Les Britanniques sont doublement furieux : le secret d'Enigma a été éventé et ils viennent de perdre une occasion unique d'arrêter le dignitaire nazi le plus recherché de la planète. Le rapport du FBI ajoute :

1. *Ibid.*

« Sauf vaine opération d'intoxication, ces écoutes sont une indication très précise que Bormann est encore en vie. Les Britanniques, apparemment, sont les seuls à posséder des informations précises sur le réseau responsable du trafic radio clandestin. La fureur causée par l'incident empêche d'enquêter sur la localisation présumée de Bormann. À l'époque, la CIA n'est pas encore vraiment opérationnelle et l'enquête du Département est probablement peu satisfaisante. Il semble donc que les Britanniques soient les seuls à avoir de vraies informations sur la possible localisation de Bormann, ainsi que sur le trafic (radio) clandestin le concernant. »

En été 1947, les services secrets américains jettent leurs filets et arrêtent une vingtaine de membres du réseau de Saragosse, principalement en Allemagne, dans le cadre de l'opération Brandy. S'ils s'attendaient à capturer Martin Bormann, les Américains en sont pour leurs frais. Quelques mois plus tard, ils croisent de nouveau la piste de Martin Bormann et de Hacke, en Argentine. Cette fois le dossier remonte jusqu'au président Truman.

L'affaire commence sur les quais de Buenos Aires, elle est déclenchée par un vieil homme, Juan Serrino, ancien docker sur le port. Il connaît bien les Allemands, cela fait des années qu'il décharge leurs cargos. Il fréquente régulièrement les activistes nazis qui hantent les docks. Pendant la guerre, certains lui ont même demandé de placer des explosifs sous les coques des bateaux alliés qui mouillaient dans le bassin. En juin 1945, il fait la connaissance de Muller, un gros propriétaire terrien qui l'embauche comme homme à tout faire. Serrino vient d'être embauché par Hacke... « D'importantes personnalités allemandes viennent d'arriver en Argentine », dit Muller à Serrino. L'Argentin est chargé de les aider à s'installer. D'après les bribes de conversations, Serrino comprend que les Allemands sont arrivés à bord de deux sous-marins. « Deux sous-marins allemands sont bien arrivés dans un port argentin en juin 1945 et se sont rendus aux autorités argentines avant de saboter leurs moteurs, écrit un agent du FBI en mission dans la région. L'enquête des autorités navales américaines n'a pas permis de révéler qu'à bord se trouvaient d'autres Allemands que ceux qui composaient les équipages. »

Serrino n'aime pas les Allemands. Par l'intermédiaire d'un ami journaliste, il contacte l'attaché culturel américain John Griffiths et propose d'infiltrer les réseaux nazis. Griffiths est « un homme très intelligent, peut-on lire dans un rapport du FBI, mais doté du complexe du détective sous sa forme aiguë [1] ». Il accepte l'offre de Serrino sans hésiter et surtout sans en informer, à l'époque, les autorités américaines compétentes. À la demande de son employeur nazi, Serrino travaille régulièrement dans une grande propriété, une *estancia*, à Caleta Olivia, dans la province de Santa Cruz, au sud de l'Argentine, sur la côte Atlantique. « C'est un territoire de deux mille kilomètres carrés, peut-on lire dans un rapport du FBI, au sud de Buenos Aires, dans une zone gardée par des militaires ; les déplacements des étrangers sont très réglementés et sont, actuellement, pratiquement impossibles [2]. »

Le ranch n'est fréquenté que par des Allemands. Sans doute des savants. Serrino s'arrange pour recopier des cartes rangées dans le coffre-fort de la salle à manger. Dans le groupe d'Allemands, il y a Don Martin, « un homme très important ». En veine de confidences, l'in-

1. Memorandum Ladd to Director, 8 septembre 1948, Subject Martin Bormann, War Criminal. RG 65, E A1-136P B 38 Records of the FBI Classification Espionage, vol. II.

2. *Ibid.*

tendant de la propriété révèle à Serrino la véritable identité de « Don Martin » : « C'est Martin Bormann. » Serrino, qui n'a jamais entendu parler de Martin Bormann jusqu'à ce jour, ignore son importance et n'est pas capable de l'identifier.

Un homme de l'organisation emmène Serrino au Paraguay dans une autre base de Hacke, une *estancia* perdue au milieu des orangeraies. Il y retrouve Don Martin et les Allemands croisés à Santa Cruz.

L'Argentin écoute les conversations : Don Martin, de retour d'Allemagne, ramène deux boîtes et trois valises de documents. Par la suite, Serrino revoit Martin Bormann à deux reprises dans un restaurant de Fray Bentos, un petit port uruguayen. Le repas est surréaliste. Les Allemands, une dizaine, sont les seuls clients. Bormann mange avec son chapeau sur la tête. Sans doute ne veut-il pas l'enlever de crainte de faire tomber la perruque qu'il porte.

Serrino accumule les informations sur les protections politiques de Martin Bormann. En Uruguay, il croise la piste d'un sénateur tout-puissant, Alberto Haedo ; en Argentine celle d'une vieille connaissance, le multimillionnaire Ludwig Freude dont les services secrets américains ont entrevu l'importance grâce à leur agent infiltré à l'intérieur du réseau Hacke de Saragosse.

Infiltrer les nazis en Argentine est un jeu très dangereux. John Griffiths en est conscient. Son informateur n'est pas le seul à risquer sa vie. Les autorités argentines qui protègent les nazis réfugiés dans leur pays se doutent-elles de son jeu ? Il le pense. Le 28 avril 1947, l'Américain est expulsé d'Argentine. Il est accusé d'avoir fomenté une grève des employés de banque. Le Département d'État ne prend pas les accusations trop au sérieux puisqu'il est muté en Uruguay où il reste en contact avec

Serrino. La réaction du gouvernement argentin ne se fait pas attendre. Le 23 septembre 1948, celui-ci annonce qu'il entame des poursuites contre Griffiths, l'accusant d'être à la tête d'un groupe qui a tenté d'assassiner le président Juan Perón et sa femme Evita. Douze personnes dont trois prêtres sont arrêtées.

L'affaire est reprise par les journaux américains. Le *Washington Star* titre : « L'Argentine affirme qu'un ex-attaché d'ambassade américain est à la tête d'un complot pour tuer Perón et sa femme. » Dans le corps de l'article, une nouvelle inquiétante pour Griffiths : « Le général Arturo Bertolto, chef de la police fédérale, déclare aux journalistes qu'un effort sera fait pour extrader M. Griffiths d'Uruguay[1]. »

John Griffiths se rend aux États-Unis et rencontre Robert S. Jackson, juge à la Cour suprême, ancien procureur en chef aux procès de Nuremberg.

L'historien Norman Goda qui s'est penché sur le dossier explique : « Jackson était sceptique, mais il se souvenait d'avoir examiné sous toutes les coutures la possibilité que Bormann ait pu s'échapper avec l'aide des Soviétiques. Lors d'un interrogatoire de prisonniers, les Soviétiques ont proposé aux Américains d'interroger Bormann, le lendemain ils sont revenus en disant qu'ils s'étaient trompés[2]. »

Le juge Jackson, farouche anticommuniste, a croisé plus d'une fois le fer avec les procureurs soviétiques qui ont officié à ses côtés à Nuremberg. Bormann l'intéresse moins que la possibilité qu'il entrevoit de contrer l'« ennemi rouge ». Un des rapports rédigés à sa demande mentionne les propos d'un informateur (Serrino) qui a l'impression que les « Russes assistent » Martin Bormann

1. *Washington Star*, 24 septembre 1948.
2. Norman Goda, *Manhunts*, in *US Intelligence and the Nazis, op. cit.*

lors de ses déplacements. Situation hautement improbable. Mais le fantasme d'un Bormann manipulé par les Soviétiques commande la suite des événements.

Au début du mois de juin 1948, le juge Jackson prévient le président Truman ; celui-ci se montre « vivement intéressé par le rapport Griffiths, en particulier l'aspect concernant l'implication des Soviétiques[1] ». Pourquoi le président Truman réagit-il ainsi ? La réponse se trouve dans un rapport du FBI daté du 14 mai 1948 : « S'il est prouvé que Bormann se trouve en Argentine sous la protection des Soviétiques, cela révélerait leur véritable attitude dans leurs relations avec les puissances de l'Ouest et cela montrerait clairement quel est le dessein de Moscou pour l'hémisphère occidental. Les conséquences pour l'Argentine d'une coopération avec les Russes au détriment des États-Unis et des Alliés occidentaux n'en sont pas moins sérieuses. N'oublions pas que les dernières activités connues de Martin Bormann ont eu lieu dans une zone contrôlée par les Soviétiques[2]. »

Truman demande à Jackson d'établir un plan de bataille avec le directeur du FBI, le tout-puissant J. Edgar Hoover.

La traque des criminels de guerre n'intéresse pas Hoover. Dans les documents déclassifiés par le FBI en 2004, certains de ses propos dithyrambiques à propos d'anciens bourreaux nazis reconvertis dans la lutte anticommuniste choquent. J. Edgar Hoover ne s'intéresse pas à Martin Bormann et ne croit pas à la piste soviétique. « J'ai dit à Jackson, écrit J. Edgar Hoover, qu'il est probable que si Bormann se trouve en Argentine, Perón ne

1. Memorandum Ladd to Director, 10 mai 1948, Subject Martin Bormann, War Criminal. RG 65, E A1-136P B 38 Records of the FBI Classification espionage, vol. II.

2. Summary Martin Bormann, 14 mai 1948. RG 65, E A1-136P B 38 Records of the FBI Classification Espionage, vol. II.

lui permettra jamais de quitter le pays et qu'il l'empêchera de tomber aux mains des Alliés qui veulent le juger comme criminel de guerre [1]. » Conclusion de Hoover : toute l'affaire est « extravagante » et Griffiths est un être fantasque. Le directeur du FBI botte en touche et suggère de confier le dossier à une nouvelle agence de renseignements qui vient de voir le jour : la CIA. Une attitude d'autant plus étrange que l'Amérique latine est à l'époque la chasse gardée du FBI. Le président Truman n'est pas d'accord. Jackson le fait savoir au FBI. « M. Jackson déclare que lui et le président Truman, il en est sûr, préféreraient que ce soit le FBI qui conduise l'enquête sur Bormann de préférence à toute autre agence. »

Hoover ne se donne pas pour battu. Il demande son avis au MI-5, l'homologue britannique du FBI. Réponse du MI-5 : « Il est fort probable que ce très important personnage nazi n'est plus en vie, mais à l'heure actuelle nous sommes incapables d'obtenir des preuves de sa mort [2]. » Fort de la réponse britannique, Hoover revient à la charge. En communiquant à Jackson la réponse du MI-5, Hoover explique : « Le Bureau estime que suivre les pistes suggérées par le rapport Griffiths ne fournira pas d'informations propres à remettre en question la certitude des Britanniques. » Pour le FBI, l'affaire ne vaut rien. Et de souligner les difficultés d'une opération clandestine en Argentine : « Bormann ne peut pas être en Argentine sans la complicité ou la connivence du gouvernement argentin. L'Argentine n'aura aucun scrupule à accorder refuge à un criminel de guerre si elle

1. J. Edgar Hoover, Memorandum for Tolson, Tamm, Ladd, 7 mai 1948, 4 : 47 pm RG 65, E A1-136P B 38 Records of the FBI Classification Espionage, vol. II, Box 38.

2. Lettre du représentant du FBI à Londres à J. Edgar Hoover, Londres le 14 juin 1948. RG 65, E A1-136P B 38 Records of the FBI Classification Espionage, vol. II.

peut en tirer des avantages. » La protection des Argentins n'est pas le seul problème : « Il y a deux ou trois photos de Bormann mais aucune ne permet de l'identifier. Il y a des spécimens de son écriture. Jusqu'à présent, aucune personne capable de l'identifier n'est aux États-Unis. Il est vraisemblable que certains prisonniers de guerre ou des proches de Bormann devront être convoqués à des fins d'identification. Hoffmann, le photographe personnel de Hitler, pourrait servir de témoin ; il serait peut-être nécessaire de l'emmener, lui ou tout autre témoin, à Rio Plata, une fois Bormann isolé, afin de l'identifier. Cela fait, une enquête discrète et efficace pourra être conduite. » Douze ans plus tard, les Israéliens prendront moins de précautions pour enlever à Buenos Aires un autre dignitaire nazi : Eichmann.

De retour à Montevideo, Griffiths montre une photo de Bormann à Serrino. Le 11 juin 1948 il rend compte au FBI : « L'architecte a identifié les plans. Ils correspondent à la structure en question. » Serrino a identifié Bormann d'après une des photos qui se trouvent dans les fichiers du tribunal de Nuremberg.

Jackson suggère dans une lettre au président Truman que « le FBI soit autorisé à mener une recherche préliminaire discrète en Amérique latine afin de déterminer si une enquête plus vaste s'impose ». Le 21 juin 1948, le président Truman officialise l'opération en transmettant le dossier au ministre de la Justice américain, accompagné d'un petit mot : « Je pense que les suggestions de Justice [Jackson] sont justes et que si vous et M. Hoover êtes d'accord, vous devriez peut-être les suivre. »

L'agent spécial Francis Crosby est désigné par J. Edgar Hoover. Il part pour Montevideo... À reculons. Sa mission est décrite dans un mémorandum adressé à J. Edgar Hoover le 29 juin 1948. Si Bormann est à Rio Plata, Crosby doit « téléphoner au Bureau et l'informer sur les preuves de la présence de Bormann en Amérique. Une fois cette preuve trouvée, nous devons passer la main au niveau diplomatique ».

Le téléphone n'est peut-être pas le moyen le plus discret de communiquer. On peut s'interroger sur ces curieuses instructions qui tranchent avec le luxe de précautions généralement déployées dans le cadre de ce genre d'opération. Les instructions de Hoover précisent que Crosby a une seconde mission, contradictoire avec la première. Il doit « établir que Bormann n'est pas en Argentine afin qu'on ne puisse pas taxer le gouvernement américain de laxisme[1] ».

Jackson avait recommandé au FBI de maintenir le plus grand secret. Pourtant, Hoover alerte un responsable au Département d'État, Jack Neal : « En ce qui concerne l'Uruguay, l'enquête concernant Bormann est totalement clandestine », précise une note adressée au directeur du FBI qui recommande pourtant d'informer l'ambassade de la mission de Crosby. « Pour ce qui est du personnel de l'ambassade, aucune fausse explication [*cover story*] ne serait convaincante. De plus, les communications étant essentielles, Neal doit obtenir de l'ambassadeur pour Crosby toutes les facilités de l'ambassade. » Les chiffres du FBI destinés à coder les messages de la mission ont déjà été envoyés par poste aérienne à l'ambassade au nom de Crosby. Le FBI informe également l'ambassadeur que « Crosby effectue quelques recherches à la demande du président[2] ». Le FBI entendrait alerter Martin Bormann de la mission de son agent qu'il ne s'y prendrait pas autrement.

Le chef de l'antenne de la CIA à Montevideo est un ancien du FBI. C'est aussi un ami de Crosby. Il lui donne un coup de main dans son opération et place sous sur-

1. Memorandum to the Director, 29 juin 1948. RG 65, E A1-136P B 38 Records of the FBI Classification Espionage, vol. II.
2. *Ibid.*

veillance... Griffiths, ainsi que Serrino. En vain. Crosby établit alors le contact et rencontre l'homme qui a vu Martin Bormann. La rencontre se passe mal. « Serrino est un Argentin de soixante-quatorze ans. Il était dans un état de nervosité extrême quand je l'ai interviewé ; j'ai l'impression que ses facultés d'observation sont limitées et que ses souvenirs sont vagues », note Crosby.

Les archives ne sont pas claires sur la manière dont la mission de Crosby avorta. Des rapports de l'agent du FBI, on déduit que Griffiths se méfiait de lui. À la fin, Serrino ne voulait plus le voir et ne venait plus aux rendez-vous. Au bout de deux mois, Crosby rentra à Washington où le dossier fut classé.

Cinq mois après le passage de Crosby, l'affaire faisait encore des vagues à Montevideo. Le 22 janvier 1949, l'ambassadeur des États-Unis en Uruguay, Bruce, écrit au secrétaire d'État Dean Acheson pour se plaindre du comportement de l'agent fédéral : « L'agent du FBI n'a pas été discret et rapidement l'objet de sa mission a été connu par les ex-nazis de ce côté-ci de la rivière, écrit Bruce. Résultat, les traces des criminels nazis ont toutes disparu et toutes les pistes que Griffiths avait sur leurs résidences se sont évanouies. »

On ne saura sans doute jamais si Griffiths courait derrière un fantôme et si le directeur du FBI a eu raison de ne pas se lancer dans la chasse à l'homme. Le chasseur de nazis Simon Wiesenthal a longtemps été convaincu que Martin Bormann avait survécu à la fin de la Seconde Guerre mondiale. « Il vit à la frontière de l'Argentine et du Chili », écrit-il en 1967. Un document de la police politique paraguayenne datant de 1961 semble donner raison à l'informateur de Griffiths quant à la présence de Martin Bormann dans le pays. Le document, authentifié par un juge, est une note du chef des relations extérieures du ministère de l'Intérieur paraguayen adressée à son collègue des services techniques du même ministère. Selon le document, Martin Bormann vivait au Paraguay depuis 1956 dans la localité de Hohenau, département d'Itapua, où il était soigné par Josef Mengele, « médecin » d'Auschwitz de sinistre mémoire. Le fonctionnaire certifie que Martin Bormann est mort d'un cancer de l'estomac le 15 février 1959 dans la maison du consul général du Paraguay auprès de la République fédérale d'Allemagne. Il aurait été enterré, de nuit et anonymement, à Ita, à trente kilomètres au sud-est d'Asunción[1].

Les restes de Martin Bormann ne sont pas/plus au cimetière d'Ita. L'ont-ils jamais été ? On ne le saura sans doute jamais. En 1964, un journaliste du magazine allemand *Stern*, Jochen von Lang, retrouve Artur Axmann, l'ancien responsable des Jeunesses hitlériennes, qui l'emmène à l'endroit où il assure avoir vu les cadavres de Bormann et de Stumpfegger la nuit du 1er au 2 mai 1945. L'endroit est fouillé, en vain. Dix ans plus tard, dans le cadre de travaux de construction, les lieux sont de nouveaux creusés. Cette fois, on découvre les restes de deux cadavres. En les comparant aux dossiers dentaires, un médecin légiste identifie un des squelettes comme étant celui de Martin Bormann. Début mars 1973, l'ADN extrait du squelette présumé de Bormann est comparé à celui d'un de ses parents, un vieillard de quatre-vingt-trois ans. Les deux correspondent : le doute n'est plus permis. En avril 1973, une cour fédérale allemande déclare formellement Martin Bormann mort. Le dossier est clos, et même les plus sceptiques comme Simon Wiesenthal sont convaincus : « Je n'ai plus de doute, écrit-il en 1988, le procureur fédéral de Francfort a raison d'affirmer que Martin Bormann s'est donné la mort dans la nuit du 1er au 2 mai 1945 après avoir réalisé qu'il ne pourrait pas s'échapper. »

1. *Le Monde*, 26 février 1993.

La découverte du squelette de Martin Bormann aurait dû boucler le dossier et lever tous les mystères. Il n'en est rien. La mort violente et dans des circonstances troubles d'un témoin clé de l'affaire quelques mois avant la découverte du squelette en Allemagne entretient le doute.

Le 2 novembre 1972, le consul de France à Saragosse, Roger Tur, est assassiné. Roger Tur, c'est « Ric », l'infiltré des Américains dans le réseau Hacke à Saragosse. L'homme qui renseigne les services secrets sur les déplacements de Bormann en 1946 et 1947. Roger Tur a été assassiné par un commando de cinq hommes. L'action est revendiquée par un groupe maoïste, le Collectif Faucille et Marteau. Pourquoi un groupe maoïste espagnol assassinerait-il le consul de France à Saragosse ? Tur n'est pas, loin s'en faut, une cible potentielle pour un groupe terroriste d'extrême gauche dans l'Espagne de Franco en 1972 ! En fait, Tur a trouvé la mort lors de l'incendie du consulat. Un incendie déclenché dans le cadre d'une violente manifestation à la suite de l'arrestation de militants basques réfugiés en France. Seule une coïncidence de temps permet de lier sa mort à l'affaire Bormann. Un fantasme de plus dans un dossier qui n'en manque pas.

La légende de Martin Bormann est à la hauteur du personnage sulfureux qui a hanté les coulisses du IIIe Reich. Même mort, il entretient les fantasmes. Un médecin légiste gallois, Hugh Thomas, affirme détenir la preuve que Bormann n'est pas mort là où on l'a trouvé. Il dit qu'il y avait sur le crâne des traces d'argile qu'on ne trouve pas à Berlin, que la comparaison dentaire révèle des soins effectués après 1945. En revanche, Hugh Thomas n'explique pas pourquoi les restes de Bormann auraient été transféré de Ita à Berlin puis dissimulés avec ceux d'un autre cadavre afin d'être découverts dans le cadre des travaux d'un chantier immobilier. Qu'importe le fin mot de l'histoire. L'affaire Bormann fait désormais partie de ces dossiers empoisonnés dont les historiens ont du mal à se dépêtrer. En revanche, les archives déclassifiées par la CIA et le FBI recèlent des secrets autrement plus passionnants, à commencer par celui de l'infiltration soviétique de l'ultime créature de Martin Bormann, l'organisation Hacke.

Au début du mois de mars 1959, l'ambassadeur des États-Unis à Berne reçoit une longue lettre en allemand qu'il remet aussitôt au chef de l'antenne CIA pour la Suisse. Il s'agit d'une liste d'opérations clandestines soviétiques en Europe dont certaines, inédites, sont relatées avec un luxe de détails qui ne laissent aucun doute : le courrier émane d'un homme de l'ombre remarquablement bien informé en matière de renseignement. L'étude de la syntaxe révèle qu'il n'est pas allemand, peut-être polonais. La CIA lui donne pour nom de code Sniper.

Au début, les Américains se demandent à qui ils ont affaire : s'agit-il d'un provocateur ? d'un mythomane ? d'un transfuge potentiel ? Bientôt une seconde lettre arrive, puis une troisième. Au total, en l'espace de quelques mois, ce sont quatorze lettres qui sont envoyées par Sniper. Quatorze lettres de plus en plus précises sur les activités du KGB. La CIA lui répond d'abord en insérant des petites annonces dans un journal de Francfort, puis en lui envoyant des questions plus précises à une boîte postale.

Le 15 janvier 1960, Sniper adresse une longue lettre de treize pages dactylographiées intitulée Rapport n° 10. Cette lettre figure dans les archives déclassifiées en l'an 2000 par la CIA. Le rapport n° 10 concerne le réseau Hacke et l'infiltration soviétique de l'organisation de Martin Bormann. L'opération d'infiltration était dirigée par le général Viktor Semionovitch Abakoumov, numéro un du Smersh (le service de contre-espionnage soviétique).

« Dès qu'ils ont été informés de l'existence de [Hacke], les services soviétiques ont réalisé son importance et ont tout fait pour la contrôler et la diriger. Pour les Soviétiques, exploiter un tel groupe constituait une occasion unique. Sans attendre la fin de la guerre, Abakoumov a recruté quelques membres de l'organisation en les faisant chanter et en menaçant de les dénoncer à Himmler et à Hitler. » Selon Sniper, Hitler et Himmler ne connaissaient pas l'existence de Hacke. « Après la guerre, poursuit Sniper, les services de renseignements soviétiques sont parvenus à apprendre quasiment tout sur cette organisation. Cette affaire était tellement importante que l'information obtenue n'était pas traitée comme s'il s'agissait d'une banale opération de contre-espionnage. »

L'enjeu est de taille. L'organisation créée par Martin Bormann « a des cellules au sein de différents appareils et contrôle secrètement les activités d'organisations politiques extrémistes en République fédérale ».

« Après la guerre, poursuit le rapport rédigé par Sniper, les services soviétiques se concentrent sur l'infiltration de Hacke. L'organisation prend de l'ampleur en 1947-1948. » Le rapport souligne que pour les Soviétiques l'affaire était très importante : « Hacke a repris à son compte le vieux slogan nazi : "Combattre les juifs et les ploutocrates aux États-Unis" ; son objectif était la création d'un IVe Reich aussi hostile à l'Amérique que le précédent. »

En 1950, un membre éminent de Hacke, Albert Forster, ancien *Gauleiter* de Dantzig, est condamné à mort en Pologne. Sniper l'interroge peu après sa condamnation. L'ancien *Gauleiter* a droit à un traitement à base de passages à tabac et de simulacres d'exécution. Il est à bout, mais ne craque pas. Ses tortionnaires passent la main. Sniper prend le relais ; il veut essayer une autre tactique.

Sniper étudie le dossier de Forster, il découvre que sa femme était la sœur de Rudolf Hess [1]. Forster connaissait Hitler ; il gravitait donc dans l'un des premiers cercles du pouvoir nazi. Pendant six mois, Sniper s'est rendu régulièrement dans la cellule du *Gauleiter.* Au début, le Polonais parlait, l'Allemand l'écoutait sans rien dire ou presque. Forster commence à parler au printemps 1952. Il parle d'abord de l'avant-guerre. Sniper l'écoute atterré. « Si ce qu'il dit est vrai, dira-t-il aux Américains, cela jette une lumière nouvelle sur des événements dont les Soviétiques n'approuveraient pas que j'aie connaissance. » Forster lui raconte comment Staline a massacré la direction du parti communiste polonais avant-guerre ; il lui parle du rôle de Heydrich dans le complot qui va conduire Staline à décimer les chefs de l'Armée rouge et raconte la vérité sur le rôle des Soviétiques dans le massacre de Katyn. Sniper n'informait pas ses collègues polonais de ses rencontres avec le *Gauleiter.* Mais il ignorait que ses conversations étaient enregistrées et que les transcriptions finissaient directement au KGB. Sniper est convoqué par des Soviétiques fous de rage : « C'est de l'ignoble provocation », disent-ils avant de l'autoriser à poursuivre les interrogatoires.

Au début du mois de juin 1952, alors que, remontant le fil du temps, Forster évoque la bataille de Stalingrad, brusquement, changeant de sujet, il commence à parler d'une organisation clandestine mise en place par Martin Bormann afin de poursuivre la lutte une fois la guerre finie. Il ne lui donne pas de nom. Sniper en invente un, ce sera Hacke, en allemand la lettre H, ou encore la hache. Puis Forster s'arrête, effrayé. Il ne veut plus rien dire.

---

1. 10 mai 1961, Subject Hacke in RG 263, CIA Name File, Box 36 NN3-263-02-008.

Quelques jours plus tard, il consent à revenir sur le sujet : « Je veux bien vous donner quelques informations », dit-il à Sniper. Le *Gauleiter* parlera toute la nuit de Hacke. Sniper a l'impression qu'une fois son sac vidé, il regrette d'en avoir trop dit. Il est comme terrorisé. Le *Gauleiter* s'est aventuré sur un territoire interdit. Plusieurs jours après, un lieutenant-colonel soviétique arrivé tout droit du ministère de la Sécurité à Moscou débarque à la prison de Dantzig. Il extrait le *Gauleiter* de sa geôle et l'emmène à Moscou à bord d'un avion spécialement affrété [1]. Dès lors, toute trace de Forster disparaît et la CIA dit ignorer, en 1971, s'il est encore en vie, Officiellement, l'ancien *Gauleiter* Forster a été pendu le 28 avril 1954 dans une prison polonaise, dans le plus grand secret. Parfois, quand il pense à cette histoire, Sniper se demande si Albert Forster n'est pas encore en vie et s'il n'a pas été exfiltré clandestinement hors de l'URSS dans le but d'intégrer un des réseaux de Hacke pour le compte des Soviétiques.

« Une des figures sombres et dangereuses des services soviétiques à l'intérieur de Hacke est le fameux colonel SS Skorzeny », écrit Sniper. Selon lui, Skorzeny est contrôlé par Abakoumov dès 1942, c'est-à-dire bien avant la libération de Mussolini par ses commandos, un de ses plus hauts faits de gloire avec sa participation à la tête d'un groupe de SS déguisés en soldats américains dans la bataille des Ardennes.

« Skorzeny était activement travaillé par Abakoumov dès 1942. Je n'ai pas plus de détails. Skorzeny a été retourné par Abakoumov pendant la guerre (je n'ai qu'une source là-dessus). Pendant un temps, il a été soupçonné par les services soviétiques de jouer un double jeu. De l'avis d'un haut responsable du contre-espionnage polonais, Skorzeny a été finalement recruté comme collaborateur d'Abakoumov à la mi-1944. Juste avant la fin de la guerre, grâce

1. *Ibid.*

à une manœuvre intelligente exploitant la stupidité de Kaltenbrunner, [Skorzeny] a été nommé quelque temps chef du renseignement militaire nazi. Par ce biais, explique Sniper, Abakoumov avait l'intention de retourner et d'exploiter à son profit les agents de l'Abwehr en Amérique du Nord et du Sud. Une des méthodes les plus dangereuses d'Abakoumov était le travail de renseignement "sous un autre pavillon", autrement dit de laisser croire aux agents qu'ils travaillaient pour d'autres puissances que l'URSS. » On ignore à quel point le plan a réussi, mais il est certain qu'en 1955-1956, le KGB avait d'excellents agents en Amérique, agents qui figuraient dans les répertoires du contre-espionnage nazi (Ast) [Canaris]. Naturellement, Skorzeny a d'extraordinaires connections avec « les anciens combattants nazis (*alte nazi Kämpfer*) et si mes informations sont exactes, c'est un homme très dangereux. Je n'ai appris que deux choses qui viennent confirmer que Skorzeny est un agent du KGB. Un des contacts clandestins de Skorzeny en République fédérale allemande est un certain Rogal, un Letton qui a vécu jusqu'en 1956 à Francfort. Selon mon enquête, Rogal est un agent principal du chef du directorat II du KGB ».

La seconde indication que Skorzeny est un agent du KGB réside dans une opération de provocation montée par Abakoumov. « Karl Rudl, explique Sniper dans son rapport, a travaillé pour Skorzeny et pour les services secrets espagnols en République fédérale allemande. C'est un ami personnel de Skorzeny. Il a participé avec lui à la libération de Mussolini. Rudl a travaillé longtemps pour les Français ; à l'époque il se cachait sous une fausse identité. Avant les Français, les Soviétiques l'avaient pris au collet et l'avaient recruté. C'était donc un agent double à l'intérieur des services secrets français. En 1950, Abakoumov apprend via Rudl l'existence d'un plan du Vatican pour libérer de prison le cardinal-primat de Pologne Mindszenty et pour le faire passer à l'Ouest. Abakoumov a alors projeté de faire "libérer" Mindszenty par Skorzeny et Rudl, de le tuer durant l'évasion et de tuer Rudl afin de prouver que le Vatican était lié aux anciens nazis. Skorzeny, qui était très précieux à ses yeux, aurait pu s'échapper. Rudl a senti le complot lors d'un contact avec l'émissaire d'Abakoumov et, par crainte d'Abakoumov, n'a pas prévenu Skorzeny qu'il se retirait de l'opération. Depuis, la coopération de Rudl avec les services secrets soviétiques s'est ralentie et on pense même que le contact est rompu. Le complot du cardinal a fait long feu. Skorzeny est toujours actif à l'intérieur de Hacke. Il est possible qu'il travaille toujours pour le KGB mais pas certain. »

Sniper poursuit son rapport : « J'ai d'autres informations à vous fournir mais je dois les analyser attentivement avant de vous les communiquer. Sinon vous risquez de me prendre pour un marchand de "canards" [en français dans le texte, *nda*]. Je ferai tout mon possible pour vous fournir d'autres rapports concernant Hacke. Pour moi comme pour vous, ce n'est pas un terrain d'enquête facile. Toutefois, je vous mets en garde contre le danger représenté par la connexion "rouge-brun". Les fascistes peuvent un jour causer d'énormes dégâts et représenter un danger pour le monde libre. »

En conclusion, Sniper exhorte la CIA à exploiter les informations qu'il communique sur Hacke avec la plus grande précaution : « Le cercle des initiés est très limité. » Et Sniper de recommander à l'Agence de ne pas se servir des services secrets de la République fédérale allemande pour enquêter sur Hacke, « ce serait transformer le loup en chien de garde ».

« Vous pouvez jeter mes avertissements au panier, conclut Sniper, mais si vous les prenez au sérieux vous serez à l'abri de mauvaises surprises. » La CIA ne jettera pas les avertissements de Sniper à la poubelle. Et les surprises ne manqueront pas.

CHAPITRE 2

La longue traque de Gestapo Müller

Fin 1960. L'opération Sniper est gérée par une équipe spéciale du Berlin Operation Center (BOC), une des plus grosses antennes de la CIA en Europe. Sniper le transfuge et la CIA établissent le contact à travers des petites annonces passées dans des journaux allemands. Puis la CIA lui communique, via un journal de Francfort, le numéro d'une boîte postale à Berlin-Ouest où envoyer ses messages et venir retirer les questions de la CIA. L'Agence lui remet un numéro de téléphone. En cas d'urgence. La ligne téléphonique aboutit par dérivation à l'antenne CIA de Berlin-Ouest. Le standardiste a été prévenu que s'il manquait l'appel, il serait renvoyé aux États-Unis par le prochain bateau [1].

Fin décembre 1960, ce téléphone sonne : « J'appelle de la part de M. Kowalski [c'est-à-dire Sniper, *nda*]. Êtes-vous prêts à recevoir M. Kowalski et sa femme ? » Tous deux sont en effet prêts à faire le grand saut à l'Ouest.

Rendez-vous est pris à Berlin-Ouest. À l'angle d'un carrefour. L'équipe Sniper est sur les dents. Il faut prévoir les changements de véhicule, le ou les appartements de cloisonnement où il doit passer rapidement pour brouiller les pistes avant d'arriver à son lieu d'interrogatoire.

---

1. David Murphy, Serguei Kondrashev, George Bailey, *Battleground Berlin,* New Haven-Londres, Yale University Press, 1977.

Le 4 janvier 1961, nouveau coup de fil : « M. et Mme Kowalski arrivent. Ils seront là dans une demi-heure... S'il vous plaît, prenez bien soin de Mme Kowalski. » Les agents de la CIA sont surpris. Pourquoi diable leur interlocuteur s'est-il départi de sa réserve habituelle pour une évidence ? L'Agence n'a pas pour habitude de se désintéresser des épouses de ses transfuges.

Une demi-heure plus tard, une voiture conduite par un agent de la CIA parlant polonais s'arrête à un angle de rue. Sniper et une femme montent à bord. À 6 h 06, un taxi s'arrête devant le consulat américain à Berlin, Sniper et une femme en descendent. Intimidés, ils rentrent. Ils ont franchi la ligne de démarcation qui sépare en deux le monde de l'ombre. Un saut placé sous le signe du vaudeville. La femme qui accompagne Sniper n'est pas son épouse mais sa maîtresse.

Sniper s'appelle en fait Michal Goleniewski. Responsable des services de renseignements polonais, il travaille aussi avec et pour le KGB, dont il connaît les arcanes. Cette connaissance remonte à la fin des années trente. Il n'ignore rien de l'infiltration soviétique à l'intérieur de l'appareil d'État nazi. Lors de ses interrogatoires, il revient sur Hacke, et il révèle le nom du principal informateur du Smersh (contre-espionnage soviétique), le nom de celui qui sait tout de l'organisation clandestine de Martin Bormann : c'était l'un des hommes les plus puissants du Reich. Puissant au point que Martin Bormann l'avait informé de l'existence de Hacke dès ses débuts. C'est le premier policier nazi, le général Heinrich Müller, redoutable chef de la Gestapo, la police politique du RSHA.

« L'affaire était tellement importante pour l'Union soviétique qu'elle était gérée personnellement par le général Abakoumov », explique Michal « Sniper » Goleniewski.

Goleniewski a d'autres révélations à faire, lesquelles

conduisent la CIA à arrêter plusieurs taupes soviétiques œuvrant à l'Ouest. Parmi elles, George Blake, fonctionnaire du MI-6 britannique, et Heinz Felfe, responsable du contre-espionnage au sein du BND, organe du général Gehlen. Reste un gros morceau : trouver ce qu'est devenu Gestapo Müller à la fin de la guerre et le mettre hors d'état de nuire s'il est encore en vie.

Goleniewski pose deux postulats. Postulat numéro un : Gestapo Müller était un agent soviétique dès 1943. Postulat numéro deux : il n'est pas mort à la fin de la guerre, il a été récupéré les Soviétiques. À partir de là, il estime que les services secrets soviétiques se servent de Müller dans le cadre de leurs opérations clandestines d'infiltration en Europe occidentale.

À peu près au même moment, les services secrets israéliens interrogent l'ancien adjoint de Müller chargé de la question juive, Adolf Eichmann, qui a été enlevé à Buenos Aires. Eichmann affirme que son ancien supérieur n'est pas mort et qu'il travaille pour l'Union soviétique. Pour la CIA, les postulats de Goleniewski sont confirmés.

« Après la mort de Hitler et l'exécution des principaux criminels de guerre condamnés à Nuremberg, écrit l'ancien responsable du SD Wilhelm Höttl, les ressources des services secrets alliés se concentrèrent sur la recherche de trois hommes, intimement liés aux criminels de guerre. De nombreux membres chevronnés des services secrets alliés étaient d'avis que les trois hommes étaient bien plus importants qu'aucun de ceux qui avaient déjà été exécutés. Il s'agissait du chef de la chancellerie, le *Reichsleiter* Bormann, le chef de la section IV des services de sécurité, Heinrich Müller, et du subordonné de Müller chargé des questions juives, Adolf Eichmann [1]. »

Les Américains ont traqué mollement Martin Bor-

1. Wilhelm Hoettl, *Secret Front : The Inside Story of Nazi Political Espionage*, Londres, Phoenix Press, 1953.

mann, et ignoré Adolf Eichmann. À l'époque, ils ne s'intéressent guère aux nazis purs et durs. En revanche, un nazi mâtiné d'agent soviétique, c'est déjà plus intéressant. Ils vont donc chercher très activement Heinrich Müller, alias Gestapo Müller. Son cadavre n'a jamais été retrouvé. En dépit de trois chasses à l'homme successives, il n'a jamais pu être localisé. Pourtant, jusqu'au milieu des années cinquante, la rumeur veut qu'il soit vivant, en bonne santé et du côté des Soviétiques. En octobre 1971, l'équipe chargée du contre-espionnage au sein de la section dite *Clandestin* de la CIA lui consacre un dossier spécial de quarante pages publié sous l'égide de la direction Planification et frappé du cachet *no foreign dissem*, « à ne pas montrer à des étrangers ».

L'affaire Gestapo Müller tient du cas d'école autant que du roman d'espionnage.

La disparition, le 1er mai 1945, de Heinrich Müller, SS *Gruppenführer*, lieutenant général de la police du Reich, chef de la Gestapo, est un autre des grands mystères de l'après-guerre sur lequel s'interroge la CIA : « Heinrich Müller est-il mort dans les ruines de Berlin ou est-il passé du côté des Soviétiques en 1945 ? A-t-il été simplement utilisé et par la suite exécuté ? Se cache-t-il toujours au fin fond de Moscou ? Les Russes ont-ils répandu une fausse rumeur à propos d'un homme mort depuis longtemps, ou en fuite ailleurs, pour faire croire au monde qu'ils détenaient Müller afin de mieux faire chanter leurs cibles allemandes ? »

« La plupart des exploits en matière de contre-espionnage, comme l'arrestation d'Adolf Eichmann, sont le fruit d'enquêtes minutieuses et interminables. Les recherches coûtent très cher. Elles créent des phénomènes psychologiques, voire des illusions, qui peuvent entraîner la poursuite déraisonnable de certaines opérations. Les officiers qui doivent décider jusqu'où aller trop loin dans la poursuite d'une piste ont tendance à être déchirés entre la peur de manquer une occasion importante et celle de poursuivre un mirage et de perdre leur temps. D'autres sont obsédés par leurs recherches. Des hordes de détectives amateurs, d'écrivains, de falsificateurs et de provocateurs, au service des parties concernées, entretiennent la confusion. Les dossiers disparaissent, les mémoires changent et ceux qui étudient les événements peinent à les replacer dans leur contexte. La traque de Müller est une bonne illustration de ce phénomène[1]. »

Que Heinrich Müller soit considéré par les Américains comme un agent soviétique n'est pas le moindre des paradoxes de l'histoire mouvementée du premier policier de l'Allemagne nazie. Ses débuts au sein de la police munichoise, dans la tourmente de l'après-Première Guerre mondiale, s'effectuent sous le signe de l'anticommunisme le plus virulent. De l'éphémère République des soviets à celle de Weimar, Müller traverse les régimes avec la réputation d'être un excellent technicien doublé d'un fin connaisseur du monde communiste.

L'ancien agent secret français Pierre de Villemarest est de ceux qui ont consacré une grande partie de leur temps à percer le mystère Müller. En s'appuyant sur le témoignage d'anciens agents de l'Abwehr ou de la Gestapo, il brosse un portrait sans concession de l'homme : « Au début des années trente, Müller a déjà le physique qu'on lui connaîtra dix ans plus tard en Allemagne et dans toute l'Europe, même s'il est de ceux qui, comme Bormann, fuient au maximum les photographes : visage anguleux, yeux perçants qui fixent l'interlocuteur, bouche en lame de couteau, nuque rasée, apparence soi-

1. The Hunt for « Gestapo Müller », Counter Intelligence Brief, CIA Directorate of Plans, octobre 1971. Nara, RG 263, CIA Name File Müller, Heinrich, Box 36.

gnée, une certaine cordialité. Mais brusquement son affabilité, s'il a piégé quelqu'un ou senti qu'il domine, fait place à une voix tranchante et à un regard de tueur[1]. » Son ennemi Walter Schellenberg le décrit « petit et trapu, avec le crâne carré d'un paysan et le front saillant. Il avait les lèvres minces et des yeux bruns pénétrants, voilés par de lourdes paupières qui frémissaient nerveusement. Ses mains aux doigts carrés étaient larges et massives ».

« Il ne connaissait pour seule loi que la toute-puissance de l'État, écrit Wilhelm Höttl, et considérait comme ennemi tout individu suspect de simple résistance intellectuelle. Son modèle était la police secrète soviétique[2]. »

Quand l'ascension de Heinrich Müller commence-t-elle ? Des historiens la font remonter au jour où il est chargé de résoudre le mystère de la mort violente de la nièce de Hitler, Geli Raubal, le 18 septembre 1931. Un assassinat classé « suicide » par l'inspecteur Müller sous la supervision de Martin Bormann et d'un officier de marine, Reinhardt Heydrich, qui vient de rejoindre les SS. L'affaire Raubal le propulse inspecteur chef. Sa carrière est faite, il grimpera en même temps que son ami et protecteur Reinhardt Heydrich.

« Deux autres hommes appelés à jouer un rôle décisif dans la vie de Müller font de rapides progrès, résume un rapport de la CIA. En avril 1934, ces hommes, Heinrich Himmler et Reinhardt Heydrich, dirigeants de la nouvelle armée d'élite privée de Hitler, les *Schutzstaffel* (groupe de protection SS), prennent le contrôle de la police politique prussienne de Hermann Göring. Celle-ci forme le noyau autour duquel évolue la Gestapo. Le pouvoir des SS de

1. Pierre de Villemarest, *Le dossier Saragosse, op. cit.*
2. The Hunt for « Gestapo Müller », Counter Intelligence Brief, CIA Directorate of Plans, octobre 1971. Nara, RG 263, CIA Name File Müller, Heinrich, Box 36.

Himmler et Heydrich croît lors de la purge sanglante contre les Sections d'assaut d'Ernst Röhm, le 30 juin 1934. Heydrich devient le chef des services secrets des SS et de la police politique. Il a désespérément besoin de professionnels et recrute Heinrich Müller. »

Ce n'est pas sans mal que Heinrich Müller accède à la tête du département IV du RSHA, la Gestapo. Il lui faut d'abord batailler contre les dignitaires nazis pour qui il n'est pas et n'a jamais été un nazi, mais un policier apolitique susceptible de les arrêter aussi bien que les communistes. Ils ont tort. Une fois à la tête de la Gestapo, la question juive devient sa priorité. Anna Schmid, « sa fidèle maîtresse » pour reprendre l'expression de la CIA, se souviendra des années plus tard que Müller revendiquait d'être à l'origine du port obligatoire de l'étoile jaune pour les juifs. Il a délégué le dossier juif à un adjoint zélé : Adolf Eichmann.

Heinrich Müller dépend de Heinrich Himmler, grand maître de la sécurité du Reich. Depuis 1939, Himmler dirige le RSHA, l'Office central de la sécurité du Reich, super-ministère de l'Intérieur et de la sécurité. Le supérieur hiérarchique de Müller est Reinhardt Heydrich qui coiffe à la fois les services de renseignements extérieurs, le SD, et la Gestapo. Dès lors, Müller participe aux opérations secrètes dès l'avant-guerre. C'est ainsi qu'il supervise la fabrication des faux documents qui conduisent Staline à éliminer le maréchal Toukhatchevski et son état-major en avril 1937. Une opération exécutée par Alfred Naujocks, le tueur à tout faire de Heydrich. Alfred Naujocks, que Gestapo Müller retrouve deux ans plus tard, lors de l'attaque de la station radio allemande de Gleiwitz – une provocation qui sert de prétexte à l'invasion de la Pologne par l'Allemagne le 1er septembre 1939. Naujocks exécute l'opération, Müller la peaufine. En 1946, aux procès de Nuremberg, Naujocks explique : « Müller nous a dit qu'il avait douze ou treize condamnés de droit commun, qu'il allait les habiller avec des uniformes polonais pour les laisser morts sur le lieu de l'incident, pour montrer qu'ils avaient été tués durant l'attaque. Pour cela, un docteur employé par Heydrich leur a injecté une substance mortelle. Après on leur a tiré dessus pour qu'ils aient des blessures par balles. » Les enquêteurs n'y voient que du feu. Et pour cause, ils sont dirigés par Heinrich Müller.

Heinrich Müller est en contact avec ses homologues soviétiques au lendemain du pacte de non-agression germano-soviétique signé le 23 août 1939. Normal. Pendant plus d'un an, jusqu'à l'invasion de l'Union soviétique, dans les coulisses, les hommes de l'ombre jouent à un jeu étrange sinon contre nature ; des spécialistes parlent même d'équipes mixtes des services de répression soviétiques (NKVD) et de la Gestapo à l'œuvre dans certains pays d'Europe centrale. On se rend des politesses, on s'échange des stages d'entraînement. On fait connaissance.

Drôle de lune de miel, qui cesse brutalement avec l'attaque de l'Union soviétique le 22 juin 1941 par les puissances de l'Axe. Les contacts sont rompus. Heinrich Müller supervise la formation des *Einsatzgruppen*, les unités spéciales chargées d'appliquer la Solution finale aux populations juives au fur et à mesure de l'avancée de la Wehrmacht vers l'Est. Il choisit certains des cadres des *Einsatzgruppen*. Le 30 juillet 1941, Göring signe un ordre écrit demandant à Reinhardt Heydrich de lui soumettre un plan général d'organisation de la Solution finale. Le lendemain, Heinrich Müller adresse un ordre secret à chacun des quatre commandants des *Einsatzgruppen* leur demandant de lui adresser « des rapports sur leur mission afin de les soumettre au Führer ». Les résultats ont de quoi le satisfaire. Fin 1941, les *Einsatzgruppen* revendiquent trois cent mille juifs tués[1].

1. Anthony Read, *The Devil's Disciples*, *op. cit.*, p. 724-725.

Une autre mission l'attend. Hitler le charge de mettre fin à l'Orchestre rouge, le réseau de renseignements soviétique le plus important et le plus efficace de la Seconde Guerre mondiale. L'Orchestre rouge, dont les réseaux et les agents pénètrent jusqu'au cœur du Reich, est pour les nazis une menace qu'il faut éliminer à tout prix. Il a coûté la vie à deux cent mille soldats allemands, si l'on en croit l'amiral Canaris, chef de l'Abwehr. Le chef d'Orchestre rouge est un jeune Polonais, Léopold Trepper. Il est interrogé fin 1942 par un *Sonderkommando* formé des meilleurs éléments de la Gestapo qui démantèle l'Orchestre rouge. Des dizaines de ses membres sont décapités ou fusillés. Certaines radios sont retournées et désinforment Moscou sous le contrôle de la Gestapo. L'astucieux Trepper informe Moscou de son arrestation. À partir de là, il fait semblant de travailler pour Gestapo Müller. Commence alors ce que Trepper appelle « le Grand Jeu ». Un Grand Jeu dont on peut se demander, à la lecture des archives déclassifiées par la CIA et le FBI, s'il n'est pas encore plus complexe que ce qui a été dit. Gestapo Müller manipulant Trepper, c'est un nazi passé du côté soviétique face à un agent soviétique qui fait semblant d'être nazi. En somme, la « sauvagerie des miroirs » dont parlait un chasseur d'espions.

Walter Schellenberg, le chef du SD, grand rival de Müller, est le premier à avoir accusé le chef de la Gestapo d'être un agent soviétique. « Je suis personnellement convaincu que les mains de Müller n'étaient pas propres et qu'il avait des contacts avec les communistes », dit-il aux officiers de l'OSS qui l'interrogent en 1945. Propos tenus dans le tourbillon de l'après-guerre à des Américains qu'il s'agit de convaincre que seule compte la lutte contre le communisme. D'où lui vient cette conviction ? Une conversation avec Heinrich Müller au printemps 1943 lui a mis la puce à l'oreille. Müller lui aurait fait un tel panégyrique de Staline qu'à la fin, n'y tenant plus, le chef du SD aurait lâché :

« Parfait, camarade Müller. Allons-y... Crions tous : *Heil* Staline !... et le petit père Müller deviendra le grand ponte du NKVD.

– Ce serait rudement bien, aurait dit dédaigneusement Müller en regardant Schellenberg, une lueur mauvaise au fond des yeux. Et vous seriez bon pour le grand saut, vous et vos sacrés bourgeois d'amis [1]. »

Schellenberg hasarde un début de preuve. Heinrich Müller se serait servi des radios de l'Orchestre rouge pour entrer en contact avec Moscou. Cette fois, il cite Heinrich Himmler, l'homme qui coiffe l'appareil répressif nazi.

« Himmler m'a demandé si je pensais qu'il était possible que Müller soit en contact radio avec les Russes. À l'époque, je m'exprimai très prudemment, j'avais l'impression que les soupçons de Himmler n'étaient pas confirmés, et si j'accusais sans preuve, cela serait retenu contre moi. »

Müller s'est-il servi des radios de l'Orchestre rouge pour contacter Moscou ? Un homme connaît la réponse : Heinz Pannwitz, chef du *Sonderkommando* Orchestre rouge à partir de 1943, un jeune policier de trente-deux ans, « joufflu, rose et frais comme un petit cochon [2] ». Un être redoutable. Chef de la Gestapo à Prague au moment de l'assassinat de Heydrich, il a une responsabilité écrasante dans l'organisation des sanglantes représailles : des milliers d'hommes, de femmes et d'enfants sauvagement assassinés pour venger le Protecteur de Bohême-Moravie. Exécutant zélé, il a la confiance de Gestapo Müller qui suit

1. Walter Schellenberg cité par Gilles Perrault in *L'Orchestre rouge*, Paris, Fayard, 1967, rééd. Livre de Poche, p. 598-600. Dans son remarquable ouvrage consacré aux réseaux d'espionnage soviétiques de Trepper, Perrault dépeint déjà un portrait de Müller en agent soviétique.

2. *Ibid.*

de loin le Grand Jeu des radios de Trepper et lui délègue la gestion au jour le jour.

La CIA interroge Pannwitz à la fin des années cinquante : « Müller n'était pas directement concerné par la manipulation des agents doubles et le retournement des radios contre Moscou. Il supervisait toute l'activité en tant que chef, mais il n'avait pas le temps de diriger les opérations individuelles. Le contrôle et la direction étaient entre les mains du *Referat* IV-A2, qui était sous les ordres de Horst Kopkow. (...) C'est moi qui ai pris la décision de retourner les radios contre Moscou et non pas Müller [1]. »

On sait désormais que Müller ne s'est pas servi des radios de Trepper pour contacter Moscou. Il a un autre canal, on le verra. En revanche, il se sert de l'Orchestre rouge pour tenter une manœuvre diplomatique officieuse : la négociation d'une paix séparée avec l'Union soviétique. La manœuvre est couverte par son chef, Heinrich Himmler. Ce n'est pas la première fois qu'une telle idée est avancée. Dans ses *Mémoires*, le chef de l'Orchestre rouge, Léopold Trepper, affirme que, peu après son arrestation, le 21 novembre 1942 à Paris, il a été interrogé par plusieurs dirigeants de la Gestapo dont Heinrich Müller. Lors de l'interrogatoire, les responsables de la Gestapo, en lui proposant de travailler pour eux, lui auraient également demandé de transmettre à Moscou une offre de paix séparée.

« Pour ces fanatiques, explique Trepper, il ne pouvait s'agir de paix séparée mais bel et bien de miner et de détruire l'alliance anti-hitlérienne. Voilà à quoi devait servir cette grossière machine infernale à laquelle on voulait m'associer, et où était le danger principal : susciter la méfiance puis l'hostilité des Alliés, dont il ne resterait qu'à cueillir les fruits [2]. »

1. The Hunt for « Gestapo Müller », Counter Intelligence Brief, CIA Directorate of Plans octobre 1971. Nara RG 263 CIA Name File Müller, Heinrich, Box 36.

2. Léopold Trepper, *Le Grand Jeu*, Paris, Albin Michel, 1975, p. 168-169.

Propos qui font écho à ceux du chef du SD, Schellenberg, après la guerre : « Il était fort important de rentrer en contact avec les Russes au moment où nous entamerions des négociations avec l'Ouest. La rivalité grandissante entre les puissances alliées renforcerait notre position[1]. »

En août 1944, Pannwitz suggère à Müller de l'envoyer à Moscou pour négocier une paix séparée. Il en a l'occasion : Moscou vient de suggérer à l'un de ses radios, Kent, de se rendre aux Anglais ou aux Américains qui se feront un plaisir de le remettre aux forces soviétiques. Pourquoi Pannwitz ne l'accompagnerait-il pas ? Müller a discuté le plan avec Himmler qui a décrété : « Je ne peux pas autoriser un de mes hommes à se rendre à Moscou, car le bolchevisme et son objectif de dominer le monde seraient trop fascinants pour lui. »

Tandis que Müller caresse l'idée d'une paix séparée avec Moscou, son grand rival, Walter Schellenberg, s'est engagé dans de tortueuses manœuvres pour obtenir un accord semblable avec les Anglais et les Américains. Lui aussi, semble-t-il, avec la bénédiction de Himmler.

Pannwitz propose de nouveau d'aller à Moscou avec Kent alors que l'Armée rouge n'est plus qu'à cinquante kilomètres de Berlin. « La situation était tellement désespérée que tous les arguments contre la proposition n'avaient plus de sens. Un raid de trois mille cinq cents avions des forces alliées a attaqué Berlin le 3 février 1945. La ville était en flammes. Il n'y avait plus de téléphone, plus de télégraphe, on ne pouvait communiquer que par radio. Un pan de mur entier du bureau de Müller était détruit et il était assis dans une pièce remplie de décombres. L'attaque aérienne et la présence de l'Armée rouge à cinquante kilomètres de Berlin étaient une

1. Walter Schellenberg, *Le chef du contre-espionnage nazi parle*, Paris, Fayard, 1966.

bonne leçon. (...) Müller a dit : “Ce que vous proposez est la seule chose à faire. Il faut bouleverser l’alliance Est-Ouest.” »

Pannwitz a besoin d’une « couverture » pour aller à Moscou. Il prétend être l’envoyé spécial d’un groupe d’officiers dissidents dirigés par un des anciens comploteurs du 20 juillet 1944. Il ne peut y aller les mains vides. En guise de cadeau, il apporte aux Soviétiques une copie d’un dossier secret baptisé « Phoenix », sur des contacts entre le SD et les Américains à Madrid en 1944.

Pannwitz part pour Moscou en compagnie de Kent. À son retour en Allemagne, au bout de douze ans d’emprisonnement, il affirmera que Gestapo Müller est mort. Il tient l’information d’un des officiers soviétiques chargés de l’interroger, le lieutenant-colonel Boverman, secrétaire particulier... du général Abakoumov, l’homme qui manipule Müller.

Anna Schmid, la « fidèle maîtresse[1] », est l’une des dernières personnes à avoir vu Gestapo Müller avant sa disparition. Pendant seize ans, son témoignage n’intéresse personne. Les choses changent après les révélations de Goleniewski. Elle est interrogée pour la première fois par la police allemande au mois de mai 1961. Anna Schmid dit avoir vu Heinrich Gestapo Müller pour la dernière fois le 24 avril 1945 dans ses bureaux de Tiergarten, Kurfürstenstrasse 116. Il occupait ces bureaux depuis le bombardement du quartier général du RSHA, Prinz-Albrecht-Strasse. À cet endroit se trouvaient aussi les bureaux de la Gestapo.

Il était en uniforme de général, la croix de fer autour du cou. Très calme, le général Heinrich Müller aurait tendu à sa maîtresse une fiole de poison pour le cas où... Non merci, aurait dit Anna Schmid.

1. The Hunt for « Gestapo Müller », Counter Intelligence Brief, CIA Directorate of Plans, octobre 1971. Nara RG 263, CIA Name File Müller, Heinrich, Box 36.

Müller avait l'air fatigué mais sûr de lui. Anna Schmid se souvient d'un de leurs derniers échanges :

« Les meilleurs ont gagné.

– Vous ne voulez quand même pas dire les Russes ?

– Si, exactement ; ce sont les meilleurs. »

Les bureaux de Müller sont situés dans un bâtiment surnommé par Adolf Eichmann le « terrier du renard ». Le bâtiment est truffé de réduits secrets. Tout est prévu pour des séjours prolongés : vivres, médicaments, etc. Et pour une fuite précipitée : plusieurs tunnels débouchent au milieu de bâtiments désormais en ruines. Schellenberg affirma que, dans les derniers jours du Reich, Müller contactait régulièrement les Russes depuis le « terrier ».

Anna Schmid n'a plus revu Gestapo Müller depuis le 24 avril 1945. Au lendemain de la capitulation allemande du 8 mai 1945, elle retourne au bureau de Tiergarten. Il est désert. Elle cherche en vain la petite valise d'effets personnels qui ne quittait plus Müller depuis quelque temps ; le bâtiment est criblé de balles, mais dans le bureau occupé par Müller, aucune trace de sang ou de lutte. Elle tente de pénétrer à l'intérieur du quartier général du RSHA, mais c'est trop dangereux. Elle retrouve l'ancienne secrétaire personnelle d'Adolf Hitler qui lui dit avoir vu Müller à la Chancellerie où il s'était réfugié. Mais il en a disparu peu avant le suicide d'Adolf Hitler le 30 avril 1945.

Lorsque la CIA rouvre le dossier Müller en 1961, elle demande à la police allemande de rassembler tous les témoignages de ceux qui ont vu Müller pour la dernière fois. « La police a trouvé plein de témoins qui ont vu Müller en vie le 1er mai 1945 devant la Chancellerie mais n'a pu en trouver aucun qui l'ait vu mort », peut-on lire dans l'étude sur la traque de Müller rédigée par la section contre-espionnage de la CIA. Que s'est-il passé après le départ d'Anna Schmid du bureau de Müller ?

Le 28 avril 1945, le chef de la Gestapo conduit son

dernier interrogatoire. La victime est Otto Hermann Feglein, beau-frère d'Eva Braun, qui a servi d'émissaire à Himmler lors d'une de ses tentatives de négociation de paix séparée avec les Alliés. « Hitler est devenu fou furieux en apprenant que Himmler essayait de traiter avec les Alliés. Il a demandé que l'on cherche Feglein [1]. » Le beau-frère d'Eva Braun est exécuté après son interrogatoire par Müller.

Peu après, la secrétaire de Hitler voit Müller à plusieurs reprises à la Chancellerie. Au matin du 1er mai, un officier l'y croise sur le perron. Le chef de la Gestapo, en uniforme de général SS, a l'air détendu ; il plaisante avec un collègue.

« Que va-t-il nous arriver ? demande-t-il à Müller.

– Patience, patience », répond Gestapo Müller.

Dans l'après-midi, Müller remet une croix de fer seconde classe à un soldat. À 19 heures, le pilote de l'avion personnel d'Adolf Hitler trouve Müller aux alentours de la Chancellerie ; il essaie de le convaincre de se joindre à un groupe qui va tenter de forcer les lignes soviétiques. « Je connais leurs méthodes, aurait dit Müller, je n'ai aucune intention de courir le risque d'être fait prisonnier par eux. »

Dans la soirée, il se poste devant ses quartiers et salue un groupe d'hommes en armes qui partent à l'assaut des troupes soviétiques, dans une ultime tentative pour briser l'encerclement. À 23 heures, un officier du RSHA lui demande s'il a l'intention de quitter la Chancellerie. Peu après, un témoin l'entend discuter avec le général SS Rattenhuber :

« Heinrich, que se passe-t-il ? lui dit Rattenhuber. Il faut partir. Nous n'avons plus une minute à perdre.

1. The Hunt for « Gestapo Müller », Counter Intelligence Brief, CIA Directorate of Plans, octobre 1971. Nara RG 263, CIA Name File Müller, Heinrich, Box 36.

– Non Hans, je ne pars pas ; le régime s'effondre, je tombe aussi. »

Le chauffeur de Hitler s'éloigne à son tour en compagnie de Martin Bormann. Il ne reste plus dans la Chancellerie que trois généraux dont Müller. Les soldats de l'Armée rouge qui y pénètrent trouveront les cadavres de deux des généraux, mais pas celui de Müller.

« Il est difficile de croire que, dans une zone où toutes les victimes ont été tuées par des armes à feu légères et où l'on a déployé un tel effort pour identifier les morts, personne n'ait identifié les restes d'un haut responsable du RSHA. Plus aucune trace de lui n'a été trouvée et la police a dû le mettre sur ses listes de disparus », peut-on lire dans le rapport du contre-espionnage de la CIA.

Pour comprendre le mystère de la disparition de Heinrich Müller, la CIA a besoin de plus d'informations sur son double jeu. Michal « Sniper » Goleniewski va les lui fournir. Le chef du SD Schellenberg avait raison de se méfier : Gestapo Müller communiquait bien avec Moscou depuis 1943. Mais il n'était pas inconscient au point de se servir des radios de l'Orchestre rouge. Müller communiquait avec Moscou via Jakob Loellgen, chef de la Gestapo de Dantzig.

Jakob Loellgen a été arrêté par les Soviétiques en 1945. Relâché peu après, il devient chef de la police de Trier dans la Ruhr. 1957 : c'est la retraite. Une retraite active : il ouvre une agence de détectives privés et maintient toujours d'excellents contacts avec la police allemande ainsi qu'avec le BND du général Gehlen où officient des centaines de ses anciens collègues du RSHA. Alertée par Goleniewski, la CIA s'interroge : « Il est évident que Loellgen a fait quelque chose pour que les Soviétiques lui fassent autant confiance. Autrement, ils ne l'auraient jamais autorisé à rentrer en Allemagne de l'Ouest. Il est aussi évident que Loellgen doit avoir une histoire intéressante à raconter sur ce qu'il est advenu de Heinrich Müller et sur la manière dont les services secrets soviétiques ont pénétré [l'organisation Hacke[1]]. Ce sont des questions d'une importance considérable au regard de ce qui se passe en Allemagne de l'Ouest. »

La CIA enquête sur l'agence de détectives privés de Loellgen. Parmi les membres du personnel, elle tombe sur une connaissance : Johannes Kassner, né Kaszubowski, un ancien agent de la Gestapo. Goleniewski sait que Kassner a été recruté par les services secrets polonais pour le compte des Russes. Kassner a été repéré par Loellgen sans doute avant la fin de la guerre.

Kassner est une bonne taupe. Il a de l'entregent dans les milieux des anciens nazis où l'on respecte sa croix de fer première classe. C'est, semble-t-il, un bon policier. Le gouvernement allemand pense à lui pour un poste de responsabilité au sein du BfV (contre-espionnage) en pleine création. Mais voilà, le redoutable général Abakoumov a un autre candidat pour le poste, un homme de l'organisation Hacke. Il ordonne à Kassner de s'effacer. Refus. Abakoumov va se débarrasser du gêneur. Il convoque Kassner à Berlin-Est pour une rencontre avec son agent traitant, un officier polonais. Les deux hommes sont arrêtés. Kassner est jeté en prison. Il y restera près de dix ans. De retour en Allemagne en 1959, Kassner est engagé comme détective privé par Loellgen. La mystérieuse réapparition de Kassner n'a pas manqué de susciter des inquiétudes. Dans un rapport intitulé « L'homme qui sait sans doute ce qu'il est advenu de Heinrich Müller », daté du 10 février 1971, la CIA note qu'à son retour Kassner figurait sur une « liste rouge » – sans doute du

1. Le rapport de la CIA emploie le terme *Nazi Staybehind*, Mémorandum du 10 février 1971 ; « The man who probably knows what became of Heinrich (Gestapo) Muller », Nara, RG 263, CIA Name File Müller, Heinrich, Box 36.

BND ouest-allemand[1]. Sur son dossier figure la mention « personnage douteux ». Pourtant, nul ne semble s'intéresser à lui.

La CIA identifie un troisième agent soviétique au sein de l'agence de détectives, c'est l'ancien bras droit de Loellgen à la Gestapo de Dantzig. Puis un quatrième : leur agent de liaison avec les services secrets ouest-allemands. Ce n'est plus une agence de détectives, c'est un nid d'espions rouges ! Le dossier est bouclé, la CIA estime avoir suffisamment d'éléments pour faire interpeller les trois hommes. Ne pouvant intervenir officiellement en République fédérale allemande, l'Agence transmet le dossier aux services de Gehlen. « Par la suite, [Gehlen] décide qu'il a trop à faire pour aller chercher Loellgen », peut-on lire dans le dossier CIA[2]. Gehlen a fort à faire avec un autre lièvre levé par Goleniewski : son directeur du contre-espionnage. En effet, Heinz Felfe, lui aussi un ancien nazi, travaille pour les Soviétiques. L'affaire déchire le BND et mobilise ses fonctionnaires. De là à laisser filer trois autres agents soviétiques... La CIA ne croit pas en l'excuse de Gehlen, elle en déduit que Loellgen et ses hommes sont protégés par le BND.

En juin 1961, la CIA interroge Piotr Deriabine, un des premiers transfuges soviétiques, sur Müller[3] : « La première fois que j'ai entendu parler de Heinrich Müller, explique Deriabine, c'était à l'été 1952. Je travaillais au département austro-allemand du premier directorat du MGB [ministère de la Sécurité, *nda*] où je m'occupais du

1. Dans le document que nous avons consulté, le nom du service secret est laissé en blanc. Vu la taille du blanc et le contexte du rapport, on peut en déduire qu'il pourrait s'agir du BND.

2. Review of file Jakob Loellgen, 8-9 février 1971. Nara, RG 263, CIA Name File Müller, Heinrich, Box 36.

3. Le nom de Deriabine ne figure pas dans les rapports d'interrogatoire que nous avons pu lire. Il est toutefois facilement identifiable. Entretien avec Pete Bagley, septembre-décembre 2004.

contre-espionnage. Je me souviens d'avoir lu quelques extraits du débriefing de l'interrogatoire de Müller. À l'époque, il était à la prison Vladimir, celle du MGB. Dans cette prison, il y avait une aile spéciale où étaient détenus de nombreux membres de la Gestapo et d'anciens officiers de renseignements. La plupart d'entre eux ont d'abord été condamnés à mort par les tribunaux militaires soviétiques, mais ensuite, en raison de leur importance pour le renseignement soviétique, leurs peines ont été commuées en vingt-cinq ans de prison. »

Il n'y a aucune raison de mettre en doute les affirmations de Deriabine qui, avec Goleniewski, s'est révélé être l'un des transfuges les plus fiables. On peut remarquer qu'à l'époque où il situe la détention de Müller à la prison Vladimir, son protecteur, le général Viktor Semionovitch Abakoumov, ministre de la Sécurité [MGB/NKGB] depuis 1950 et ancien responsable du contre-espionnage soviétique [Smersh], a été jeté en prison depuis 1951 sur ordre de Staline. On peut supposer que l'arrestation de Müller fait suite à la chute d'Abakoumov.

Alerté par les révélations de ces transfuges, la CIA relance la chasse. Des rumeurs font état de la présence de Gestapo Müller en Tchécoslovaquie. C'est alors que le cadavre de Müller sort du placard. Le ou plutôt les cadavres ! Un nouveau chapitre de la saga Müller s'ouvre. La CIA l'intitule dans un de ses rapports : « Funérailles à Berlin [1]. » Il semble tout droit sorti d'un roman d'espionnage de la guerre froide façon Le Carré ou Len Deighton.

En 1963, un ancien membre de la *Volksturm* (protection civile), Walter Lüders, contacte la police de Düsseldorf. Il a des révélations à faire sur la fin de Gestapo Müller. L'affaire n'intéresse pas les policiers qui lui demandent d'al-

1. The Hunt for « Gestapo Müller », Counter Intelligence Brief, CIA Directorate of Plans, octobre 1971. Nara RG 263, CIA Name File Müller, Heinrich, Box 36.

ler raconter son histoire ailleurs. Ce qu'il fait dans les colonnes d'un quotidien à scandales, le *Bild Zeitung*. L'article provoque quelques remous à Berlin. Une enquête est ouverte et Lüders entendu par la police.

Lüders, qui dirigeait à la fin de la guerre une équipe chargée d'extraire les cadavres des ruines pour les enterrer décemment, dit savoir où se trouve Gestapo Müller. Au début du mois de juin 1945, son équipe a découvert une vingtaine de cadavres au fond d'un cratère de bombe transformé à la hâte en fosse commune dans les ruines de la Chancellerie. À côté, un autre trou avec un seul cadavre. Celui d'un général. Lüders ne voit pas passer des cadavres de généraux tous les jours. C'est son premier du mois. Comme d'habitude, il le fait fouiller par un de ses hommes afin de trouver des papiers d'identité. Dans la poche de sa chemise, il y a un document d'identité SS au nom du général Heinrich Müller. Le corps est jeté dans une fosse commune du vieux cimetière juif de Grosse Hamburgerstrasse. Impossible de vérifier : le vieux cimetière juif est en zone soviétique. La CIA passe au crible l'interrogatoire de Lüders. Elle ne le croit pas. Il y a trop d'incohérences dans son témoignage.

Peu après, les enquêteurs de la police berlinoise sont informés qu'« une collection d'os » est enterrée au cimetière municipal de Berlin-Neukoellin Lillienstrasse 3-5 sous une croix qui porte l'indication : « Heinrich Müller 6-1-1 ». La police consulte les registres. La tombe est là depuis la fin des années quarante. Les ossements ont été transportés par une société de pompes funèbres chargée d'exhumer, d'identifier et de réenterrer cent quatre-vingt-dix-sept cadavres trouvés dans les ruines du quartier du RSHA au 8 Prinz-Albrecht-Strasse.

Le parquet de Berlin ordonne à la police de procéder à une identification du cadavre. L'exhumation doit avoir lieu le 25 septembre 1963. Ce jour-là, à 6 h 30, quand la police ouest-allemande se rend sur les lieux, elle découvre que les employés du cimetière ont déjà exhumé les restes qui se trouvaient dans la tombe et qu'ils l'ont déjà refermée. Fureur des enquêteurs. La responsable du cimetière affirme avoir agi uniquement pour leur faciliter la tâche. Les ossements sont transportés au centre médico-légal. Après examen, les médecins légistes demandent à la police de retourner au cimetière : le squelette est incomplet et c'est celui d'un homme de dix ans plus jeune que Gestapo Müller. Cette fois, la police procède elle-même à l'exhumation, elle ouvre la tombe et trouve... les restes de deux autres cadavres. Aucun ne correspond à celui de Müller.

Les archives du cimetière révèlent que les ossements de la tombe 6-1-1 ont été identifiés en 1945 par Fritz Leopold, ancien commandant en second du bureau de police de la morgue de Berlin. Qui est-il ? « Un personnage mystérieux, répond la CIA. Il est soupçonné d'avoir pris part à l'exécution de quelque vingt prisonniers détenus jusqu'à la fin de la guerre pour avoir participé au complot du 20 juillet 1944 contre Hitler. » À la fin de la guerre, des enquêteurs américains ont essayé de le coincer. Ils ont dû renoncer faute de preuve : « Aucun dossier de police n'a pu être trouvé en dépit de son rang assez élevé. » La CIA s'adresse au Berlin Documentation Center où sont centralisés les dossiers des anciens nazis. Rien. Elle apprend qu'après la guerre, Lüders a été licencié par le maire de Berlin qui lui a supprimé sa retraite. Enfin une piste. Et non. Aux archives de Berlin, son dossier s'est volatilisé. La CIA s'adresse à la police, aux services secrets. Rien. Lüders n'a plus d'existence administrative. Seule information : une rumeur. Lüders serait mort dans les années cinquante en zone soviétique. La piste débouche sur une impasse.

Lüders et Leopold, les deux croque-morts de Müller, font-ils partie d'une opération de désinformation du KGB ? La CIA le croit. Elle interroge ses transfuges. L'un d'eux, Piotr Deriabine, se souvient d'un agent soviétique appelé Leopold, mais il est « incapable de dire si c'est son vrai nom ou un nom de code ». Il parle aussi d'un certain Leder. S'agirait-il de Lüders ? Il le pense.

Le 12 janvier 1964, l'hebdomadaire allemand *Stern* publie un scoop : « Gestapo Müller » vit en Albanie. L'article est signé d'un journaliste que n'apprécie guère la CIA, Peter Staehle. « Ses contacts sont douteux, peut-on lire dans le rapport sur Müller rédigé par le contre-espionnage de la CIA, et il fait le jeu de ses sources soviétiques. » L'article, détaillé, révèle que Müller travaille pour les services de sécurité albanais sous le nom de Agbedin Bekir Nakoshiri.

Les services secrets allemands (BND) enquêtent. Ils découvrent que l'article a été refusé par d'autres publications au motif que les sources de Staehle étaient peu fiables. Il prétendait tenir l'affaire d'une source à l'intérieur du BND ou de la police criminelle (BKA). Interrogé par la CIA, Staehle refuse de donner ses sources.

La CIA n'aura le fin mot de cette affaire qu'en 1970, quand un transfuge des services secrets tchèques, Ladislas Bittman, révèle que les sources du journaliste allemand sont des agents de désinformation tchèques. Le transfuge sait de quoi il parle, il a fait partie de la section désinformation des services secrets tchèques, celle qui est à l'origine de l'article. But de l'opération ? Neutraliser une rumeur : Gestapo Müller serait détenu en Tchécoslovaquie.

Deux ans avant la parution de l'article de *Stern*, en février 1962, le président de la République tchèque Antonin Novotny ordonne l'arrestation de son rival le jeune ministre de l'Intérieur Rudolf Barak, accusé de détournement de fonds. Novotny en profite pour mettre le nez dans les affaires de Barak et trouve... un « prisonnier secret ».

« Ce prisonnier secret, explique le transfuge tchèque, a été trouvé dans la prison de Ruzyne. » Qui est-il ? Ses gardiens l'ignorent. Il est détenu sous une identité qui se révèle fausse. Nul ne connaît la raison de son incarcération. Le transfuge ne sait que peu de chose : « Il s'agirait d'un ancien haut responsable du RSHA qui a été personnellement interrogé par Barak. Personne n'a su qui il était ; il a refusé de dévoiler son identité et Barak a refusé de commenter les raisons de sa présence. Quoi qu'il en soit, la rumeur disait qu'il s'agissait de l'ancien SS *Obergruppenführer* et général de police Heinrich Müller, que les services secrets tchèques avaient localisé et kidnappé. Peut-être les imaginations de certaines personnes ontelles dépassé les limites de la réalité, mais l'existence du prisonnier secret a été discutée officiellement lors de réunions du parti après l'arrestation de Barak [1]. »

Le major Frantisek Benes, des services secrets tchèques, est chargé d'enquêter sur le mystérieux prisonnier de Ruzyne. Il interroge les responsables des services secrets tchèques et les hommes de Barak sans arriver pour autant à prouver qu'il s'agit de Gestapo Müller. Selon Benes, « c'est à ce moment-là que le directorat chargé des opérations de renseignement à l'étranger a lancé une “mesure active” et s'est arrangé pour que soit publiée l'histoire selon laquelle le général Müller aurait trouvé refuge à Tirana. Quoi qu'il en soit, selon Benes, les “cercles politiques” avaient peur que la vérité ne finisse par se savoir, et que le monde apprenne (ou pense) que Müller avait été kidnappé, qu'il n'avait pas été condamné comme criminel de guerre mais exploité par les services secrets tchèques dans le cadre d'opérations de renseignement ».

Des intrigues de palais, un prisonnier secret, le mas-

1. Subject Heinrich Müller, doc. ni titré ni daté (référence rapport du 13 mai 1970) ; Nara RG 263, CIA Name File Müller, Heinrich, Box 36.

que de fer nazi à Prague : histoire abracadabrante servie par un transfuge spécialisé dans la désinformation. On nage en plein Dumas version guerre froide. Pourtant la CIA accorde suffisamment de crédit à ce témoignage pour ouvrir une enquête. Le responsable du contre-espionnage de l'Agence, le légendaire James Jesus Angleton, sent qu'il y a un fond de vérité dans les propos du transfuge tchèque. Il a flairé une piste.

Il ordonne à ses hommes d'enquêter. Ils rouvrent les dossiers. Interrogent les témoins de l'époque. Pas tous. Après avoir longtemps hésité, ils renoncent à interroger l'ancien chef de la Gestapo de Dantzig qui servait de courroie de transmission entre Müller et Moscou en 1943. En fouillant dans les dossiers, la CIA a l'impression que Jakob Loellgen est protégé par les services secrets allemands, le BND. Après tout, quand son nom est apparu lors de l'enquête qui a suivi les révélations de Michal « Sniper » Goleniewski, le chef du BND, le général Gehlen, n'avait pas donné suite au projet d'arrêter l'ancien responsable de la Gestapo de Dantzig. « Loellgen peut nous éclairer sur le sujet », note un agent de la CIA le 10 février 1971. Comment faire pour l'approcher ? « Il serait facile de demander à la police allemande de l'interroger s'il est encore en vie, mais cela nous créerait des problèmes avec [le BND, *nda*]. Avons-nous un intervieweur ou quelqu'un avec un magnétophone qui puisse "accidentellement" aller voir Loellgen [1] ? » Les archives que nous avons consultées ne disent pas si la CIA a pu ou non interroger Loellgen.

Le rapport de la CIA daté du 9 décembre 1971 conclut : « Dans le passé, Müller était considéré comme un criminel de guerre porté disparu. Au fur et à mesure de notre collecte de matériel, nous nous sommes rapidement aperçus qu'il y avait une autre possibilité : Müller

1. « How do we get Loellgen to talk ? » 10 février 1971 ; Nara RG 263, CIA Name File Müller, Heinrich, Box 36.

est passé du côté du contre-espionnage soviétique [Smersh] et a emmené avec lui un large assortiment de dossiers. Ce sont les dossiers les plus importants du RSHA dont Müller était devenu de facto le chef lors des dernières semaines de la guerre. Ils n'ont jamais été retrouvés par les Alliés occidentaux. On pensait ou on espérait que ces précieux dossiers avaient été détruits dans les bombardements du quartier général du RSHA. Personne ne sait si le RSHA a pris des mesures pour cacher les documents les plus sensibles. Si le Smersh s'est emparé de Müller et de la plus grande partie des dossiers du RSHA, la capacité des Soviétiques à contrôler d'éminents Allemands et d'autres Européens dépasserait de beaucoup celle qu'on leur attribue. »

En 1971, la CIA renonce à trouver Gestapo Müller. Elle pense qu'il est mort depuis longtemps. Pourtant, la vérité se trouve, légèrement déformée, dans ses dossiers. James Jesus Angleton, chef du service du contre-espionnage de la CIA, avait raison de s'intéresser de près au récit du transfuge tchèque. Un homme détient la clé du mystère. Rudolf Barak, l'ancien ministre de l'Intérieur tchèque arrêté sur ordre de Novotny. Une fois libéré, Rudolf Barak n'a pas voulu dire ce qu'il savait de l'affaire Gestapo Müller. À la fin des années quatre-vingt, pourtant, deux événements changent la vie de Barak. Le Mur de Berlin s'effondre et les médecins lui diagnostiquent un cancer. La guerre froide s'achève, la vie de Barak aussi. Il n'a plus de raisons de garder le silence. En 1993, il décide de dire sa vérité sur Gestapo Müller. Il le fait devant les caméras d'une équipe de télévision française, en présence de deux grands témoins, deux anciens des services secrets, Pete Bagley, ancien responsable Union soviétique à la CIA, et Pierre de Villemarest, ancien correspondant du SDECE [1].

1. Le témoignage de Barak a été recueilli dans le cadre d'une série de trois films intitulés *La guerre des loups* centrés autour du témoignage de l'ancien responsable des services secrets est-alle-

Que dit Barak ? Le destin de Gestapo Müller est étroitement lié à celui de son protecteur, le tout-puissant Abakoumov, ancien chef du Smersh avant d'être un éphémère ministre de la Sécurité (MGB/NKGB) de Staline de 1950 à 1951. Arrêté en 1951, Abakoumov est relâché trois ans plus tard, après la mort de Staline. Il est vraisemblable que Gestapo Müller ait retrouvé la liberté en même temps qu'Abakoumov, lequel reprend du service. Pour peu de temps : quand Khrouchtchev l'emporte sur Beria dans la lutte pour la succession de Staline, Abakoumov est arrêté de nouveau et exécuté le 18 décembre 1954. On ignore si Gestapo Müller a été arrêté en même temps que son protecteur ; Deriabine, en tout cas, le laisse entendre. A-t-il été relâché ? Une seule certitude : il disparaît après la mort d'Abakoumov.

Le KGB est sur les dents. Il faut le retrouver. Ivan Serov, chargé de l'opération, aurait pu demander à son service spécialisé dans les enlèvements en Europe occidentale de retrouver Gestapo Müller. Mais il ne voulait pas laisser la moindre trace susceptible d'alerter la CIA. C'est pourquoi il choisit de sous-traiter l'opération aux services secrets tchèques.

Le plan est élaboré lors de réunions bipartites. Côté soviétique, parmi les cerveaux, Ivan Serov, son adjoint Alexandre Korotkov ainsi qu'un général spécialiste des enlèvements en zone occidentale. Barak est assisté de son secrétaire personnel, son adjoint au service de renseignements (son nom figure dans un rapport de la CIA comme étant l'un de ceux au courant de toute l'opération), le chef du personnel du ministère de l'Intérieur et un major spécialisé dans les enlèvements. Les responsables des services soviétiques et tchèques croient savoir que Müller se cache quelque part dans une zone reculée du Paraguay. Mais où ?

mands, Marcus Wolf, diffusés par FR 3 en 1993 et réalisés par Jean-Michel Meurice (enquête Maurice Najman).

« Au total, dit Barak à Pierre de Villemarest et à Pete Bagley, l'opération a impliqué une bonne centaine de personnes dont plusieurs Allemands et Hongrois qui parlaient l'espagnol. Pour camoufler leurs rôles, nous avions considérablement augmenté nos relations commerciales avec deux ou trois pays, parmi lesquels l'Argentine. Par cargos, par avions, nous livrions non seulement des pièces de rechange pour leurs industries, des machines-outils, mais aussi des usines clés en main. Ce qui impliquait un constant va-et-vient de matériel et de personnel ; nos deux plus grandes usines, la Ceskmovska Kolben Dabek de Prague et la Pvrni Breneske Storjirny de Brno, étaient à la pointe de cette extension commerciale qui a nécessité l'envoi sur place d'ouvriers spécialisés, de mécaniciens et d'ingénieurs. Bien entendu, nous avons glissé nos agents dans le circuit. Les responsables de ces groupes étaient informés sur les gestapistes et autres réfugiés qui travaillaient déjà pour nos services spéciaux[1]. »

Les anciens nazis sont faciles à repérer : ils mènent grand train en Amérique latine. Les hommes de Barak approchent les relations de Müller. Enfin, ils finissent par le voir à Cordoba, attablé en compagnie d'autres Allemands dans un café. « Au bout de dix mois, nous disposions de deux ou trois points de chute où le coincer. Encore fallait-il qu'aucun intrus ne vienne compromettre le scénario au moment d'agir. » Après quelques fausses alertes, un soir enfin la chance est du côté des chasseurs. Müller est seul dans un bar. Peut-être attend-il des amis ? Il faut agir vite. Un peu de drogue dans sa boisson : il est comme ivre. On s'empare de lui et on le pousse dans une voiture. Dans la voiture, le médecin de l'équipe l'endort à l'aide d'une piqûre.

« On a conduit Müller jusqu'à l'aérodrome, poursuit

1. Pierre de Villemarest, *Le dossier Saragosse, op. cit.*

Barak, où se trouvait l'avion de nos services. Il a été couché dans une caisse d'emballage qui n'a été ouverte qu'en vol. C'est ainsi que Gestapo Müller est arrivé en Tchécoslovaquie. Il a été conduit en ambulance à la prison Ruzyne de Prague. Le major Nacvala'c (spécialisé dans les enlèvements) a suivi de bout en bout cette phase ultime. Müller s'est réveillé d'un long sommeil comme après une bonne cuite. Il tournait comme un fauve dans sa cellule et continuait de protester jusque dans le bureau où j'ai tenté de l'interroger. »

D'après Barak, Müller ne voulait parler qu'aux Soviétiques. Quelques jours après son enlèvement, Alexandre Korotkov, un haut responsable du KGB, débarque à Prague. « Il fallait voir l'expression de Müller à ce moment-là, a raconté Barak à Pierre de Villemarest et à Pete Bagley. Un visage totalement transfiguré, comme s'il retrouvait un ami. Il a bondi de sa chaise et s'empressait autour de Korotkov qui en était gêné. Sans ménagement, sans doute pour le dominer et lui casser le moral, il ordonna qu'on lui passe les menottes. Il allait prendre en main les interrogatoires. Après quoi on verrait si des camarades est-allemands, hongrois, polonais ont des questions à lui poser. »

Les archives déclassifiées par la CIA soulèvent plus de problèmes qu'elles n'en résolvent. On ignore tout de la fin de Gestapo Müller. Était-il dans la prison tchèque de Ruzyne en 1962 comme l'indique le transfuge tchèque ? Quel est le fond de vérité de son récit ? A-t-il cédé au vieux démon de la désinformation ? Gestapo Müller était-il en Union soviétique dès la fin des années cinquante comme le laisse entendre Rudolf Barak ? Quel crédit accorder à la rumeur en provenance de l'URSS selon laquelle Gestapo Müller, interné sous un faux nom, aurait été étranglé par des codétenus ? Les réponses à ces questions comme à celles concernant le rôle du redoutable Abakoumov sont enfouies dans des archives qui se sont à peine entrouvertes, celles de l'ancienne Union soviétique.

Pacte(s) avec le diable : mise à jour

Dans la banlieue de Washington, à College Park, au troisième étage du bâtiment ultra-moderne des Archives nationales (Nara), cinquante-neuf grosses boîtes grises estampillées CIA sont alignées. À l'intérieur, on trouve les dossiers CIA d'un millier de criminels de guerre, mais aussi des rapports top secret sur les activités nazies en Amérique latine, la récupération des savants nazis par les Américains, des dossiers sur les trésors nazis et des histoires secrètes de certaines des pages les plus obscures de la guerre froide, comme celle de l'organisation Gehlen. Cinquante-neuf boîtes pour plus d'un demi-siècle de secrets.

Avant que ces archives ne soient rendues accessibles, on pouvait croire que l'emploi de criminels de guerre avait permis aux Américains de remporter les premières batailles de la guerre froide. Désormais, on sait qu'il n'en est rien. On peut dès lors s'interroger sur la façon dont les services secrets américains « recyclent » les criminels de guerre, plus particulièrement lors des récentes guerres d'Afghanistan et d'Irak.

Berlin 1945, Bagdad 2005. Pour avoir exploré les deux territoires, l'historien américain Tim Naftali sait combien sont nombreuses les passerelles entre les deux époques. Il a scruté le passé avec l'IWG, puis le présent pour la commission d'enquête sur les attentats du 11 septembre 2001. Il espère que l'histoire enseigne et souhaite qu'elle ne soit pas jalonnée des mêmes erreurs. Vœux pieux. Les mêmes causes produisent les mêmes effets. À l'aveuglement allié face à la destruction des juifs d'Europe correspond le peu d'empressement des puissances occidentales à identifier les génocides actuels. La récupération massive d'anciens SS dans les ruines encore fumantes de l'Allemagne nazie fait pendant à l'emploi d'anciens agents des services spéciaux irakiens par les Américains. Mêmes promesses pour d'autres temps. Aujourd'hui, tout va plus vite, les délais sont raccourcis. L'invasion de l'Irak à peine terminée, déjà les premiers « hommes de l'ombre » irakiens sont exfiltrés vers les États-Unis. Les génocides sont nommés, retransmis en direct à la télévision dans une indifférence toujours aussi générale, les mêmes banques, les mêmes multinationales occidentales continuent de se compromettre avec des régimes guère plus présentables que le IIIe Reich.

Tim Naftali explique : « Tandis que les États-Unis se préparaient à la guerre avec l'Irak au début 2003, des journalistes ont demandé son point de vue à un retraité de quatre-vingt-six ans, officier de l'armée américaine décoré pendant la Seconde Guerre mondiale. James Critchfield a rejoint par la suite la CIA pour devenir un des espions les plus influents de la nation. C'est pourquoi les journalistes se sont adressés à lui. Dans les années soixante, il a supervisé les activités de la CIA au Moyen-Orient ; durant cette période, il a participé au coup d'État qui a renversé le général Abd al-Karim Kassem et permis quarante ans de domination du parti Baath sur la politique irakienne. S'ils avaient été plus pointus, ils lui auraient posé des questions sur les leçons d'un épisode qui remonte au début de sa carrière : la création d'un service de renseignement en Allemagne de l'Ouest sur les cendres de l'État nazi[1]. »

L'homme qui a mis le pied à l'étrier à Saddam Hussein est le même que celui qui a permis aux services secrets des armées de l'Est de Hitler de revivre, cette fois au service de la RFA. Troublante constatation. Jim Critchfield n'a pas su, ou n'a pas voulu, voir l'importance qu'ont prise les anciens nazis à l'intérieur des réseaux ouest-allemands montés par Gehlen. Ses adversaires à l'intérieur de l'Agence, à commencer par le chef de la CIA, l'amiral Roscoe Hillencotter, soulignaient les dangers politiques et stratégiques d'une telle opération. Hillencotter dénonçait : « Réseau très fort, une agence de renseignement très efficace et un groupe de résistance politique doté d'un réel pouvoir ; la poursuite de cette opération pourrait signifier le rétablissement de l'état-major allemand et du système de renseignement allemand. » Ses raisons étaient plus pratiques que morales. L'emploi de criminels de guerre n'était un problème que parce que les talents dont ils ont fait preuve dans le cadre de la destruction des juifs n'étaient d'aucune utilité face au nouvel ennemi soviétique. Ne pourrait-on pas retourner l'argument contre ceux qui, aujourd'hui, préconisent d'oublier le passé criminel des nouvelles recrues de la croisade américaine contre « l'axe du mal » ?

Le coup d'État contre Abd al-Karim Kassem fait partie d'une série d'actions clandestines menées par l'Agence dans les pays « libres » dans le cadre de la guerre froide. On se souvient du putsch contre Mossadegh en Iran, des assassinats de Lumumba (Congo) ou de Diem (Vietnam), de la fin de Trujillo, des coups d'État contre Arbenz au Guatemala ou contre Allende au Chili quel-

---

1. Timothy Naftali « Berlin to Baghdad : The Pitfalls of Hiring Enemy Intelligence », *Foreign Affairs*, juillet-août 2004.

que vingt ans plus tard. Certains cerveaux de ces complots ont fait leurs premiers pas lors de la guerre de l'ombre contre les nazis. Allen Dulles, par exemple. Représentant de l'OSS à Berne de 1943 à 1945 et chef de la CIA (26 février 1953-29 novembre 1961), Allen Dulles est démissionné à la suite du fiasco de la Baie des Cochons en 1961 et de diverses tentatives échevelées d'assassinat de Fidel Castro. Son successeur à la tête de la CIA, Richard Helms (30 juin 1966-2 février 1973), était lui aussi doté d'un solide pragmatisme. Au début de l'année 2000, certains de ses anciens collaborateurs s'interrogent toujours sur les raisons qui l'ont poussé à protéger envers et contre tout l'ancien mentor d'Eichmann, Otto von Bolschwing (« Bonne chance pour expliquer pourquoi Helms l'a protégé ! », nous fait dire un ancien de l'Agence en Allemagne).

Les archives de l'IWG ne permettent pas de répondre aux raisons d'une protection qui va se retourner contre les Américains. En revanche, elles permettent de mieux saisir la trame de lâchetés et de compromissions qui permet aux services les plus secrets de protéger à peu près n'importe quel criminel au nom d'un intérêt supérieur. Otto von Bolschwing n'est pas le seul criminel de guerre à avoir été sauvé par les Américains. Le 10 mai 1945, l'état-major américain ordonne au général Dwight Eisenhower, commandant des forces armées américaines en Europe, d'arrêter les criminels de guerre en laissant à sa discrétion « les exceptions jugées indispensables pour des raisons de renseignement ou militaires ».

Quelles leçons pourraient tirer de la récupération des criminels de guerre nazis les partisans d'un recyclage des anciens hommes de Saddam Hussein ? En se fiant aux apparences, ils pourraient parler d'un succès. Mais il est relatif. Avant même la fin de la guerre, les services de renseignements américains en Allemagne et en Autriche (OSS, G-2, CIC) ont largement eu recours à d'anciens nazis ou d'ex-SS comme source d'informations. La méthode porte ses fruits quand il s'agit d'appréhender des fugitifs dont les noms figurent sur une liste dite d'« arrestation automatique ». En revanche, ceux qui pensaient se servir d'infiltrés nazis pour étouffer dans l'œuf des mouvements de résistance armée en sont pour leurs frais. La menace est inexistante et les militaires du contre-espionnage américain, manipulés par leurs informateurs, s'épuisent dans de vaines chasses aux fantômes.

Qu'en est-il de l'emploi de criminels de guerre nazis dans le cadre de la lutte antisoviétique ? Ce qui peut sembler une bonne idée (récupérer le général Gehlen, ancien responsable du renseignement nazi sur l'URSS) s'avère très vite un jeu de dupes dont sont victimes les Américains. Gehlen cache son jeu, dissimule les criminels de guerre, omet de préciser qu'il emploie des centaines d'anciens nazis ou SS, ne communique pas les informations les plus sensibles. Il renvoie ceux de ses agents qu'il soupçonne de travailler pour les Américains (c'est le cas de von Bolschwing). Résultat, les taupes soviétiques n'ont aucun mal à s'installer au sein des services secrets ouest-allemands dont la direction est confiée à Gehlen et à ses hommes.

Aux États-Unis, les adversaires de l'emploi de criminels de guerre citent Gehlen comme l'exemple même de ce qu'il ne faut pas faire. Indiscipliné, incompétent et surtout très cher, le général n'a rien pour plaire à la CIA qui en hérite à la fin des années quarante. Seul l'appui d'anciens nazis gravitant autour du gouvernement Adenauer lui évite de perdre sa place.

Aujourd'hui, aux États-Unis, des historiens soulignent les conséquences de cette politique de l'autruche : pendant onze ans, les contribuables américains ont financé une organisation étrangère qui employait des criminels de guerre. L'organisation Gehlen ne faisait pas de distinction en la matière. Des dizaines de SS se nichaient dans les services secrets allemands (BND) ; parmi eux, certains des pires. Ce fut le cas de Konrad Fiebieg, embauché en 1948 en dépit d'un lourd passé au sein de l'*Einsatzgruppen* B, où il aurait à lui seul été responsable de la mort de onze mille juifs, d'Erich Deppner qui supervisa la déportation de cent mille juifs hollandais, ou encore d'Emil Augsburg, de sinistre mémoire pour les Polonais. À quoi bon ? Pour quels résultats ?

Après avoir consulté les archives, on peut conclure que les Américains n'ont tiré aucun bénéfice de la récupération des criminels de guerre par l'organisation Gehlen. Ces derniers étaient parfaits pour entraîner et encadrer les services secrets arabes « où leur passé nazi était très apprécié », pour reprendre l'expression de Gehlen, mais ils se sont avérés de piètres agents secrets. L'organisation Gehlen était noyautée dès le départ par les services secrets soviétiques qui recrutaient les anciens nazis en les faisant chanter ou en tablant sur leurs sentiments anti-américains.

Même bilan mitigé pour les anciens nazis recrutés par le Counter Intelligence Corps (CIC) chargé de la sécurité des zones américaines en Allemagne et en Autriche. Il n'est pas certain que l'emploi du major Hass, un des responsables du massacre des fosses Adréatines en Italie, pour infiltrer le parti communiste italien ait été l'opération la plus brillante conduite par le CIC. Loin d'atteindre son but (affaiblir le parti communiste), elle permettra à des hommes du Vatican et de la mafia de travailler ensemble dans un même réseau. Cette mission scelle l'alliance entre des militaires américains et des dignitaires fascistes nostalgiques de la république mussolinienne de Salo qui seront impliqués, à la fin des années soixante, dans les attentats les plus sanglants de la « stratégie de la tension ». L'emploi de Klaus Barbie par le CIC ne fut pas non plus des plus judicieux, puisque l'ancien chef de la Gestapo de Lyon est embauché pour lutter contre les communistes et finit par espionner les... Français en Allemagne.

L'emploi de criminels de guerre par la CIA n'est guère plus convaincant. On aurait du mal à citer des opérations clandestines de grande envergure impliquant des criminels de guerre. Le cas de von Bolschwing est emblématique. Les agents qui l'ont côtoyé en Allemagne et en Autriche sont unanimes dans leur jugement négatif. « Je ne voyais pas ce que l'on pouvait faire de ce genre d'ex-officier de renseignements nazi, explique un ancien responsable de l'Agence en Autriche, mais notre homme à Salzbourg l'a accepté sur recommandation de la base CIA au sein de l'organisation Gehlen à Pullach. À Salzbourg, il a été géré tant bien que mal par un incapable et on l'a rapidement renvoyé à Gehlen. À l'époque, on considérait que c'était un porc nazi doublé d'un escroc. » Les conditions de l'arrivée de von Bolschwing aux États-Unis donnent à penser qu'il a rendu un fier service à l'Agence.

L'histoire se répète : au lendemain des attentats du 11 septembre 2001, la CIA était aussi friande d'agents parlant arabe qu'elle le fut quarante-trois ans plut tôt de spécialistes de l'Union soviétique.

Dès la fin de la guerre, l'OSS puis les services secrets de l'armée américaine ont mis sur pied des réseaux chargés d'exfiltrer les anciens nazis dont ils pensent avoir l'usage, et qui ne peuvent rester en Europe de crainte d'être arrêtés ou enlevés par les Soviétiques. Ces filières d'évasion furent celles de tous les dérapages, comme le montre l'affaire Barbie. Pour faire face à l'afflux d'immigrés nazis en provenance d'Europe, le Congrès américain permet en 1949 au directeur de la CIA de faire entrer aux États-Unis un certain nombre d'agents qui n'auraient jamais pu être admis s'ils avaient dû respecter les filières normales d'immigration, soit en raison des quotas, soit en raison de leur passé nazi. « Ces personnes, précise le *CIA Act* voté par le Congrès, peuvent entrer aux États-Unis indépendamment de leur admissibilité au regard des lois ou des règlements de l'immigration. » Au début, la CIA a droit à un contingent de cent personnes par an, mais très vite ce sont des milliers de criminels de guerre ou d'anciens SS qui trouvent refuge aux États-Unis. Il est difficile de chiffrer le nombre d'ex-nazis que la CIA a autorisés à y entrer : à la « liste des cent » s'ajoutent les agents importés frauduleusement aux États-Unis, comme Otto von Bolschwing, pour lesquels l'Agence n'a pas hésité à violer la loi américaine en les incitant à mentir sur leur passé.

Dès juillet 1945, l'armée américaine a commencé à rassembler des savants allemands et autrichiens dans l'objectif de les expédier aux États-Unis. Surnommé Overcast, l'opération est supervisée par l'état-major américain et concerne, au début, trois cent cinquante savants. Ce nombre augmente vite : en 1946, le Pentagone demande au gouvernement américain d'accorder la citoyenneté américaine à mille savants de plus, dans le cadre du programme de récupération des cerveaux du IIIe Reich. L'opération est rebaptisée Paperclip, hommage bureaucratique aux trombones qui rassemblent les feuilles de leurs dossiers. Elle est autorisée par le président Truman. Quatre-vingt pour cent de ces savants sont d'anciens nazis ou SS. Parmi eux, Werner von Braun, le père du programme spatial américain, un intouchable. Ceux qui aujourd'hui seraient tentés de recruter d'autres savants fous feraient mieux de se plonger dans le dossier de von Braun, récemment déclassifié par l'IWG.

Que verraient-ils ? Le portrait d'un homme protégé par une légende : celle de ses recherches sur les missiles V-1 et V-2. À l'époque, il ne s'est trouvé personne pour entendre le témoignage des rescapés du camp de Dora où des esclaves fabriquaient les missiles. Vingt mille détenus de Dora sont morts lors de la fabrication des armes spéciales de Hitler. Ceux qui ont survécu se souviennent des mauvais traitements infligés par un officier SS appelé Werner von Braun.

Aujourd'hui le dossier déclassifié par la CIA et le FBI permet de remettre en question le mythe von Braun et laisse apparaître d'inquiétantes protections. Ajouté aux témoignages accablants de certains survivants de Dora, le dossier du FBI permet de brosser de von Braun un portrait plus proche de la réalité, loin du cliché du père débonnaire et patelin de l'épopée spatiale américaine. Mais surtout, il permet de montrer l'inutilité de certains pactes avec le diable.

À en croire le FBI, von Braun n'est pas un des pères du programme V-1/V-2. Le véritable concepteur du projet est un savant nazi appelé Paul Schröder. Recruté par l'US Air Force, Paul Schröder débarque aux États-Unis en 1953 pour s'apercevoir que von Braun lui a volé ses travaux. « Von Braun avait l'art de prendre les travaux des autres et de se les approprier[1] », peut-on lire dans un rapport du FBI. En 1957, Paul Schröder rédige un long article sur les origines des V-1 et V-2 dans lequel il remet certaines pendules à l'heure et explique le rôle de von Braun. « Von Braun n'avait rien à voir dans le développement des missiles intercontinentaux nazis. Son rôle était plus politique que scientifique. » Schröder remet l'article à son colonel, lequel le communique à von Braun. Le Pentagone s'oppose à la publication de cette bombe. Paul Schröder insiste. Le Pentagone menace de lui retirer sa nationalité américaine. Il perd son travail d'ingénieur au centre de tests missiles de Patrick Center en Floride. Il décroche un poste de cher-

1. Rapport du 20 novembre 1957 concernant Werner von Braun, in Nara RG 263 IRR, Name File von Braun.

cheur au laboratoire Lincoln à Boston. À la demande de von Braun, des officiers interviennent, il perd son travail. Il trouve un nouveau travail pour une compagnie aéronautique. Il est licencié peu après. Quelques mois plus tard, nouveau travail, nouveau licenciement. N'y tenant plus, il contacte un journaliste d'Associated Press. Le 4 novembre 1957, alors qu'il se rend à Washington, sa voiture tombe en panne, le moteur a été saboté. Schröder la récupère le lendemain, cette fois c'est le volant qui a été trafiqué, il échappe de justesse à un terrible accident. L'histoire a été étouffée jusqu'à ce que l'IWG rende public le dossier du FBI. Dès lors, on peut s'interroger sur la nécessité de ce énième pacte avec un diable.

La mort de von Braun, le 16 juin 1977, lui a permis d'échapper à la justice américaine. À l'époque, l'opinion publique américaine commence à découvrir que plus de dix mille anciens nazis ont trouvé refuge aux États-Unis. À Washington, les lobbies grondent. Le 4 septembre 1979, le Congrès américain crée l'Office of Special Investigations (OSI) chargé de traquer les nazis réfugiés aux États-Unis. Les prévisions les plus optimistes estiment alors que l'OSI aura terminé sa mission en quelques mois. Vingt-cinq ans plus tard, l'OSI est toujours à l'œuvre. Début 2005, deux cent cinquante dossiers d'anciens nazis réfugiés aux États-Unis sont toujours ouverts.

Dans une énorme pièce blindée, au troisième étage du bâtiment du Nara, au milieu de kilomètres d'archives soigneusement rangées, dorment une centaine de grosses boîtes grises qui portent la mention « Chase Manhattan ». Les dossiers concernent une des plus importantes enquêtes du Bureau fédéral sur les réseaux nazis aux États-Unis au début des années quarante. Une affaire étouffée depuis plus de soixante ans, aux échos pourtant terriblement actuels.

Le dossier de la Chase Manhattan Bank renvoie à d'autres liens commerciaux inavouables entre les Américains et les nazis. On ne peut s'empêcher d'évoquer les affaires de la firme automobile Ford avec le IIIe Reich, ou encore les contrats entre IBM et les gestionnaires de l'Holocauste. Comment aussi ne pas penser à ces appels actuels d'organisations humanitaires demandant régulièrement le boycott des compagnies qui, de la Yougoslavie au Soudan en passant par le Rwanda, continuent de faire affaire avec des États coupables de génocides.

Tout commence en novembre 1939, avec le tuyau d'un informateur qualifié de « fiable » qui révèle que le consul général allemand dispose d'un trésor de guerre de six millions de dollars-or afin de financer des réseaux nazis. Le FBI enquête, épluche les comptes en banque du consul à la Chase National Bank, l'un des établissements fondateurs de la Chase Manhattan, et tombe sur le dossier des *Ruckwanderer marks*, une affaire en or pour la Chase National, mais aussi un des moyens de financement des agents nazis aux États-Unis.

En 1939, à la veille de son entrée en guerre, l'Allemagne importait pour 197 millions de Reichsmarks des États-Unis en matières premières ou ravitaillement ; dans le même temps, les exportations américaines étaient de 125 millions de Reichsmarks. La guerre approchant, l'Allemagne avait de plus en plus de mal à se procurer des dollars pour financer son déficit commercial, d'où l'idée de faire appel à la communauté allemande aux États-Unis.

Alors que la parité du dollar par rapport au Reichsmark est de 2,48, les nazis proposent aux Allemands qui souhaitent rentrer au pays de leur racheter une partie de leurs dollars à un taux de 4,10. L'opération est financée par les comptes juifs saisis par la Reichsbank. Les marks ainsi rachetés étaient appelés marks du retour (*Ruckwanderer marks*).

L'opération commence en 1936. Au début elle est montée par une poignée de banquiers américains sympathisants du régime nazi. L'affaire est très rentable : les commissions se montent à près de 4 %. Elle ne peut échapper aux banques américaines. En mai 1938, peu avant le rattachement de l'Autriche à l'Allemagne, quarante sociétés américaines, dont American Express, déposent une demande afin de participer à l'opération *Ruckwanderer marks.* C'est la Chase National Bank qui remporte le morceau.

En juillet 1938, les Allemands ont besoin de dollars ; la banque centrale allemande envisage de faire passer le taux de conversation des *Ruckwanderer marks* de 4,10 RM à 4,20 RM. Les commissions passent à 7 % sur lesquels 4 % vont aux agents chargés de localiser les Allemands susceptibles de se prêter à l'opération. Le 9 novembre 1938, la « Nuit de cristal » s'abat sur la communauté juive d'Allemagne : les magasins juifs sont saccagés, les juifs sont battus, arrêtés. Le gouvernement allemand fait payer les dégâts à la communauté juive qui se voit infliger une amende de un milliard de *Ruckwanderer marks.* Aux États-Unis, c'est le tollé, le président Roosevelt rappelle son ambassadeur en Allemagne.

Tandis que des milliers de juifs quittent l'Allemagne sans un mark en poche, les banquiers américains et les autorités monétaires allemandes discutent pourcentage. Le 30 novembre 1938, lors d'une réunion au ministère de l'Économie à Berlin, les banquiers américains demandent aux Allemands de faire passer le taux de change à 5 RM le dollar. Les Allemands ripostent en proposant de baisser les commissions à 4 %. À la fin, tout le monde s'accorde sur un point : aucun des acteurs de cette opération ne doit être juif.

Prudents, les banquiers américains recommandent aux Allemands d'adopter un profil bas. Plus question, en raison « de la tempête d'indignation » qui a fait suite à la « Nuit de cristal », d'ouvrir un bureau de change pour les *Ruckwanderer marks* à New York, cela risquerait de compromettre l'affaire, note le représentant de la Chase à Berlin.

L'invasion de la Pologne par l'Allemagne fait chuter les opérations sur les *Ruckwanderer marks.* Mais la victoire éclair de l'Allemagne sur la France en juin 1940 provoque une explosion du marché. Les Américains d'origine allemande, les immigrés, croient en la victoire de leur pays, certains rêvent d'y retourner : 30 % des ventes des *Ruckwanderer marks* ont lieu entre décembre 1940 et juin 1941. L'Allemagne récupère vingt et un millions de dollars, dont une partie servira au financement des réseaux d'agents nazis infiltrés aux États-Unis. Nombre d'agents nazis arrêtés sur le territoire américain (dont les huit saboteurs débarqués par sous-marin en juin 1942) avaient sur eux des dollars provenant de la vente de *Ruckwanderer marks.*

Saisi de l'affaire en octobre 1940, J. Edgar Hoover, le directeur du FBI, rédige un rapport dans lequel il met en cause la Chase National Bank dont les « représentants approchent les investisseurs en leur disant que l'Allemagne va gagner la guerre et que les marks vont prendre beaucoup de valeur ». L'affaire est prise très au sérieux à Washington : les banquiers américains ont violé entre autres le *Neutrality Act* de 1939 qui leur interdit de prêter de l'argent aux nations belligérantes. Une enquête nationale est lancée, des centaines d'agents du FBI sont mobilisés.

En consultant les archives du FBI, on s'aperçoit que les agents fédéraux disposaient d'informateurs à l'intérieur même de la Chase Bank, deux responsables du département Étranger qui ont agi à l'insu de leur hiérarchie. Certains soirs, quand les bureaux étaient déserts, les agents du FBI pouvaient ainsi consulter les dossiers concernant les *Ruckwanderer marks.* Convaincu que tous les vendeurs de *Ruckwanderer marks* étaient des agents secrets, J. Edgar Hoover ordonne à ses hommes de les surveiller. Pendant un an, des centaines d'agents fédéraux se penchent sur les dossiers de près de cinq mille émigrés allemands qui ont acheté des marks. Un travail de titan. Mais surtout, juge Norman Goda, cette surveillance est inutile et contre-productive. L'historien souligne que si le FBI avait arrêté l'opération dès sa découverte, il aurait eu une liste impressionnante de suspects ; d'un autre côté, cela aurait surtout représenté un manque à gagner de près de quatre millions de dollars pour le gouvernement allemand et de 237 000 dollars pour la Chase National Bank. L'opération du FBI s'arrête en juin 1941, quand le gouvernement américain ordonne la saisie de tous les biens allemands sur son territoire. Le FBI décide alors de poursuivre entre autres la Chase National. La banque embauche John D. Cahill, « un des meilleurs avocats du pays », pour la défendre. L'enquête est ouverte par un grand jury du district sud de New York. Cahill en est l'ancien procureur. La ligne de défense de Cahill est simple : lors d'un procès, il entend se concentrer sur les méthodes du FBI et des services secrets de l'armée – ceux-ci partagent les informations du Bureau. « Les secrets et les méthodes du FBI et de l'armée étaient menacés », explique Norman Goda. Le ministère de la Justice abandonne les poursuites.

Ce n'est pas la première fois que la Chase Manhattan Bank est montrée du doigt. En décembre 1997, une plainte en nom collectif de rescapés de l'Holocauste ou de descendants de victimes a été déposée, à New York, contre sept banques françaises (le CCF, le Crédit lyonnais, Paribas, Indosuez, le Crédit agricole, Natexis/BFCE et la Société générale) et deux banques américaines (Chase Manhattan Bank et J.P. Morgan). L'affaire porte, selon la banque, sur « moins de cent comptes (...) gelés puis saisis par les Français de Vichy ou les nazis ». À l'époque, la Chase se rapproche du Congrès juif mondial. Une action collective (*class action*) lancée par des cabinets d'avocats new-yorkais aboutit à un accord de 22,5 millions de dollars. Une somme inférieure aux bénéfices réalisés par la banque grâce à ses affaires avec le IIIe Reich. L'enquête a été expédiée et personne n'a voulu creuser trop profondément. Dans la foulée, la Chase reconnaît que l'un de ses établissements fondateurs, la Chase National Bank, a aidé le gouvernement nazi à se procurer des dollars jusqu'en juin 1941. La Chase indique avoir découvert cette information au cours des recherches menées dans ses archives, suite à la plainte en nom collectif déposée, en décembre 1998, devant un tribunal de New York. L'annonce passe inaperçue. L'acte de contrition de la Chase s'avère payant. Aucune poursuite n'est engagée.

L'accord entre la Chase et les plaignants arrange tout le monde. Les avocats d'affaires touchaient beaucoup d'argent et très vite une page est tournée. Le gouvernement américain peut dès lors autoriser la fusion du siècle, celle de J.P. Morgan et du groupe Chase Manhattan, une affaire de trente milliards de dollars qu'il n'est pas question de bloquer pour un litige concernant les avoirs juifs.

D'un Holocauste à l'autre, les affaires sont toujours les affaires.

Le conflit au Darfour oppose depuis février 2003 l'armée soudanaise et les milices janjawids aux rebelles, qui dénoncent la « marginalisation » du Darfour, région désertique où du pétrole a été découvert. Ce conflit a fait, au 31 décembre 2004, près de quatre-vingt mille morts, essentiellement des civils. Il y a plus de deux millions de réfugiés. La destruction de la minorité africaine par la majorité arabe est en cours. Le pays est, au dire des Nations unies, en proie à la « pire catastrophe humanitaire dans le monde aujourd'hui ». « Un génocide a eu lieu et pourrait encore se poursuivre au Darfour, déclare en septembre 2004 le secrétaire d'État américain Colin Powell, en soulignant que la qualification de génocide n'impliquait pas à elle seule des mesures supplémentaires. Aucune action n'est dictée par cette détermination, le terme de génocide relève de notre jugement, mais ce n'est pas, à ce stade, le jugement de la communauté internationale. »

Des propos presque familiers, comme une variante du silence des Bermudes. Hier, il fallait se taire pour ne rien faire. Aujourd'hui, on peut dire et ne pas agir.

Restent, aujourd'hui comme hier, les réflexes citoyens d'associations. En 1943, le Congrès juif mondial tentait de forcer la porte de la conférence des Bermudes. Les organisations humanitaires sont les nouveaux empêcheurs de tourner en rond.

Human Rights Watch, pour ne parler que d'elle, appelle depuis novembre 2003 les grandes sociétés pétrolières à boycotter le Soudan tant que ce pays ne respectera pas un minimum les droits de l'homme. Un appel qui fait suite aux déplacements des populations des régions pétrolières du sud. La tension locale, les menaces de boycott portent leurs fruits : déjà des compagnies occidentales parlent de se retirer de la région. Mais les compagnies chinoises et indiennes se pressent pour prendre les places vacantes.

Amère victoire, mais victoire quand même. L'histoire fait plus évoluer les consciences qu'elle n'enseigne aux hommes d'affaires et aux politiciens.

Bibliographie

Aronson, Shlomo, *Hitler, the Allies and the Jews*, Cambridge, Cambridge University Press, 2004.

Bauer, Yehuda, *American Jewry and the Holocaust : The American Jewish Joint Distribution Committee 1939-1945*, Detroit, Wayne State University Press, 1981.

Bauer, Yehuda, *Jews for Sale*, New Haven-Londres, Yale University Press, 1994 ; trad. fr. *Juifs à vendre ? Les négociations entre nazis et juifs, 1933-1945*, Paris, Liana Levi, 1996.

Black, Edwin, *IBM and the Holocaust*, New York, Crown, 2000 ; trad. fr. *IBM et l'Holocauste*, Paris, R. Laffont, 2001.

Bower, Tom, *Blind Eye to Murder*, Boston, Little Brown & Cie, 1981.

Bower, Tom, *The Paperclip Conspiracy*, Boston, Little Brown & Cie, 1993.

Breitman, Richard, *Official Secrets : What the Nazis Planned, What the British and Americans Knew*, New York, Hill & Wang, 1999 ; trad. fr. *Secrets officiels*, Paris, Calmann-Lévy, 2005.

Breitman, Richard et Kraut, Alan M., *American Refugee Policy and European Jewry, 1933-1945*, Bloomington-Indianapolis, Indiana University Press, 1987.

Calvi, Fabrizio, *OSS, la guerre secrète en France*, Paris, Hachette, 1990.

Critchfield James, *Partners at Creation*, Anapolis, Naval Institute Press, 2003.

Dawidowicz, Lucy S., *The War Against the Jews, 1933-1945*, Lon-

dres, Weidenfeld & Nicolson, 1975 ; trad. fr. *La Guerre contre les juifs*, Paris, Hachette, 1977.
Dinnerstein, Leonard, *America and the Survivors of the Holocaust*, New York, Columbia University Press, 1982.
Dobkowski, Michael N., *The Tarnished Dream : The Basis of American Anti-Semitism*, Westport, Conn., Greenwood Press, 1979.
Feingold, Henry L., *The Politics of Rescue : The Roosevelt Administration and the Holocaust, 1938-1945*, New Brunswick, NJ, Rutgers University Press, 1970.
Feingold, Henry L., *Zion in America : The Jewish Experience from Colonial Times to the Present*, New York, Hippocrene Books, 1974.
Gehlen, Reinhard, *Memoirs*, Londres, Collins, 1972 ; trad. fr. *L'Organisation Gehlen, Mémoires*, Paris, Fayard, 1972.
Gerber, David A., éd., *Anti-Semitism in American History*, Urbana, University of Illinois Press, 1987.
Gilbert, Martin, *Auschwitz and the Allies*, New York, Holt, Rinehart & Winston, 1981.
Gilbert, Martin, *Second World War*, New York, Holt, 1981.
Gilbert, Martin, *The Bombing of Auschwitz*, New York, St Martin's Press, 2000.
Gilman, Sander L. et Katz, Steven T., éd., *Anti-Semitism in Times of Crisis*, New York, New York University Press, 1991.
Goni, Uki, *The Real Odessa*, Londres, Granta Books, 2002.
Gourevitch, Anatoli, *Un certain Monsieur Kent*, Paris, Grasset, 1995.
Gruber, Ruth, *Haven : The Unknown Story of 1000 World War II Refugees*, New York, New American Library, 1983.
Hertzberg, Arthur, *The Jews in America : Four Centuries of an Uneasy Encounter : A History*, New York-Londres, Touchstone Books-Simon & Schuster, 1989.
Hilberg, Raul, *The Destruction of the European Jews*, New York, Holmes & Meier, 1985 ; trad. fr. *La destruction des juifs d'Europe*, Paris, Fayard, 1988.
Hinsley, Francis Harry et Stripp A. (éd.), *Codebreakers : The Inside Story of Bletchley Park*, Oxford, Oxford University Press, 1994.
Hinsley, F.H., Thomas E.E., Ranson C.F.G., Knight R.C., *Bri-*

tish Intelligence in the Second World War : Its Influence on Strategy and Operations. 5 vol., Londres-New York, HMSO-Cambridge University Press, 1979, 1981, 1984, 1988, 1990, 1991.

Karski, Jan, *Story of a Secret State*, Boston, Houghton Mifflin, 1944.

Karski, Jan, Wood, E. Thomas, *Karski How one Man Tried to Stop the Holocaust*, John Wiley & Sons, New York, 1944.

Laqueur, Walter, *The Terrible Secret : An Investigation into the Suppression of Information About Hitler's Final Solution*, Londres, Weidenfeld & Nicolson, 1980 ; trad. fr. *Le Terrifiant secret : la Solution finale et l'information étouffée*, Paris, Gallimard, 1981.

Lerner, Richard M., *Final Solutions : Biology, Prejudice and Genocide*, University Park, Pa, Pennsylvania State University Press, 1992.

Levy, Alan, *Nazi Hunter The Wiesenthal File*, Londres, Robinson, 2002.

Lipstadt, Deborah E., *Beyond Belief : The American Press and the Coming of the Holocaust, 1933-1945*, New York, Free Press, 1986.

Loftus, John, *The Belarus Secret*, New York, Paragon House, 1989.

Loftus, John, Aarons, Mark, *Ratlines*, Londres, Heineman, 1991 ; trad. fr. *Des nazis au Vatican*, Orban, 1992.

Lookstein, Haskel, *Were We Our Brothers' Keepers ? : The Public Response of American Jews to the Holocaust, 1938-1944*, New York, Vintage Books, 1985.

Lowenstein, Sharon R., *Token Refuge : The Story of the Jewish Refugee Shelter at Oswego, 1944-1946*, Bloomington, Indiana University Press, 1986.

MacDonald Callum, *The Killing of Heydrich*, New York, Collier, 1989.

Mangold, Tom, *Cold Warrior*, New York, Simon & Schuster, 1991.

Marrus, Michaël et Paxton, Robert, *Vichy et les Juifs*, Paris, Calmann-Lévy, 1981, rééd. Le livre de poche, 2004.

Mauch, Christof, *The Shadow War Against Hitler*, New York, Columbia University Press, 1999.

Medoff, Rafael, *The Deafening Silence : American Jewish Leaders and the Holocaust,* New York, Shapolsky Publishers, 1987.
Milano James & Brogan, *Soldiers Spies and Ratline,* Washington, Brassey's, 1995.
Morse, Arthur D., *While Six Million Died : A Chronicle of American Apathy,* New York, Overlook Press, 1967.
Murphy, David, Kondrashev, Serguei & Bailey, George, *Battleground Berlin,* New Haven, Yale University Press, 1997.
Neufeld *et al.*, *The Bombing of Auschwitz,* University Press of Kansas, 2002.
Novick, *The Holocaust in American Life,* Boston, Mariner Book, 2000.
Penkower, Monty Noam, *The Jews Were Expendable : Free World Diplomacy and the Holocaust,* Urbana, University of Illinois Press, 1983.
Penkower, Monty Noam, *The Holocaust and Israel Reborn : From Catastrophe to Sovereignty,* Urbana, University of Illinois Press, 1994.
Perrault, Gilles, *L'Orchestre rouge,* Paris, Fayard, 1967.
Posner, Gerald L., *Mengele,* New York, Cooper Square Press, 2000.
Read, Anthony, *The Devil's Disciples,* Londres, Pimlico, 2004.
Rhodes, Richard, *Masters of Death,* New York, Vintage Books, 2003.
Rubin, Barry, *Istanbul Intrigues,* New York, Pharos Books, 1991.
Ryan, Allan, *The Quiet Neighbours,* New York, Harcourt, Brace Jovanovitch, 1984.
Sarna, Jonathan D., *The American Jewish Experience,* New York, Holmes & Meier, 1986.
Sayer, Ian et Douglas Botting, *America's Secret Army,* Londres, Grafton, 1989.
Scholnick, Myron I., *The New Deal and Anti-Semitism in America,* New York, Garland Pub., 1990.
Segev, Tom, *Le septième million,* Paris, Liana Levi, 1991.
Simpson, Christopher, *Blow Back,* New York, Weidenfeld & Nicolson, 1988.
Simpson, Christopher, *Splendid Blond Beast,* New York, Grove Press, 1993.

Smith, Richard Harris, *OSS*, Berkeley-Los Angeles, California University Press, 1972.

Stember, Charles Herbert *et al.*, *Jews in the Mind of America*, New York-Londres, Basic Books Inc., 1966.

Taylor, Telford, *The Anatomy of the Nuremberg Trials*, New York, Alfred Knopf, 1992 ; trad. fr. *Procureur à Nuremberg*, Paris, Seuil, 1995.

Trepper, Leopold, *Le Grand Jeu*, Paris, Albin Michel, 1975.

Villemarest, Pierre de, *À l'ombre de Wall Street*, Paris, Lavauzelle, 1996.

Villemarest, Pierre de, *Le dossier Saragosse*, Panazol, Lavauzelle, 2002.

Wallace, Mike, *The American Axis*, New York, St Martin's Press, 2003.

Weil, Martin, *A Pretty Good Club : The Founding Fathers of the U.S. Foreign Service*, New York, W.W. Norton & Co., 1978.

Weissberg, Alexis, *L'histoire de Joel Brand*, Paris, Seuil, 1957.

Wiesel, Elie, *Night*, New York, Bantam Books, 1982 ; trad. fr. *La Nuit*, Éd. de Minuit, 1988.

Wise, Stephen S., *Challenging Years : The Autobiography of Stephen Wise*, New York, G. P. Putnam's Sons, 1949.

Wyman, David S., *Paper Walls : America and the Refugee Crisis, 1938-1941*, Amherst, University of Massachusetts Press, 1968.

Wyman, David S., *The Abandonment of the Jews : America and the Holocaust, 1941-1945*, New York, Pantheon, 1984 ; *L'Abandon des Juifs : les Américains et la Solution finale*, trad. Claude Blanc, Paris, Flammarion, 1987.

Wyman, David S., éd., *America and the Holocaust : A Thirteen-Volume Set Documenting the Acclaimed Book the Abandonment of the Jews*, New York, Garland Pub., 1989-1991.

Wyman, David S., *A Race Against Death*, New York, The New York Press, 2002.

Zweig, Ronald, *The Gold Train*, Londres, Penguin Books, 2002.

Sites internet

1. Sites de référence :

The Internet Modern History Sourcebook
http://www.fordham.edu/halsall/mod/modsbook.html

Eurodocs : Western European Primary Historical Documents
http://library.byu.edu/~rdh/eurodocs/

The Avalon Project at Yale University
(Collection of Treaties, Legal Documents and Other Sources)
http://www.yale.edu/lawweb/avalon/avalon.htm

History Programs on Public Television
http://www.pbs.org/history/

German History (Web Resources)
http://www.h-net.org/~german/

The BBC Modern World History Page
http://www.bbc.co.uk/education/modern/mainmenu/mainhtm.htm

The Third Reich Factbook
http://www.skalman.nu/third-reich/

2. Sites consacrés à l'étude de l'Allemagne nazie :

Les complots contre Hitler
http://www.joric.com/Conspiracy/Center.htm

La Seconde Guerre mondiale en Europe (The History Place)
http://www.historyplace.com/worldwar2/

Les forces armées allemandes pendant la guerre
http://www.feldgrau.com

Liens sur la Seconde Guerre mondiale
http://www.hist.unt.edu/09w-amw4.htm

Enigma
http://home.us.net/~encore/Enigma/enigma.html
http://www.xat.nl/enigma

3. Sites consacrés à l'étude de l'Holocauste :

Aktion Reinhardt Camps : Belzec, Sobibor, Treblinka
http://www.deathcamps.org/

An Auschwitz Alphabet
http://www.spectacle.org/695/ausch.html

Anne Frank Homepage
http://www.annefrank.com/

Auschwitz Jewish Center
http://208.184.21.217/

Auschwitz Museum Home Page
http://www.auschwitz-muzeum.oswiecim.pl/html/eng/start/index.php

Le centre Simon-Wiesenthal
http://motlc.wiesenthal.com/index.htm

chronologie de l'Holocauste (History Place)
http://www.historyplace.com/worldwar2/holocaust/timeline.html#top

La conférence de Wannsee
http://www.h-net.msu.edu/~german/gtext/nazi/wanneng2.html
http://www.historyplace.com/worldwar2/holocaust/h-wannsee.htm

Cyberlibrary de l'Holocauste
http://remember.org/index.html#Top

Einsatzgruppen (Description et documents)
http://www.einsatzgruppenarchives.com/einsatz.html

Un guide de l'Holocauste
http://fcit.coedu.usf.edu/Holocaust/default.htm

Histoire et libération du camp de concentration de Dachau
http://www.scrapbookpages.com/Dachau/

The Holocaust History Project
http://www.holocaust-history.org/

Le Musée de l'Holocauste à Washington
http://www.ushmm.org/

Katzner (memorial)
http://www.kasztnermemorial.com/

The Nizkor Project (réponse aux révisionnistes)
http://www.nizkor.org/

Les procès de Nuremberg
http://www.courttv.com/casefiles/nuremberg/
http://www.yale.edu/lawweb/avalon/imt/imt.htm

La récupération des biens juifs
http://www.claimscon.org/

Les survivants de l'Holocauste
http://isurvived.org
http://www.holocaustsurvivors.org/survivors.shtml

Yad Vashem (Mémorial israélien de l'Holocauste)
http://www.yad-vashem.org.il/

Remerciements

Ce livre n'aurait jamais pu voir le jour sans les travaux de la commission d'historiens de l'IWG synthétisés dans l'ouvrage *US Intelligence and the Nazis* publié par le Nara en 2004. Un travail méthodique, mais aussi parcellaire, qui permet aux historiens et chercheurs de gagner des mois, sinon des années, en leur évitant un parcours laborieux au milieu de millions de pages de documents.

Le travail était facilité, il n'était pas mâché. Pour en venir à bout, il a fallu d'abord déjouer les pièges de la bureaucratie. En effet, en mettant nos pas dans ceux des historiens américains, nous nous sommes aperçus que certaines références étaient inexactes : elles ont été modifiées après le passage des historiens. Pour remonter aux sources, il a donc fallu naviguer dans des systèmes de classification à géométrie variable. Heureusement pour moi, je disposais, en la personne de Sim Smiley, d'une chercheuse hors pair. Cet ouvrage lui doit beaucoup.

Quand j'ai écrit *OSS, la guerre secrète en France*, en 1990, travailler aux archives nationales américaines tenait du parcours du combattant. À l'époque, le Nara occupait un dédale de bâtiments en plein centre de Washington et les chercheurs devaient se repérer dans un labyrinthe de couloirs pour avoir accès aux gardiens du temple. Aujourd'hui, les archives sont entreposées dans un édifice ultra-moderne, excentré, loin de tout. Ses gardiens n'ont pas changé. John Taylor et Larry McDonald, pour ne citer que les deux responsables de la branche militaire, sont les archivistes les plus dévoués et les plus surprenants qu'il m'ait été donné de côtoyer. Ils n'ont pas leur pareil pour se repérer dans le labyrinthe de la mémoire secrète américaine. Je n'ai jamais compris comment ils font, mais ils savent exactement où chercher le document pertinent. Ils savent attiser les curiosités, retenir les attentions distraites ou fatiguées. Ma gratitude va à ces passeurs de la mémoire du Nara.

Les historiens de l'IWG ont parcouru deux grands fonds de documents. Les Record Group 263 (CIA) et 65 (FBI). Le temps gagné en suivant leurs pas nous a permis d'élargir nos recherches à d'autres filons, entre autres les Record Group 319 (Counter Intelligence Corps et US Army) et 262 (OSS), et les archives du Département d'État, entre autres les documents contenus dans les volumes des Foreign Relations of the United States (FRUS).

Pour réaliser cet ouvrage, j'étais plus soucieux de replacer les documents dans leur contexte que de traquer la nouveauté (ce qui était en partie le propos des historiens de l'IWG). Cela m'a permis de faire d'étonnants rapprochements (comme dans le cas de l'affaire Brand ou dans le chapitre consacré au mystère Gestapo Müller).

Trois des historiens de l'IWG, Tim Naftali, Richard Breitman et Norman Goda, ont répondu avec gentillesse et patience à mes questions : qu'ils en soient remerciés. Merci aussi aux témoins historiens et chercheurs qui m'ont aidé, parmi eux : Pete Bagley, Peter Black, Annie Chicha, Richard Cuttler, Jim Downs, Stuart Einzenstat, Ed Epstein, Fisher Howe, Jeff Jones, Stephan et Françoise Lepetit, John Loftus, Marc Mazurovsky, Jean-Michel Meurice, David Murphy, Gilles Perrault Charles et Dan Pink, Tom Polgar, Elie Rosenbaum, Christopher Simpson, Pierre de Villemarest, Xavier Vinader, Gus von Bolschwing.

Ce livre doit beaucoup au plus patient des éditeurs, Thierry Pfister. Merci aussi à Jane et Jean-Marie pour leur hospitalité virginienne. Quant à MD, ce que cet ouvrage lui doit restera entre nous.

Index

Table

DU MÊME AUTEUR

Italie 77, Le Seuil, 1977.

Camarade P. 38, Grasset, 1982.

La Vie quotidienne de la mafia, de 1950 à nos jours, Hachette, 1986.

Intelligences secrètes. Annales de l'espionnage (avec Olivier Schmidt), Hachette, 1988.

OSS, la guerre secrète en France, Hachette, 1990.

RG, 20 ans de police politique (avec Jacques Hastrich), Calmann-Lévy, 1991.

L'Europe des parrains, Grasset, 1993.

Les Nouveaux Réseaux de la corruption (avec Leo Sisti), Albin Michel, 1995.

Piazza Fontana (avec Frédéric Laurent), Mondadori, 1997.

L'Œil de Washington (avec Thierry Pfister), Albin Michel, 1997.

Série noire au Crédit Lyonnais (avec Jean-Michel Meurice), Albin Michel, 1999.

Le Repas des fauves (avec Thierry Pfister), Albin Michel, 2000.

France-États-Unis, cinquante ans de coups tordus (avec Frédéric Laurent), Albin Michel, 2004.

Compo Nord Compo
Imprimé par Bussière en janvier 2005
Editions Albin Michel
22, rue Huyghens, 75014 Paris
www.albin-michel.fr
ISBN 2-226-15593-7
N° d'édition : 23088. – N° d'impression : 050305/4
Dépôt légal : février 2005
Imprimé en France